ISBN 978-0-259-80030-9
PIBN 10630151

# 1 MONTH OF
# FREE
# READING

## at
## www.ForgottenBooks.com

By purchasing this book you are eligible for one month membership to ForgottenBooks.com, giving you unlimited access to our entire collection of over 1,000,000 titles via our web site and mobile apps.

To claim your free month visit:
www.forgottenbooks.com/free630151

# Schattenbilder

Eine Fibel für

Kulturbedürftige in Deutschland

Von

## Herbert Eulenberg

33. bis 37. Auflage

Verlag von Bruno Cassirer

Berlin 1918

Druck
der Spamerschen
Buchdruckerei in Leipzig.

# Inhaltsverzeichnis

# Vorrede
## im Marktschreierton dieser Zeit.
### (Zur ersten Auflage.)

Was, Bube! Willst du wieder Verse machen,
Statt kluge Worte wichtig hinzuschreiben?
Sie werden dich von vornherein verlachen,
Kannst du denn wirklich gar nichts ernsthaft treiben?
Verkaufe würdig deine schönen Sachen,
Daß sie nicht im Verlegerlager bleiben.
Der seufzt quartalweis' sonst dich muffig an:
„Nein, Lieber, Sie sind nicht der rechte Mann."

Nun gut, so will ich's denn allhier versuchen,
Die leichte Ware herrlich anzupreisen
Wie Zuckerbäcker ihre Sonntagskuchen,
Wie Metzger stolz auf ihre Würste weisen.
Mag man mich hinterdrein auch laut verfluchen
Und dieses Buch dazu als altes Eisen.
Hat man es erst gekauft, so schiert mich's nicht,
Was man darüber zu dem Nachbarn spricht.

Man liest, nicht neu ist diese Leichenklage,
In Deutschland ungern Bücher, die nicht Mode.
Nach solchen vollends ist fast nie die Frage,
Die ohne Plan und richtige Methode
Höchst oberflächlich zu des Kenners Plage
Ihr Thema nicht behandeln bis zu Tode.

Fehlt solchem Werk gar ein sexueller Reiz,
Kauft's keine Katze, höchstenfalls man leiht's.

So muß ich denn in die Posaune blasen,
So laut, daß Mauern fallen, Deutsche stutzen,
Daß alle Sortimenter nach mir rasen,
Mit diesem Buch die Fensterlage putzen,
Daß es da hängt, sichtbar vor aller Nasen,
Bescheidenheit ist schön, doch ohne Nutzen,
Und hältst du dich nicht für ein großes Licht,
Die andern glauben es von selber nicht.

So hört und glaubt es mir vor allen Dingen:
„Ich war und bin der klügste über allen,
Die heute bei uns nach dem Lorbeer springen,
Wenn andre auch dem Pöbel mehr gefallen,
Weil sie ihm nach den trägen Ohren singen,
Charakterlos wie Dichter oder Quallen.
Ich mache niemals eine Konzession
Hört! vor dem Kaiser nicht, staunt! noch vor Sohn.

Ich schreibe niemals Bitt- und Bettelbriefe
An Bühnenleiter oder Bürgermeister,
Verbeuge mich nicht still in aller Tiefe
Vor jedem Kritiker, vielleicht verreißt er
Auch diese Bilder mir als falsche, schiefe,
Die Leute werden täglich dumm und dreister.
Macht nichts! Ich ziehe meinen Hut nicht ab
Vor keinem, sei es Kerr, Kahn, Falk, Hart, Bab.

Ich weiß, man kann das Rennen anders machen
Mit schlauer Haltung, vielen Schmeicheleien,
Kann Hintertreppen gehn, wenn sie nicht krachen,
Den Einflußreichen schöne Worte weihen,
Und sind sie fort, sich in sein Fäustchen lachen,
Daß Gott und Scherl die Narren läßt gedeihen.
Man nennt das Bauernfang im deutschen Land,
Mir ist die Kunst vertraut nicht, doch bekannt.

Mir fällt es schwer, den Rücken hohl zu biegen
Und jeden, der Skribent ist, anzulächeln.
So mochte Alexanders Vater siegen,
Ich mag nicht allen Komplimente fächeln,
Ich weiß, es ist nicht klug und fast verstiegen,
Man muß Kollegen loben oder hecheln.
So wird man kritisierend über Nacht
Aus einem armen Schreiber eine Macht.

Mir ist dies Treiben ganz und gar zuwider,
Ihr könnt mir darum folgen ohne Beben.
Ich tu nicht nur, ich bin auch wirklich bieder
Und habe mit dem Buch hier kein Bestreben.
Ich spreize nicht dem Pfau gleich mein Gefieder,
Will keinen töten, keinen Freund erheben,
Wie dies allwöchentlich bei uns geschieht,
Wenn man uns einen neuen Kleist beschied.

Ich will nicht Hofrat noch Direktor werden,
Man hat es früher dann und wann erfahren,

Daß Bücher drum geschrieben sind auf Erden,
So lohnt ein Frevel oft sich erst nach Jahren.
Ich habe auch nicht andere Beschwerden,
Ich brauchte Groll und Haß nicht aufzusparen.
Das einzige, was man von der Wahrheit hat,
Sie macht die Leber frei, nur sonst nicht satt.

Ich bin auch keiner Zeitung fest verpflichtet
Und keinerlei Partei treu zugeschworen.
Für allen Schaden, den ich angerichtet,
Haft' ich mit meinen eignen Eselsohren.
Mein Kinderglaube selbst ist arg gelichtet,
Ich gelte nicht getauft mehr, kaum geboren.
Vertraut mir eure tapfern Seelen drum,
Die alte Zeit geht nicht mehr in mir um.

Ich dünke mich nicht besser und nicht schlechter
Als jeder, der nicht im Gefängnis weilet.
Ich borge ungern, bin kein guter Fechter
Und hab' mich auf der Schule nicht beeilet.
Ich liebe Frauen, bin kein Kostverächter
Und wehre mich, bevor man mich verkeilet.
Mehr sag' ich nicht zu meinem eignen Ruhm,
Die andern werden es noch weniger tun.

So steh' ich als Charakter stolz erhaben
Und trage meinen Mantel ohne Falten.
Nun muß ich meine großen Geistesgaben

Hoch in die Luft, nicht untern Scheffel halten
Wie ein Magister stolz vor seinen Knaben,
Mein Pfund, mein geistig Königreich verwalten.
Sonst glaubt es keiner auf mein bloßes Wort
Und wirfst dies Buch halb aufgeschnitten fort.

Ach ja, ich muß es einmal doch gestehen,
Ich hab' kein Amt, bin nicht einmal Professor,
Zum Doktor bracht' ich es rein aus Versehen,
Doch dies ist mir und euch kein Bildungsmesser.
So scheint mein Schreiben beinah' ein Vergehen,
Der Fachmann weiß in Deutschland alles besser.
Verwünscht, wie mach' ich's euch nur sonnenklar,
Daß alles vor mir auf dem Holzweg war?

Erst wollt' ich gar — hätt' ich's nur so gehalten! —
Als Übersetzung diese Sammlung geben.
Man kann ganz leicht mit einem Deutschen schalten,
Kommt man vom Ausland her, das ist es eben.
Sonst wird das Zutraun furchtbar schnell erkalten,
Besonders wenn man jung ist und am Leben.
Doch jeder Fremde findet Deutschland brav,
Fragt Bernhard Shaw, er selber spricht sich „Schaf".

In früherer Zeit, ja so muß ich beginnen,
Da man die Dichtkunst Literatur benannte,
Da singen die gelehrten dicken Spinnen
Die Dichter ein, für die das Volk entbrannte,

Und keiner konnte diesem Los entrinnen,
Das nach dem Tod ihn in ein Schubfach bannte.
Die Literarhistorie — o Graus!
Sah ordentlich als Apotheke aus.


Es war sehr leicht: Man runzelte die Stirne,
Kam auf den toten Eichendorff die Rede,
Man blätterte ein wenig im Gehirne
Von Neuromantik an bis auf die Vede,
Da hing er sanft wie eine reife Birne,
Man rubrizierte ihn nach mancher Fehde:
„Katholisch, fromm, verworren, Volkston, schlicht,
Als Dramendichter taugt er leider nicht."


Es war, ich sagt' es schon, oft ein Vergnügen,
So einen nach dem andern vorzunehmen
Und matt zu machen mit drei Winkelzügen,
Daß sich im Grab vor ihm die Würmer schämen.
Ich tät es selbst gern mit, ich will nicht lügen,
Wenn später nicht Gewissensbisse kämen.
Auch paßt es nicht in meinen Plan hinein,
Drum laß ich jeden, wie er war, so sein.


Was nützt es, einen toten Mann zu schlagen,
Weil er nicht andre beßre Verse machte?
Wir brauchen seinem Geist nicht nachzujagen,
Ich kritisiere nie, wenn ich verachte.
Ein Besen mag mit Staub und Quark sich plagen,

Der ohne Nase nie an Blumen dachte.
Ich schreib' die Künstler auf, wie ich sie seh',
Was ich nicht liebe, das tut mir nicht weh.

Der Kritikus will alles besser machen,
Er faßt die Sache stets am andern Zipfel,
Und er beweist dir — es ist nicht zum Lachen —
Daß flach und falsch, was du verehrst als Gipfel,
Er macht die Börse, an der sie verkrachen,
Doch alles bleibt wie auf dem i der Tipfel.
Zum Schluß hält jeder Künstler uns zum Spott
Die Welt, die er erschuf, für gut wie Gott.

Der Deutsche möchte jeden gern verbessern.
Die Kunst ist dafür da, sie zu zensieren.
Selbst Goethen möcht' man da und dort verwässern,
Wo Jungfern sich und Pfarrer vor ihm zieren.
Man pocht und kritisiert an allen Fässeln,
Statt zu genießen will man nur probieren.
Man liebt den Riesen nicht und haßt den Zwerg.
„Nur im Essay erträgt sich Eulenberg."

Ihr findet nichts von solcherlei Geplapper
In diesem Büchlein, das die Welt läßt gehen:
Die Mühle samt dem Wasser und Geklapper.
So läßt es auch die Menschen gehn und stehen.
Es nennt den Geizhals ruhig Filz und Schrapper,
Will jeden mit und ohne Hemd besehen.

Und sagt und fügt nichts weiteres dazu
Als: „Laßt die armen Menschen doch in Ruh'!"

Davon will zwar der Fachmann wenig wissen,
Er will die Suppe selber noch versalzen.
Erst wenn er seinen Tadel dreingeschmissen,
Hört ihr vergnügt ihn mit der Zunge schnalzen.
Ihr findet keinen bei mir recht verrissen,
Wer das will, mag das Buch zusammenfalzen.
Kein Künstler hat gelebt in dieser Welt,
Dém ich den Totenschein nicht gut bestellt.

Ich schreibe nicht für hyperkluge Köpfe,
Die ihre Eier aus den Künstlern brüten
Und sich als Henkel fühlen für die Töpfe,
Mit seltnen Worten farbenklexend wüten,
Die Königsmacher sind die tollsten Tröpfe.
Ich bin kein Literat, Gott soll mich hüten!
Ich weiß, daß unsere ganze Zeit vergeht,
Auch wenn man in der „Neuen Rundschau" steht.

Ich schreibe nicht für nimmersatte Leser,
Die täglich neunzehn Zeitungen verdauen,
Und hinter ihre scharfen Brillenglaser
Geduckt die Meinung andrer wiederkauen,
Achtlos wie Vieh, das Blumen rupft wie Gräser,
Die auf ihr Leibblatt wie auf Gott vertrauen,
Und eh' sie ungern ins Theater gehn,
Zuerst stets, was die Zeitung sagt, besehn.

Drum wollen wir, die ihr so weit gelesen,
Uns friedlich vorher auseinandersetzen.
Ich zeige euch der Künstler wahres Wesen,
Doch ohne sie dabei roh zu zersetzen.
Ich kenne keine Guten, keine Bösen,
Weiß nur die Kunst, die Tugend nicht zu schätzen.
So lest mich auch und denkt euch viel dabei,
Und rührt die Löffel gut für meinen Brei.

Nur schimpft nicht gleich auf mein' und eure Kosten,
Ihr könnt es täglich alles besser schreiben,
So löst ihr mich hohnlächelnd von dem Posten.
Bis dahin will ich demutsvoll dort bleiben,
Als Säulenheiliger auf meinem Pfosten
Den Gottesdienst der Kunst still weiter treiben.
Den Philologen nur ein Kinderschreck
Fang' ich bescheiden ihre Kunden weg.

Glaubt mir, ich kenne Universitäten,
Man lernt dort nie die Künstler richtig schauen,
Bist du in einen Hörsaal eingetreten,
Mußt du dich dem Katheder anvertrauen
Und zu der Weisheit des Professors beten,
Der faßt die Welt an mit gelehrten Klauen
Und knetet dir die Dichter vor wie Wachs,
Du kennst Fritz Reuter nicht mehr von Hans Sachs.

Sie sind Rohstoff für seine weisen Worte,
Im letzten Grunde liebt er nur sich selber,

Sie müssen ein durch seine enge Pforte,
Er streichelt oder schlachtet sie wie Kälber.
O teurer Jüngling, meide diese Orte,
Du wirst davon gelehrter nicht, nur gelber.
Kauf dir dies Buch! Gottlob, du hast es schon,
Schick' eine kurze Karte mir zum Lohn!

Steigt alle ein! Wir wollen endlich fahren,
Mein Schifflein, Büchlein treibt nach vielen Küsten.
Ihr kennt die Wonnen nun und die Gefahren,
So mögt ihr euch und eure Seelen rüsten!
Erinnerung dankt uns allen erst nach Jahren,
Dann wißt ihr, ob ich recht tat mich zu brüsten.
Bis dahin gebt mir achtungsvoll Kredit
Und nehmt als Lotsen auf die Fahrt mich mit!

Kaiserswerth am Rhein.
    Im Herbst 1909.          Herbert Eulenberg.

# Vorwort zur zweiten Auflage,
### das unbedingt gelesen werden muß*).

Nun muß ich doch aus dem Poetischen ins Prosaische
lavieren und aus dem Scherz Ernst machen, angesichts dieser
neuen Auflage, die mir und meinem Buche widerfahren ist.
Ich muß es, einmal, um auf die vielen freundlichen Zuschriften,
die mir aus dem großen Leserkreis, den zu meinem Erstaunen
literatur- und kulturhistorische Aufsätze im heutigen Deutschland finden, zugegangen sind, hier mit schlichten deutschen
Worten mein: „Ich danke Euch allen!" hinzusetzen.
Dann aber bin ich auch gezwungen, den mancherlei bös-
willigen Äußerungen, Angriffen und Vorwürfen die Spitze
zu bieten, mit der mir von der Seite meiner Gegner zu Leibe
gerückt worden ist. Ich halte dafür, daß man alle Ausfälle
seiner Feinde möglichst schnell erwidern und abwehren muß.
Sonst setzt sich leicht beim zuschauenden und zuhörenden Publikum die Meinung fest, daß unsere Widersacher über uns
triumphiert hätten, daß wir die Unterlegenen wären, und
daß es mit unseren Ansichten schwach, wenn nicht faul stände.
Solche irrigen Annahmen soll man aber niemals beim Publikum, wie man vom Rheumatismus sagt, „einreißen" lassen.
Und darum nütze ich gleich die gute Gelegenheit, die mir dieses
Vorwort zur zweiten Auflage bietet, mich vor den Schranken
meiner Leser mit meinen Gegnern auseinanderzusetzen.
Viele Kritiker haben nämlich gefunden, daß diese kurzen
Aufsätze dem Vorwurf selten ganz gerecht würden, daß

*) Es wurde gleichzeitig mit dem Vorwort zur ersten Auflage ge-
druckt, in der festen Annahme, daß die erste die letzte bleiben würde.

sie keine Federzeichnungen, keine lebensgroßen Bilder und
Darstellungen der Männer, denen sie gewidmet wären,
wiedergäben. Diese mir offenbar nicht wohlwollenden Leute
muß ich darum bitten, nochmals auf den Titel dieser
Sammlung von Miszellen zu achten, der besagen will,
daß es sich hier nur um hoffentlich gut gezeichnete Um=
risse von großen Menschen, um eine skizzenhafte Dar=
stellung ihres Wesens und Wirkens in meiner Manier
handelt. Man werfe diesen Radierungen darum nicht das
vor, was sie ausmacht: Kürze, Wesentlichkeit, Knappheit.

Man wird vielleicht, auch auf der Seite meiner Feinde, ge-
rechter und milder gegen mich sein, wenn ich den Ursprung
der meisten dieser kurzen, zwanglosen literarischen Skizzen
offenbare. Es sind nämlich in der Mehrheit Reden, Theater=
reden, die ich während vier Jahren allsonntäglich in den
von Louise Dumont angeregten Matineen des Düssel=
dorfer Schauspielhauses gehalten habe. Das waren wie=
derum künstlerische Veranstaltungen, zu deren Erklärung
für den, der sie nicht gekannt hat, ich hier drei Programme
abdrucken will, aus denen man, wenn man sie durchliest,
sich schnell und gut ein Bild von ihnen machen kann.

### I. Altdeutsches Theater.
Hans Sachs (1494—1576) und Andreas Gryphius
(1616—1664)

1. Einführende Worte. (Herbert Eulenberg.)
2. Etzliche ergötzliche Schwänke und Narrenspossen in
    lustige Reimpaare gebracht von Hans Sachs, der

weyland ehrsamer Schuhmachermeister in Nürnberg gewesen ist und ein tüchtiger Poet dazu.

Vorgetragen von einem wackern Schauspieler.

3. Meisterlieder der Meistersinger in den alten Weisen der Singschulen, wie sie in Nürnberg, Mainz, Straßburg, Kolmar und an andern Orten Gott und der Welt gefällig, üblich waren.

Gesungen von einem höchst fürtrefflichen Sänger.

4. „Das Kälberbrüten", ein Fastnachtspiel von Hans Sachs vom 7. Oktober 1551. Mit drei Personen folgendermaßen darzustellen:

Der dumme verschlafene Bauer.

Die grobe Bäuerin.

Der erzschlaue Pfaffe.

Ein Korb mit zwei runden roten Käsen,
so aus den Niederlanden kommen.

5. Einige ernste geistliche Lieder von dem Syndikus zu Glogau, Andreae Gryphio sich selbst und andern zum Trost nach jenem entsetzlichen, dreißig Jahre lang währenden Kriege aufgeschrieben.

Schön vorgetragen von einem würdigen Mimen.

6. „Horribilicribrifax" ein gar lustiges „Scherkspiel" in mehreren Akten vom besagten schlesischen Poeten Gryphius verfaßt und in eine kurzweilige Szene kontrahieret von einem heutigen Dichtersmann. In diesem Scherkspiel von dem berühmten Kapitäne Horribilicribrifax von Donnerkeil auf Wüsthausen werden eingeführt als Redende:

1. v. Horribilicribrifax, ein weyland reformierter Hauptmann, agiert von einem wüsten Gesellen.

2. Sempronius, ein alter verdorbener Schulmeister von großer Einbildung, agiert von einem spindeldürren Darsteller.

3. Dionisius, ein armer Bader, agiert von einem Durchschnittsmenschen.

4. Coelestine, eine sittsame Jungfer, agiert von einem zarten, aber resoluten Fräulein.

   Als Blasende: Der Hoboist: Prologus und Epilogus.

Zum Beginn und Abschluß des Stückes findet ein feierlicher Umzug der Akteurs über die Szene statt.

## II. Johannes Boccaccio.

Gedächtnisfeier zur Erinnerung an den großen Certaldesen, Giovanni Boccaccio

den Verfasser des „Dekameron", den ersten Meister in der Kunst des Erzählens im Abendlande. (Er ward geboren vor fast 600 Jahren zu Certaldo im Florentinischen und starb daselbst am Tage der Lichtwende im Dezember anno 1375. Dieses ist die Inschrift, die er auf sein Grab in der Stiftskirche St. Jaropo ebendort setzen ließ:

„Unter dem Stein hier ruhen der Staub und der Rest des
                                                    Johannes.
Aber sein Geist ruht vor Gott wie sein Leben geschmückt mit
                                                    Verdiensten.
Vater war ihm Boccaccio, Certaldo heißt seine Heimat.
Für die Dichtkunst glühte sein Herz, solang' es hier schlug."

1. Worte zur Einführung,

                        gesprochen von Herbert Eulenberg.

2. Die berühmte Beschreibung der Pest zum Eingang
   des „Dekameron"

   Vorgetragen von einem guten Sprecher.

3. Etzliche Liebesfragen und ihre Entscheidungen, ein
   ergötzliches Gesellschaftsspiel, so in vornehmen Kreisen
   von Neapel und Florenz in jenen vergangenen Zeiten
   oft angestellt wurde. (Aus Boccaccios „Filocopo",
   seinem Erstlingswerk.) — Liebesliedchen der
   Fiammetta.

   Vorgetragen von einer jungen anmutvollen Schauspielerin.

4. Erzählung von dem Studenten, dessen Liebe von
   einer schönen Witwe böslich verschmäht wurde,
   welcher aber alsbald fürchterliche Rache an ihr nahm
   — eine bittere Warnung für alle spröden und tüc=
   kischen Frauenspersonen. (Die 7. Novelle aus dem
   8. Tage des „Dekameron".)

   Wiedererzählt von einem gleich
   dem Studenten tollen Kerl.

### III. Rokoko.

„Ach, wer bringt die schönen Stunden
Jener Zeiten uns zurück?"

1. Introduktion.

   Gesprochen von Herbert Eulenberg.

2. Suite für Violine und Spinett von Arcangelo Corelli:
   Praeludio. — Sarabande I. — Sarabande II. —
   Gavotte. — Adagio.

   Ausgeführt von einer Violine und einem Spinett.

3. Lieder: „An Chloë". — „Warnung". (Beide von dem

berühmten Wiener Meister W. A. Mozart.) —
„Schäferlied" von Jos. Haydn. — „Wiegenlied".
(Text von Weiße.) Musik vermutlich von Mozart.

Lieblich vorzutragen von einer Demoiselle.

4. Gedichte: Hagedorn: Die Küsse. — Gleim: Triolet.
   — Der junge Goethe: Wirkung in die Ferne. —
   Wer kauft Liebesgötter? — Hölty: Die Lebens=
   pflichten. — Das Kanapee. — Gellert: Die
   Widersprecherin. — Der betrübte Witwer.

Zu sprechen von einer spitzen Aktrice.

5. Flötenkonzert von Joh. Joach. Quantz, Friedrich
   dem Großen zugeeignet.

Ausgeführt von einer Flöte.<br>einer Geige und dem Spinett.

6. Alt=Arie von Ritter Christoph Willibald Gluck.

Melodisch zu singen von einer Demoiselle.

7. Tänze aus der Zeit des Rokoko:
   1. Menuett nach Mozart.
   2. Gavotte von Boccherini.

Am besten von zwei jungen Jungfern<br>in der Tracht jener Tage vorzuführen.

Diese Matineen, ich muß noch ein wenig von ihnen erzählen,
wollten nicht mehr und nicht weniger als dem Volke an
seinen Sonntagen den Gottesdienst ersetzen, der in seinen
alten Formen den höheren Menschen heute nicht mehr
Befriedigung geben kann. Sie vereinigten an jedem Sonn=
tag ein zahlreiches Publikum unter dem Sockel eines großen
Mannes zu einer schönen stillen Feier zu seinen Ehren, in

seinen Manen die Gottheit achtend, die ihn uns schenkte.
Denn uns Heutigen sind wirklich die gewaltigen oder zarten
Künstler vor uns in der Musik, der Malerei, der Philo=
sophie, der Staats=, der Bau= und der Dichtkunst zu unsern
Heiligen und Schutzpatronen geworden, an denen wir uns
im Glück erfreuen, im Leiden trösten können. „Du sollst
keine anderen Götter haben neben ihnen!"
Dem Redner, der die Menge durch ein paar kurze ein=
leitende Sätze zu dem Großen, dem die Feier galt, hin=
führen mußte, war mit Absicht von vornherein nur geringe
Zeit von der einen Stunde gegeben, die im großen und
ganzen allsonntäglich festgesetzt war. Am meisten galt es
stets den Heiligen des Tages selber zu Worte kommen zu
lassen. Denn schließlich sind und sollen jedem die zehn
schönsten Gedichte eines Mörike etwa lieber sein als die beste
Rede oder Schreibe über ihn, und auch diese ganzen Auf=
sätze „über" Künstler sollen eigentlich nur zur Beschäfti=
gung mit ihnen selbst anregen. Durch diese kurze Frist
für den Vortragenden war von Anfang an das Bildungs=
philisterhafte, das sich solchen Feiern gern einmischt, mög=
lichst ausgeschlossen. Es galt, sich kurz zu fassen, klar zu
sein, Phrasen zu vermeiden und jedem, auch dem Laien in
literarischen Dingen, verständlich zu bleiben.
So sind die meisten dieser Arbeiten entstanden. Es war
mein Ehrgeiz, auch der breiten Menge, die während der Woche
schwer arbeiten muß, Interesse für die Kunst abzugewinnen,
ihnen eine Stunde lang Dichtungen als edle Arznei in
ihrem harten Leben einzugeben, und Menschen, die nichts

als Prosa treiben können, für die Künstler unseres Volkes und aller Zeiten begeistert zu machen und somit mein Teil an der Erziehung des Menschengeschlechtes mitzuarbeiten. Was dem Fachmann und Literaten darum an diesen Aufsätzen tadelnswert scheint, daß sie volkstümlich gehalten sind, daß jeder sie lesen kann, das — ich kann euch nicht helfen, ihr lieben Feinde! — das sollte ja gerade wiederum ihre Tugend und ihr Vorzug sein. Auch kam es nicht darauf an, wissenschaftlich genau und haarscharf dem Vorbild getreu meine Schattenrisse aufzuzeichnen, nein, diese peinliche und mühselige äußere Ähnlichkeitspinselei des Anstreichers mußte vermieden werden, wenn nur ein gutes, das Wesen des Modells wiedergebendes künstlerisch wertvolles Bild entstand. Je mehr der Maler von sich, von seiner Persönlichkeit oder — altmodisch gesprochen! — von seiner Seele in das Bildnis, das er in seinem Vorwurf vor Augen hat, hineinmalt, um so wertvoller, um so interessanter und um so ähnlicher wird zum Schluß das Bild geworden sein. Womit ich den Kleinigkeitskrämern das Aufstöbern von Ungenauigkeiten und Unrichtigkeiten in diesen Zeichnungen von vornherein versalzen möchte. „Nun wohl," haben schließlich einige Kritiker gesagt, „wir wollen uns an den populären, simpeln, leicht faßlichen Ton dieses Volkspredigers mit überlegenem Lächeln gewöhnt haben. Aber, um diese harmlosen Plaudereien, diese biblia pauperum in einem Buche öffentlich herauszugeben, dazu war wirklich kein Grund, dafür war wirklich kein Bedürfnis vorhanden. Vor allen Dingen fehlt bei dieser losen

Zusammenreihung von zufälligen Arbeiten das geistige Band, das sie zusammenhält. Sie stehen ungeordnet wie ein Stück Natur zusammen, Korn, Blumen und Unkraut, und sind nicht unter einen Hauptgedanken rubriziert und klassifiziert."

Nnn sind dies zwar Essayssammlungen niemals, denn das — verzeiht, verzeiht mir zum drittenmal, meine Widersacher! — ist eben ihr Wesen, daß sie, wenn sie in ein Buch zusammengefügt werden, unter einem Titel nebeneinander gedruckt werden. Ich wüßte wahrhaftig nichts anderes darauf zu entgegnen, außer etwa, daß meine Persönlichkeit das geistige Band ist, das diese Aufsätze zu einem einzigen macht. Für diese meine Persönlichkeit muß man sich daher freilich in etwa interessieren.

Aber ich merke zu meinem Schrecken, daß ich im Begriff bin, auch dieses zweite Vorwort dazu auszunutzen, mich und meine Person in den Vordergrund zu rücken, weil ich in dem Buche selbst gar keine Gelegenheit mehr dazu habe. Man verzeihe es mir darum in Gnaden, und wer, nach der Art vieler Leser, nur auf diesen letzten Satz in meinem Vorwort stiert, der muß es zur Strafe nun wirklich von vorne an lesen.

Kaiserswerth am Rhein.
Vor dem Winter 1909.        Herbert Eulenberg.

# Vorspruch zur fünften Auflage

Wer hätte das gedacht, mein liebes Buch!
Wir sehn uns lächelnd voll Erstaunen an:
Fünfmal verlegt in Vierteljahres Flug,
Und ich enthoben nun aus Acht und Bann.
Du brachtest Ruhm und Freundschaft schier genug
Mir zu, eh' dieses goldne Jahr verrann.
Wie einem guten Pferd möcht' ich dir schmeicheln,
Und zärtlich über deine Blätter streicheln.

Fünfmal verlegt in einem Vierteljahr!
Es steht da schwarz auf weiß, sonst glaubt ich's nicht.
Ich bin doch heut noch, der ich immer war,
Ein Unglücksrabe und ein Bösewicht.
Fünfmal verlegt, bei meinem kargen Haar,
Die Welt bekam ein anderes Gesicht.
Du Buch verstehst dich wohl auf Zaubereien,
Wie konntest du mir so viel Seelen freien!

Du trugst mich weiter um ein gutes Stück
Als jedes andre Werk noch, das ich schrieb.
Ich seh' voll Stolz auf deinen Weg zurück.
Wie viele Menschen haben heut mich lieb.
Erfolg und Beifall, ungewohntes Glück,
Ich grüße euch, des Künstlers schönsten Trieb!
Ich habe, was in Deutschland kaum zu hoffen,
Mit diesem Buch nur Freundschaft angetroffen.

So gehe vorwärts deinen frischen Gang,
Umarme jeden, der dich liebt, von mir!
Und bleib ihm treu ein ganzes Leben lang,
Sei launisch nicht als Freund und falsch wie wir.
Nein, führe noch den Greis hinab den Hang,
Der sich als Kind dir gab. Dies dein Panier:
Sei jedem Leser offen, wahr und heiter
Durchs harte Dasein lehrend ein Begleiter!

Im Herbst 1910.        Dein Urheber.

## Letzter Segen.

Die alten Linien ging ich wieder nach
Und prüfte sie und stärkte, was verblichen
Und was die Zeit verzehrt, Tag frißt den Tag.
Und als ich so die Schatten nachgestrichen,
So gut es meine warme Hand vermag,
Hat eine große Furcht mich angeschlichen:
Vertust du nicht dein helles kurzes Leben
Im Totendienst, dem du dich hingegeben?

Denn herrischer ist keiner mehr als sie,
Die gleich den Göttern ganz den Mann verlangen,
Und seinen Geist und sein gebeugtes Knie
Und in der Hut um sie verhärmte Wangen.
Ruf keinen Toten wach, er läßt dich nie,
Endlosen Handel hast du angefangen,
Und seine Hände halten dich wie Krallen,
Du mußt ihn zwingen oder ihm verfallen.

Da floh ich aus dem kalten Tempel fort,
Drin rings in Nischen meine Heiligen standen.
Viel Tropfen Bluts ließ ich wie Blumen dort,
Die sie im wilden Streiten mir entwanden,
Und alle riefen noch ein Zauberwort,
Auf das sie mich auf ewig sich verbanden.
Doch stärker noch als sie sang jetzt die Sonne,
Und lebend fühlt' ich dieses Lebens Wonne.

Zwei Jahre später.
Im Herbst 1912                                    H. E.

# Hans Sachs

Wer so ums Jahr 1520 herum abends zum Dämmer=
schoppen in der Stadt Nürnberg in das noch heute be=
scheiden an der Moritzkapelle klebende keine Wirtshaus
zum Bratwurstglöcklein einkehrte, der konnte dort vielfach
drei heute weltbekannte Meister, pokulierend und sinnierend
beisammen sitzen sehen: Peter Vischer, den Rotschmied
und den Steinmeißler, Albrecht Dürer, den Maler, Holz=
schneider und Kupferstecher, und Hans Sachs, den Schuh=
macher, Meistersinger und Poeten.

Diese drei Meister, die nach der Arbeit beim Schoppen
Frankenwein oder beim Zinnkrug voll braunen Incher=
bieres mitsammen saßen, der eine, Vischer, mit Kappe,
Schurzfell und Werkzeug, so wie er aus seinen Gießhütten
kam, der andere, Dürer, mit dem Christuskopf, das bleiche,
etwas kränkliche Gesicht von dem langen gekräuselten Haar
umrahmt, und neben ihm Hans Sachs, in der pelzbesetzten
Schaube — „denn außer der Werkstatt muß man sein
manierlich gehen!“ — diese drei Meister stellen die Re=
naissance in Deutschland dar. Und wenn uns ein
Fremder fragt, wo in aller Welt habt ihr Deutschen denn
euer Athen und euer Florenz, kurz eine Stadt, der man
noch heute ansieht, daß hier eine Zeitlang einmal Kunst
und Leben, Bürger und Künstler eines waren, so können
wir ihn stolz auf Nürnberg als denkwürdigste Stätte einstiger
deutscher Kultur hinweisen.

Wer sich mit dem dritten der drei Meister, mit Hans

Sachs, beschäftigen will und durch die Wissenschaften an ihn heranzukommen sucht, der muß sich wie der, welcher in das von ihm zuerst beschriebene Schlaraffenland will, erst durch einen ganzen Staubberg von Gelehrsamkeit durch- fressen, eh' er das verschmitzt lächelnde Bild unseres Meisters vor sich sieht. Die Philologen, die bei uns bekanntlich be- stimmen, was und wie uns etwas zu gefallen oder nicht zu gefallen hat, haben den Weg zu ihm und zu den Meister- singern, zu denen er zählt, durch einen Haufen von klugen Worten aus jener Zeit versperrt, als da sind: „Tabulatur, Gemerke, Hageblütweise, Schwarz-Tintenweise, Stollen, Vielfraßweise usw." Erst Goethe, unser größter Befreier aus Philisternetzen, bahnte sich über alle Wissenschaft wie der Märchenprinz zu Dornröschen mit einem bloßen Kuß einen einfachen Weg zu Hans Sachs, indem er als erster ihn wieder aufführte und dem Deutschen Theater, das damals kaum noch über Lessing hinausging, damit wieder eine Vergangenheit schuf.

Zu allgemeinem Jubel brachte er auf dem Theater zu Weimar Anno 1810 zum erstenmal wieder ein Fastnacht- spiel Hans Sachsens, „das Narrenschneiden", auf die deutsche Bühne.

Es darf hier wohl kurz daran erinnert werden, was oft vergessen wird, wie viel Goethe von Hans Sachs gelernt und angenommen hat. Nicht nur sprachlich hat er die Form des Nürnberger Meisters, den Knittelvers im „Faust" übernommen. Auch in der Gestaltung seiner Figuren lehnt er sich an die Holzschnittmanier des Alten an, so daß man

z. B. bei dem Faſtnachtſpiel „Der fahrende Schüler im
Paradeis" unwillkürlich an die Szenen zwiſchen Frau
Marthe Schwerdtlein und Mephiſto denken muß.
Richard Wagner ahnte vielleicht mehr, als er wußte,
welch ein großer Kerl Hans Sachs geweſen war, und
ſetzte ihm in den „Meiſterſingern" ein tönendes Monument.
Denn ein bloßer „Vereins-Meiſterſinger" — übrigens eine
viel edlere Zunft als unſere heutigen Skat- oder Kegelbrüder
— war Hans Sachs ebenſowenig und ſoviel als Goethe
Staatsminiſter war. Er hat, was ſehr charakteriſtiſch iſt,
ſeine Meiſterlieder niemals drucken laſſen, weil er etwas
ganz anders und mehr als ein Meiſterſinger, weil er ein
Dichter war, und wußte, daß das, was er nicht aus freien
Stücken, ſich ſelber zu Nutz und Frommen geſchrieben
hatte, nur Vereinstätigkeit war und die Nachwelt nichts
anging. Übrigens wär' es endlich einmal an der Zeit, die
Meiſterſinger etwas von dem Fluch der Lächerlichkeit
zu erlöſen, der ihnen anhaftet. Es iſt ſehr ſchade, daß
ſich heute kein Muſiker und vor allem kein Sänger findet,
der geneigt iſt, dieſe im gemeinen Sinn undankbaren
Lieder und Weiſen der Meiſterſinger vor dem gefährlichen
Publiko vorzutragen. Man würde dann neben manchem
Lächerlichen den rührenden Ernſt anerkennen müſſen, mit
dem dieſe Enthuſiaſten um die Kunſt befliſſen waren, und
gelegentlich auch die überlegene Schalkhaftigkeit.
Denn dieſe Leute waren gar nicht ſo ſtrohdumm, wie
Richard Wagner des komiſchen Zweckes halber es uns
weismacht.

Zu diesen Dichtern von Beruf, die an Wintersonntagnach=
mittagen in den Kirchen Nürnbergs zusammenkamen, um
dort nach gewissen Regeln, nach der sogenannten „Tabu=
latur", dem poetischen Kontrapunkt, in deutscher Sprache
zu dichten und zu singen, gehörte Hans Sachs nur als an=
gesehener Bürgersmann seiner Vaterstadt. Als Dichter
gehörte er vielmehr zu den fahrenden Leuten, die damals
mit ihren Zeltbuden und Schwänken durchs Land zogen, für
ein paar Wochen irgendwo dann Halt machten und all=
abendlich die ganze Stadt unterhielten. Für diese Schau=
spielerbanden, die damals das deutsche Theater zu Lehen
hatten, schrieb Hans Sachs seine 85 Fastnachtspiele.
Später schulte er sich eine eigene Truppe, durch die er seine
Komödien darstellen ließ, und war Direktor, Regisseur und
Schauspieler zu gleicher Zeit. Und alles das, ohne daß
ihm die Kundschaft, die sich bei ihm Schuhe machen und
reparieren ließ, davonlief. Er hatte nicht weniger Erfolg mit
seinen Stücken als heute Kadelburg. Der Rat der Stadt
sah ein, wie viel besser seine Komödien waren als die üb=
lichen, ordinären Faschingsspäße, und traute ihm so viel
Geschmack zu, daß er ihn mit der Zensur verschonte, und
selbst die Kirche machte gute Miene zu seinen guten Spielen
und überließ ihm — man muß sich das heute einmal vor=
stellen! — Kirchen und Klöster, mit seiner Truppe dort
zu spielen.
Man darf nun von einem solchen Fastnachtspiel kein
dramatisches Leben in unserem Sinne, keine Hatzjagd nach
Überraschungen, keine fieberhafte Spannung erwarten.

Man muß ein Hans Sachsiches Faſtnachtspiel geduldig und genau anſehen wie einen alten Kupferſtich, um dann auf einmal zu entdecken, welch eine köſtliche, feine Arbeit das iſt, und wie ſie auch im Kleinſten noch voll Leben ſteckt. Mit meiſterhafter Sicherheit holt er mit ſeinem Grabſtichel ſeine Figuren auf die Kupferplatte ſeines Theaters: die Bauern wie die böſen Weiber, Scholaren, Spitzbuben und Pfaffen, ſamt anderm menſchlichen und mythologiſchen Geſinde.

Und je mehr Zeit wir ihm ſchenken, deſto lieber und größer wird uns dieſer prächtige alte Meiſter, der an der Spitze unſeres ganzen deutſchen Theaters ſteht, aufgehen.

Und wir werden ihn heute noch ſo laut und aufrichtig feiern können, wie Goethe ihn zu ſeiner Zeit verherrlicht hat!

> „Ein Eichkranz, ewig jung belaubt,
> Den ſetzt die Nachwelt ihm aufs Haupt.
> In Froſchpfuhl all das Volk verbannt,
> Das ſeinen Meiſter je verkannt!“

# Eine Rede von Hans Sachs

Vor der „Première" des „Kälberbrütens" und des „Roßdiebs zu Fünsing" gesprochen.

Diese beiden Spiele von Hans Sachs, das eine von dem Bauern, der aus Käse Kälber brüten wollte und das andere von dem Roßdieb zu Fünsing, einem Vorläufer unseres Hauptmanns von Köpenick, sind zuerst im Mai 1554 in der schönen Stadt Nürnberg in einem Zelt auf der Festwiese vor der Burg aufgeführt worden. Es war ein lachender Frühlingsmittag, und die Sonne schien so lieblich, daß die Toten gern aus ihren Gräbern gestiegen wären, um eine Weile wieder lachend den Schwänken Hans Sachsens zuzuhören. Halb Nürnberg war an jenem Tage auf den Beinen: Würdige Ratsherren in prächtigen schwarzsamtnen Schauben, die wackeren Gildenmeister mit runden Bäuchen unter ihnen, Kaufleute, Handwerker, Bettler und viel junges Volk. Wie bei Faustens Osterspaziergang. Ganz alte, fast taube Leute hatten sich heute noch aufgemacht und fragten in den Pausen, die Hand ans Ohr gelegt, nach dem, was ihnen entgangen war. Auf der linken Seite vor der sogenannten Bühne saßen von den Männern getrennt die Frauen und lächelten, und hinter ihnen die Mädchen und kicherten. Hans Sachs trat aber zu Beginn des Spieles hervor und hub folgendermaßen an zu sprechen:

„Liebwerte Bürger und Stadtgenossen! Wollet auch heute wiederum gute Miene zu unserm Spiele machen. Insofern der heutige Frühlingstag viel zu schön ist, zum Schimpfen oder schief Maul ziehen, oder mit armem, fahrendem Volke zu hadern. Wir wollen auch diesmal — des dürft ihr gewiß sein! — unser Bestes geben, und der ist ein Lumpenhund, wie ihr wisset, der mehr gibt, als er hat. Wollet also nit zu viel verlangen, sondern bedenket, daß nicht Halbgötter, wie weiland zu Homeri und der alten Griechen Zeiten, auf der Bühne stehen, sondern schlichte Menschen mit Fehlern und Schwächen wie Hannes Holzschuher, Martin Behaim oder ich selber. Guckt also einem solchen Gesellen nicht allzu scharf aufs Maul und verarget es ihm nicht, wenn er sich einmal versprechen sollte — auch der Herr Bürger= meister kann einmal stolpern — oder ein Verslein falsch spricht — auch die Frau Bürgermeisterin kann einmal beim Strumpfstricken eine Masche fallen lassen.

„Wenn einer sein Handwerk ernst nimmt und nimmer denkt, daß er nicht noch besser in ihm werden könnte, soll man ihn nicht schelten. Und so ist es bei dem Maulwerk, so wir betreiben, auch bestellt. Wer aber zufrieden mit sich ist und sich für einen ausgemachten Meister hält, dem soll man einen Mühlstein und ein sattes Schwein an den Hals hängen und ihn in die Pegnitz werfen, dort, wo sie mehr denn zweeu Meter tief ist. Ich selbst, wiewohl ich schon über tausend Paar Stiefel geflickt und mehr denn 500 neu aus dem Leder geschnitten habe, halte mich noch nit für vollendet in dieser Kunst des heiligen Crispinus, vielmehr gucke gern noch manchem jungen Gesellen, der in Böhmen oder gar in Welschland gewesen ist, seine Sächelchen ab, wenn sie sein sauber sind. Vollends nun gar in der Reimerei oder der Pegasusreiterei, wie die alten Heiden sagten, bin ich aufs Lernen versessen wie ein junges

Mädchen unter Zwanzig, so noch keinen Mann gefangen hat, aufs Tanzen. Lasse mir auch gern von jedem Mann und jeder Frau die Wahrheit sagen, selbst wenn es nur ein einfacher Bader ist, der mir den Bart rundschneidet oder ein altes Weiblein, das mir die gelb gewordenen Kragen wieder weiß wäscht. Nur muß es auch die Wahrheit sein, und nit bloß grobes, unmanierliches Zeug. Einem solchen Stoffel und Schimpfpeter, der seine Tage damit zubringt, unserm Herrgott die Fehler vorzuhalten, die er bei der Schöpfung gemacht hat, möchte ich am liebsten zeitlebens das Maul mit Senfpflaster zukleben oder ihm einen Papageien kaufen, der ihm bei Tag und Nacht in die Ohren schrie: ‚Schimpfen ist leichter als loben‘.

„So, liebe Stadtgenossen, wollt' ich itzo, daß ihr die beiden Stücklein entgegennehmen möchtet, die Apollo, der Gott der Schalkheit, mir letzte Weihnachten, da ich zwei Tage lang meine Schusterwerkstatt schließen und auf den Dichterberg Parnassus klettern konnte, beschert hat: Nicht als das Gewaltigste, was je in Reime gebracht worden ist, noch aber auch als etwas allzu Geringes, wie etwa einen Bierschwank oder eine Sauposse, die ins rechte Ohr hineinschlüpft, um gleich aus dem linken wieder hinauszuspringen, und bei der man zuerst zwar lacht, aber gleich hinterdrein zu sich denken muß: ‚Alter Schafskopf, warum lachst du über solche Narrenpossen!‘ Sondern ihr sollt die Stücklein hinnehmen als zween Leckerbissen und in euer Gedächtnis einschließen wie zwo Goldstücke, die man später in Stunden der Not und der schlechten Laune noch hervor-

holen kann, um sich zu erheitern und wieder ein paar
lustige Augenblicke zu machen.

„Seid auch heute nicht ungehalten, wenn wir ein Frauens=
mensch mit auf die Bretter bringen. Sintemal ich es für
ein Mädchen nit für lästerlich halte, falls sie Witz dafür
hat, zum fahrenden Volk zu gehen und mit den Manns=
leuten um die Wette zu agieren. Solch eine dient Gott
ebenso, wie eine, die gut spinnen kann, ihm am Rocken
dient, und wenn auch die meiste Welt anderer Ansicht ist,
kann ich doch von dem Glauben nit lassen und will ihn
gegen den besten Vater und die fleißigste Mutter ver=
treten. Freilich, wer die Kunst, andere nachzuahmen und
Menschenaffe zu sein, nicht versteht, der soll ruhig hinter
dem Ofen oder dem Schraubstock bleiben. Denn der
Dienst bei den neun Musen ist schwerer als bei einer
zänkischen Herrin, und ich habe — das könnte ich mit den
härtesten Eiden beschwören! — beim Reimschmieden viel
mehr geschwitzt denn beim Schuhmachen.

„Aber des wollen wir heute nicht gedenken, vielmehr ein
jeder sein Arbeit vergessen und lustig sein, wie es sich für
einen Sonn= und Feiertag geziemt. Denn niemand weiß,
wie es mit unsereinem nach dem Tode wird. Drum wollen
wir, solange wir leben, bedenken, daß der Mund den
Menschen um dreierlei Dinge gegeben wurde, um zu essen,
um zu küssen und um zu lachen. Man kann nur drüber
streiten, was das köstlichste von den dreien ist.

     Daß euch viel Lust durchs Maul erwachs'
     Wünscht heut wie immer euch Hans Sachs.

# Andreas Gryphius

Im Herbste 1667, vor 250 Jahren also, da am Pegel zu Köln, wenn es hoch kam, sechs Schiffe lagen und das Pfund Fleisch auf dem Markte noch ½ Silbergroschen kostete, setzte sich ein Trupp von schauspielernden Studenten zu Frankfurt an der Oder auf ein Treidelschiff, um sich den Fluß hinauf gen Glogau in Schlesien ziehen zu lassen. Sie waren von einem hochwohllöblichen Magistrat zu Glogau für insgesamt einen Taler, vier Neugroschen gemietet worden, um den 45. Geburtstag des hochgeach= teten Bürgers und Syndikus der Stadt, Andreas Gry= phius, durch Aufführung und Wiedergabe eines seiner Schaustücke zu honorieren, zu illuminieren und zu personi= fizieren. Als sich das Schiff in Bewegung setzen wollte, kam noch der Komödiantenmeister mit einem großen Sack auf dem Rücken angekeucht, enthaltend niederländische Koller und ein paar verrostete Stoßdegen, so er alles bei einem Althändler zusammengeramscht hatte. Man zog ihn und die Theatergarderobe auf das Schiff, und sobald man die Schnupftücher der Nachwinkenden aus den Augen verloren hatte, begann man die Getreidesäcke, die als stummes Gut mit nach Glogau verfrachtet waren, beiseite zu schieben und auf dem Verdeck des Schiffes unter freiem Himmel Probe abzuhalten. Der Mensch, zumal wenn er Student und Schauspieler ist, hat im allgemeinen die Eigenschaft, erst kurz vor dem Examen oder der Auf= führung zu lernen anzufangen. Von diesem Brauch wich

auch unsere Frankfurter Studententruppe um keines Haares
Breite ab, und es stellte sich bald heraus, daß keiner von
ihnen, um nicht die andern etwa zu beschämen, mehr als
gar nichts gelernt hatte. So begann man denn mit Feuer=
eifer von früh bis spät an dem Stück „Horribilicribrifax",
einem Scherzspiel in fünf Begebenheiten, das der Gloganer
Magistrat aus den Stücken des Meisters zur Aufführung
auserkoren hatte, zu probieren: Die Wolken am Himmel
und die Weiden an den Flußufern sahen ihrem tollen
Treiben lachend zu, die Getreidesäcke als stumme Passagiere
gähnten und dachten bei sich: „Mit welch dummem Zeug
die Menschen doch ihr Leben hinbringen!", und die
Matrosen, die anfangs vermeinten, einen Haufen Affen
an Bord zu haben, verstanden nach und nach, um was
es sich handelte, stahlen sich nach Möglichkeit von ihrer
Arbeit fort und hielten sich den Bauch vor Lachen beim
Zusehen. Die Treidelpferde aber zogen mit gesenkten
Ohren auf dem Leinpfad das Schiff stromaufwärts und be=
dauerten sehr, daß sie nicht Menschen geworden waren.
Drei Tage und vier Nächte dauerte die Fahrt, zu der man
heute drei Stunden gebraucht. Um die Abenddämmerung
kam man endlich vor der alten, mit verwitterten Türmen
umstandenen Stadt Glogan an. Die schwarzen Festungs=
mauern, die wie alte bärbeißige Polizisten rund um die
Stadt herumliefen, guckten verschlafen aus dem Herbst=
nebel heraus. Eine einzige bunte, den Schweden abge=
nommene Fahne hing aus einer Schießscharte und sagte
den Komödianten: „Guten Abend!" Die kehrten in die

Herberge zum „König von Polen" gleich am Hafen ein,
die ihnen von den Schiffern als wohlfeil empfohlen war,
und in der je drei in einer Bettstelle schlafen mußten.
Aber da die Wanzen schon ihre Winterquartiere bezogen
hatten, gab es für sie alle eine friedliche Nacht.

Am andern Morgen in der Frühe besichtigten unsere
Spieler zunächst das Zelt und die Bühne, auf der sie vor
dem Magistrat und Volk zu Glogau ein Zeugnis ihrer
Kunst ablegen sollten. Sie machten flugs einen alten
Leiterwagen zur Garderobe zurecht, schnitten denen unter
ihnen, die Frauen darstellen mußten, die Bärte, die während
der Schiffahrt lang gewachsen waren, aus dem Gesicht
und borgten sich aus der Festung eine dicke Trommel,
um hinter der Szene donnern zu können.

Dann machte sich der Prinzipal der Truppe in seinem
besten französischen Rocke auf, um zunächst den Magi=
strat und hernach den hochachtbaren Syndikus Andreas
Gryphius selber aufzusuchen. Sein Weg führte ihn mitten
durch die Stadt, wo es gar elend und erbärmlich aussah.
Die Kriegsfurie, die dreißig Jahre lang in Deutschland
geschaltet hatte, war auch mit Glogau nicht anders denn ein
roher Viehtreiber umgegangen. Die meisten Häuser standen
noch heute, neunzehn Jahre nach dem Friedensschluß,
leer, und man hörte am hellen Mittag die Ratten drin
rumoren. Schutt lag auf den Straßen, die Kirchen waren
kahl und ausgeraubt, und der Pfarrer hätte alle Sonn=
tage über den Text: „Und die Erde war wüst und leer,
und es war finster auf der Tiefe!" predigen können. Die

paar Menschen aber gingen zwischen den verfallenen
Häusern stumm und ernst herum wie Statisten, die Trauer,
Armut und Verzweiflung darstellen sollen.

Mitten in dieser Illustration zu einer Prophezeiung des
Jeremias sah das alte schiefe Patrizierhaus des Syndikus
Gryphius fast fürstlich aus. Unser Komödiantenmeister
klopfte denn auch unter einem feierlichen Gefühl mit dem
Türringe an und ließ sich stumm wie eine Seele über den
Acheron durch den finstern Flur zum Studierzimmer des
gelehrten Poeten geleiten. „Introite!" rief eine feine Stimme.
Aber es dauerte lange Zeit, ehe der Komödiant den Kopf,
der zu dieser Stimme gehörte, erblicken konnte. Hinter
einem hohen Haufen von Folianten und Pergamenten und
Quadranten unter einer schweren, riesigen weißlockigen
Perücke saß der hochgelehrte Andreas Gryphius, eine
Hornbrille auf der Nase und eine Gänsefeder in der Hand,
und sann über einen Reim auf „Menschen" nach. Sein
Gesicht war ganz gelb, denn die Leber drückte ihn heute
noch mehr als sonst. Seine schneeweißen Hände zitterten
vor Frost trotz der Pelzstauchen, die er über den Pulsen trug.
Aber seine Augen blickten den Hereinkommenden fest und
tief an, wie die Augen eines Mannes, der viele Länder
und viele Leiden gesehen hat, und der weiß, daß er nicht
mehr lange Zeit zu leben hat.

Es war dem Syndikus gar nicht recht, daß der Magistrat
gerade dies lustige Stück von ihm zur Repräsentation ge=
wählt hatte. Viel lieber wäre es ihm gewesen, man hätte
eines seiner Trauerspiele inszeniert, in denen die Menschen

in Alexandrinern sprachen und es zum Schluß auf ein
paar Leichen mehr oder weniger nicht ankam, wenn nur
die Moral siegreich blieb, Trauerspiele, in denen das Blut dick
über die Bühne floß, in denen die Helden noch im Sterben
reimen konnten, und in denen „die Parzen" — so nannte
er die Chöre — in edler und erhabener Sprache Verse
über die Vergänglichkeit wie diesen deklamierten:

„Sterbliche: was ist diß Leben,
Als ein ganz vermischter Traum?
diß, was Fleiß und Schweiß uns geben,
Schwindet als der Wellen Schaum."

Aber der schlaue Magistrat von Glogau hatte folgendermaßen kalkuliert: „Ein Hanswurst oder Pickelhering kommt
in keinem Stück von Andreas Gryphius vor. Ergo fällt
die Hauptattraktion für das Publiko von vorneherein fort.
Lassen wir nun gar ein trauriges Stück unsers Syndikus agieren, so kommt uns nicht einmal ein Jude herein,
und wir müssen unser Stadtsäckel öffnen, in dem nicht
mehr denn etliche lumpige Dukaten miteinander Verstecken
spielen. So wir aber ein Scherzspiel des Poeten, etwa
den „Horribilicribrifax' figurieren lassen, werden mehr als
hundert zahlende Leute kommen, und wir können von
etwaigem Überschuß sogar unser Ratszimmer neu kälken
lassen."
So ward denn der „Horribilicribrifax" zum Jubel der
halben Stadt — denn die Frauen durften damals nicht
mehr zu solchen Spielen gehen — angesetzt, und Gryphius

selber sagte schließlich dem Komödiantenmeister, nachdem dieser ihm feierlich versprochen hatte, ein paar ernste Lieder des Dichters vor dem Theaterspiel sprechen zu lassen, sein Erscheinen zu. Und er kam pünktlich um die Stunde, da es beginnen sollte, und ward mit vielen Zeremonien, während das Volk „Vivat" schrie, oben auf die Bühne geleitet. Dort saß schon der ganze Magistrat versammelt. Der Bürgermeister hielt eine lateinische Rede auf den „divus Andreas", in der Gryphius trotz seiner Rührung leise 14 Fehler konstatierte, und das Spiel begann. Und wie nun der gelahrte Dichtersmann seine bunten Geschöpfe auf den Brettern herumspringen und -stelzen sah, da vergaß er auf einmal seine Leberschmerzen und seine Feierlichkeit und lachte mit den andern um die Wette, daß ihm die runden Tränen aus seinen meist ins Papier vergrabenen Augen schossen.

Und wenn wir ihm heute wie damals seine Mitbürger am Schlusse der Feier einen Lorbeerkranz auf die Perücke setzen, so wird er uns wie seinen Glogauern nicht verargen, wenn wir nicht mehr mit ihm weinen, sondern nur noch mit ihm lachen können. Das aber soll ihm nie vergessen werden, daß dieser Schlesier überhaupt der einzige gebil= dete Mensch und Dichter von bleibender Bedeutung ge= wesen ist, der sich zwischen Hans Sachs und Lessing mit dem deutschen Theater und damit mit unserer Kultur be= faßt hat.

# Lessing

Man kann an das Leben Lessings wie an das Mozarts nicht denken, ohne dabei vor Scham sich zu wünschen, lieber Botokude als ein Deutscher zu sein. Auf seinem Denkmal zu Braunschweig steht mit großen Buchstaben: „Dem großen Denker und Dichter das deutsche Vaterland". Auf seinem Antlitz stand, da er noch lebte, mit kleinen Falten geschrieben: Undank, Verbitterung, Ekel, Ingrimm, Wehmut und Verachtung. Und wenn er gleich Mozart, dem er mit seinem Humor in den Augen ähnlich sah, über die Menschen, wie der Mond über die Hunde, lachen konnte, wenn er auch in seltenen lichten Momenten vor seinem inneren Auge das bewußte Denkmal in Braunschweig mit der pompösen Inschrift erschaut hat: Dies Lachen Lessings und Mozarts tut mir weher, als wenn ich von dem Elend Deutschlands nach dem Dreißigjährigen Krieg oder unserer Niederlage bei Jena lese.

Lessing hatte von vornherein ein schwarzes Los gezogen, da er sein Leben in der Hauptsache dem deutschen Theater widmete. Schon als Student von achtzehn Jahren studierte er zu Leipzig für Theologie lieber Theatrologie und verkehrte statt mit dem heiligen Paulus mit Madame Neuberin, die dort zum erstenmal den deutschen Thespiskarren festgebunden hatte, und mit den verwegensten und besten Mitgliedern ihrer Truppe. Damals waren die Schauspieler noch nicht wie heute gute, solide Bürgersleute mit reinen Stehkragen, biederen Manieren, kleineren Orden, bezahlten

Rechnungen, großen Gagen, die gleich nach dem Theater zu
Bett gehen, in Geſellſchaften nach dem Pudding ein paar
Gedichtchen vortragen, und die man, wenn ſie ſich die
Bärte wachſen ließen, ruhig mit Gerichtsaſſeſſoren ver=
wechſeln könnte. Nein, zu jener Zeit waren meiſt Kerle
dabei, mit denen man nicht gern allein bei Nacht eine
Stunde Wegs gegangen wäre, Kerle, die, wenn ſie ſich
gezankt hatten, nicht zum Richter liefen, ſondern ſich ein
paar um die Ohren ſchlugen und dann gerührt einander
in die Arme fielen, die den Karl Moor aus innerer Er=
fahrung ſpielten und einen Umweg um jeden Poliziſten
machten, die es für ein Verbrechen hielten, Schulden zu
zahlen, und darum gar kein Geld nötig hatten, die eine
heiſere Kehle mit Branntwein und nicht mit chlorſaurem
Kali heilten, und deren Leben ſchnell und praſſelnd wie
eine Pechfackel, nicht ruhig und muſterhaft wie eine Kirchen=
kerze, zu Ende brannte.

Man kann ſich vorſtellen, was aus dem würdigen Geſicht
des Vaters Leſſing, des ehrwürdigen Paſtor Primarius
und Diakonus zu Kamentz wurde, als er von dieſem ruch=
loſen Umgang ſeines Sohnes erfuhr. Er ſah aus wie der
fünfte Akt eines Trauerſpiels, wenn die Kataſtrophe heran=
bricht. Er hielt ſeinen Sohn ſchon für ſo radikal böſe,
daß er glaubte, er würde kaum mehr aus des Satans
Klauen zu reißen ſein. Gleichwohl wollte der fromme Vater
alles noch mögliche verſuchen und erſann eine — wie man
in ſolchem Falle zu ſeinem Gewiſſen ſagt! — Notlüge.
Er ſchrieb dem Sohne, die Mutter ſei ſchwer erkrankt, und

wenn er ihr noch einmal, bevor sie ins Himmelreich käme,
und so weiter. Drei Tage darauf, mitten im eiskalten Januar
1748, erschien der gehorsame Sohn, Stipendiat und Student der Gottesgelahrtheit vor seinem Vater.
Der war ganz erstaunt, daß dem Jungen bei seinem Verkehr mit der Theaterwelt noch kein Pferdefuß und keine
Hörner angewachsen waren, und lachte dann den vor
Schrecken und Frost Halbtoten tüchtig aus. Zum Abschied
aber gab er dem jungen Theaterdichter folgende gute Lehre
mit nach Leipzig: „Häng er sein Herz nicht an die Bühne,
mein Sohn! Es wird ihm nimmerdar zum Segen gereichen.
Wenn es ihn nach einem Spiegel gelüstet, darinnen er sich
beschauen möchte, so blick er in die Bibel hinein, oder schließe
sich in sein Kämmerlein und halte dort eine stille Parade
ab über sein Herz. Finito, und zur Hauptsache: Geh
er nicht mit Komödianten um, mein Sohn! Man wird
es ihm niemals Dank wissen, und er wird dessen nimmer
froh werden! Der kleinste Schauspieler dünkt sich mehr,
als er, Gotthold Ephraim Lessing, in seinen besten Stunden.
Wenn er durchaus reimen und auf dem Pegasus traben
muß, so verfertige er Lieder wie dieser Gleim, oder Hexameter, wie der fromme Klopstock, oder hübsche Fabeln,
wie jener Gellert zu Leipzig sie machen soll, oder meinet-
halber auch ein paar gute Sinnsprüche nach der Weise
des seligen Logau. Aber um seiner Seele willen sang er
keinen Handel mit Schauspielern an! Ich möchte ihn lieber
— Gott verzeih' mir! — nicht auf die Erde gesetzet haben,
wenn ich dies wüßte. Oder ich möchte lieber — Gott, ver-

zeih' mir noch mehr! — itzt einen Knüppel nehmen und
ihn damit so lange vor den Kopf schlagen, bis er tot wäre,
um ihm den Ärger zu ersparen, der ihn sonst vor der Zeit
gelb färben wird. Eher möchte ich unsern Schweinen La=
teinisch beibringen, als meine Verse den Schauspielern, und
es dünkt mich ehrenvoller, Türklinke an einem schlechten
Hause als deutscher Theaterdichter zu sein!"

Aber der junge Lessing war schon so von dem Theater=
fieber besessen, daß die Warnungen seines Vaters von
einem Ohr zum anderen spazierten, ohne daß ein Wort
in seinem Kopfe keben blieb. Er suhr nach Leipzig zu=
rück und opferte sein Blut und sein ganzes Genie, das
er hatte, dem deutschen Theater. Er schrieb „Minna von
Barnhelm", „Emilia Galotti" und „Nathan den Weisen".
Er ward der erste deutsche Dramaturg und widmete ein
ganzes Jahr seines kurzen Lebens dem Hamburger Thea=
ter. Er wollte ein Gleiches für Mannheim tun, wenn
er dort nicht schlechter als der Portier bezahlt werden sollte.
Er vertrieb die Franzosen von der deutschen Schaubühne
mit derselben Tapferkeit und Unerschrockenheit, wie sie
Blücher fünfzig Jahre später an der Katzbach bewies, und
Corneille war kein schwächerer Gegner als Napoleon. Er
öffnete das deutsche Theater für Shakespeare und war da=
mit Anlaß, daß über hundert Jahre lang bis heute dieser
größte Dichter bei uns häusiger als in England aufgeführt
wurde. Er bewies schließlich mit seinen eigenen Stücken,
daß man nicht durchaus ein Ausländer sein muß, um in Deutsch=
land aufgeführt werden zu können, und kam nach allem

Schaffen und Ärger, wie der Alte prophezeit hatte, zu der
sauren Erkenntnis, daß das deutsche Theater ihm immer
fatal gewesen, und daß er sich nie, es sei auch noch so
wenig, habe damit bemengen können, ohne Verdruß und
Unkosten davon zu haben.

So mußte er, der Freiesten einer, die je gelebt haben, einer,
der eher seine Zunge aufgegessen als eine Schmeichelei ge=
sagt hätte, Fürstendiener werden, und ward für 600 Taler
im Jahr als Bibliothekar des Erbprinzen von Braunschweig
angestellt, während die Mätresse des alten Herzogs 60 000
Taler pro Anno verschlang. „Arm wie Lessing" heißt es
noch heute in Wolfenbüttel von einem, der drei Fastentage
in der Woche feiert, und dessen Hosenboden glänzen. Dazu
kam, daß Lessing nicht weniger Unglück in seinem Leben wie
·im Spiel hatte und mehr als Hiob und Lazarus zusammen.
Er hatte einen Freund, Ewald von Kleist: der ward ihm in
der Schlacht von Kunersdorf erschossen. Er hatte einen Mon=
archen, den er verehren mußte, Friedrich den Großen: er ward
von ihm völlig ignoriert und jedem hergelaufenen Franzosen
nachgesetzt. Er hatte eine Frau, die er liebte wie Tellheim
seine Minna: er besaß sie nur ein Jahr. Er hatte einen
Sohn, auf den er sich unbändig gefreut hatte: der lebte
nur ein paar Stunden und riß die Mutter mit ins Grab.
Schließlich war er in die Wahrheit vernarrt und verdarb
es dadurch mit den meisten Menschen, denen mehr an einem
guten Frühstück als an der Wahrheit gelegen ist. Die
Professoren konnten ihm nicht verzeihen, daß er die alten
Sprachen besser als sie verstand, und die Pastores grollten

ihm, weil er Chriſten, Juden und Mohammedaner gleich
ſelig pries und vor nunmehr hundertunddreißig Jahren
erklärte, daß Gott alle Konfeſſionen gleich liebhabe. Man
war daher allgemein froh als Leſſing ſtarb und nicht älter
als einundfünfzig Jahre wurde, denn er hätte ſchließlich
alles gutgemacht, was Fanatiker bis damals Übles ange=
richtet hatten. In den Armen eines dankbaren Juden, ſür
den er, als man ihn wie üblich malträtieren wollte, ſich
beim Herzog verwandt hatte, und der ihn hielt, als der
Todeskrampf ihn ſchüttelte, iſt Leſſing geſtorben. Er war
der erſte, der ausging, den Deutſchen ein Nationaltheater
zu ſchaffen, und nur Juden an ſeinem Wege ſand.
Er ſtarb ſo arm, daß der Herzog von Braunſchweig ihn
auſ Staatskoſten beſtatten laſſen mußte. Die Pferde, die
bis dato nur dumme Prinzen zu Grabe gefahren hatten,
waren ganz ſtolz über die Ehre, die ihnen widerfuhr. Die
Erben Leſſings bekamen zehn Tage ſpäter ein Reſkript von
der herzoglichen Kaſſe, daß Leſſing, der im Vorſchuß geweſen
ſei, durch ſeinen Tod einſchließlich der Beerdigungskoſten
dem Herzog einen Verluſt von 361 Talern verurſacht habe,
die allergnädigſt nachgelaſſen würden.
Auf allen deutſchen Bühnen wurden Trauerfeſtlichkeiten um
ihn abgehalten, und der große Schröder in Hamburg ſagte
ſchluchzend zu ſeinen Schauſpielern: „Leſſing iſt tot. Laßt euch
begraben, Kinder!" Goethe und Schiller aber, deren beſon=
derer Gläubiger er war, ſchrieben ihm auf den Leichenſtein:
„Vormals im Leben ehrten wir dich wie einen der Götter.
Nun du geſtorben, ſo herrſcht über die Geiſter dein Geiſt."

# Der junge Goethe

An einem schönen Maiabend des Jahres 1772, als die Sterne schienen, die Frösche quakten, die Hunde an der Kette sich mit dem Mond zankten und die Bürger zum erstenmal probierten, wie das Bier auf offener Straße schmeckte, brachte die Post, die alle Tage von Gießen nach Wetzlar humpelte, einen für einen Gerichtspraktikanten, wie man ehemals die Referendare nannte, höchst seltsam aussehenden jungen Menschen in das friedliche Städtchen, in dem zu jener Zeit das Reichskammergericht in den letzten Zügen lag. Er trug einen damals modischen blauen Frack nebst gelber Weste, dazu eine buntseidene Hose und hohe braune Stulpstiefel. Den Hut hatte er unterwegs verloren oder zu den Sternen in die Luft geworfen, und so sah man, daß er schöne braune Locken auf dem Haupte hatte, unter denen zwei schwarze Augen leuchteten, die so groß waren wie die Räder der Postkutsche, die ihn durch die steilen Gassen von Wetzlar fuhr. Vor dem Gasthof zum Kronprinzen, dicht an dem riesigen, grauen Dom, in dem noch heute wie damals links die Katholiken und rechts die Protestanten in seltener Eintracht zum lieben Herrgott beten, hielt der zitronengelbe Postwagen an, nachdem er zuvor noch einmal über einen dicken Prellstein gehopst war, daß dem armen Rechtspraktikanten schier die Eingeweide aus dem Munde gesprungen wären.
Gleich trat der Wirt wie aus „Minna von Barnhelm" eilfertig aus dem Hausflur heran, schwatzte über das

schöne Wetter und das beschwerliche Reisen, wobei er im
stillen abschätzte, in welches Stockwerk er den Fremden
unterbringen sollte. Dann nahm er ein Windlicht zur
Hand, trieb den Hausknecht mit „Allez! Allez!" zum
Gepäck, um zu zeigen, daß er auch französisch schimpfen
konnte, und geleitete den Rechtspraktikanten aus Frankfurt
— das hatte er schon in der ersten Minute herausgefragt
— in ein niedriges, blau gestrichenes Zimmer, in dem ein
Riesenbett, ein Schrank und eine Waschkommode sich im
Mondschein kichernd über Wetzlars Vergangenheit und die
Eigenheiten der Durchreisenden unterhielten. Der Rechts=
praktikant ohne Hut und mit den großen Augen schaute
sich das alles mit einem kurzen Blick an, als hätte er es
schon tausendmal gesehen, streute ein paar Veilchen, die er
unterwegs gepflückt hatte, auf das Bett, um sich nicht zu
einsam vorzukommen, lehnte den Kopf zum Fenster hinaus,
blickte zum Dom und zu den Sternen und wartete träu=
mend, bis man ihm sein Abendbrot herausbringen würde.
Dazwischen schritt er ein paarmal im Zimmer auf und ab,
redete mir nichts dir nichts den Schrank an, der ihm ob
dieser schnellen Vertraulichkeit gravitätisch den Rücken zu=
kehrte, oder sprach wie ein Verliebter ein paar sinnlose
Verse vor sich her, so daß die Stubenmagd, die draußen
am Schlüsselloch stand, ganz entsetzt in die Küche lief und
schrie: „Gott sei bei uns! Es ist ein Schauspieler!"
Zu allgemeinem Erstaunen ließ er sich dann, als er sein
Essen und zwei Flaschen Rotwein heruntergestürzt hatte,
noch den Torschlüssel geben, obschon die Domuhr grade

zehnmal „Nein!" schlug, und rannte dann ohne Hut durch
das schnarchende Städtchen, um wie weiland Diogenes
eine Menschenseele in Wetzlar zu finden. Der Nachtwächter
der freien Reichskleinstadt aber sah ihn in jener Nacht an
drei Orten: Zum ersten Male wie er unten an der Mühle
in der Lahn badete und sich dabei, ohne sich zu schämen,
vom Mond bescheinen ließ, zum anderen, wie er am
Brunnen vor dem Tore sich mit einem alten Salamander,
der dort seit 1500 hauste, über Shakespeare unterhielt,
und zum dritten Male, wie er beim Zurückklettern über
die Stadtmauer zwei andere Rechtspraktikanten traf, die
vom Liebchen heimkamen und ihn mit in eine Weinstube
zogen, um auf die Gesundheit des schwindsüchtigen Heiligen
Römischen Reiches einen Kanon zu singen. Um drei Uhr
in der Frühe, als die Hähne schon anfingen, ihr Organ
zu üben, kam der junge Fremdling vor die Türe seines
Gasthauses. Aber da er den Torschlüssel längst verloren
hatte, mußten sie zu dreien erst eine Katzenmusik anstimmen,
bis der Wirt mit der Nachtzipfelmütze ihm öffnete und ihn
in sein Gemach geleitete, das ihm ein höchst vorwurfsvolles
Gesicht schnitt. Aber der junge Herr lachte es aus, warf
seine Stiefel dem entrüsteten Schrank vor den Kopf, sprang
ins Bett und weinte sich über einen Band Klopstockscher
„Oden", der stets auf seinem Nachttisch lag, langsam in
seligen Schlaf.

Von da an sah man ihn alle Mittage im „Kronprinzen"
zu Wetzlar in der Tafelrunde, die sich dort um den Herrn
von Goué, einen gutmütigen alten Sonderling, als König

Artus versammelte und Allotria trieb. Es waren lauter „Originalgenies", wie man sie damals nannte, die da herumrumorten und über dem guten alten Städtchen kräch= zend wie die Raben einherflogen: Junge Burschen, die, wenn man sie fragte, was sie werden wollten, einen Lach= krampf bekamen, oder denen es einfiel, plötzlich auf der Straße auf einem Bein zu stehen oder mit den Zähnen zu fletschen oder einem alten Weib die Zunge herauszustrecken. Und ältere Knaben waren darunter, die erklärten, solange Friedrich der Große lebe, brauche kein anderer Mensch in Deutschland etwas zu tun, und die Frauen seien nur dazu da, um Hosenknöpfe anzunähen und Heringe einzumachen, und der Wein sei die bequemste Weise, um ins Paradies zu kommen. Zwischen beiden, dem Gemüt und der Ge= sinnung nach gleichen Parteien, bewegte sich der neuhin= zukommende Rechtspraktikant aus Frankfurt so vergnügt, als sei er unter solchem trinkfesten, aber charakterschwachen Gesindel zur Welt gekommen. Seine Tante — denn wie jeder gute Bürgerssohn hatte auch er in allen größeren Städten 50 Meilen um seine Vaterstadt eine Tante woh= nen! — war ganz empört, als sie ihren Jungen, noch dazu mit augenscheinlichem Behagen unter jenen Räubern entdeckte. Mit Ingrimm sah sie ihn jedesmal, wenn man an dem düsteren Gebäude des Reichsjammergerichts vor= überkam, ein Kreuz schlagen, als säße der Teufel darinnen, und hörte mit Seufzen beim Morgenkaffee die Moritaten ihres Herrn neveu aus der vergangenen Nacht erzählen. Plötzlich nach ein paar Wochen ward es mit einem Male

ganz ruhig um den jungen schönen Mann aus Frankfurt.
Er saß wohl noch bei der Tafelrunde alle Mittage im
„Kronprinzen", aber es war als habe er nur seine Hände,
seinen blauen Frack und seine gelbe Weste dahingesandt
und lachte nur in effigie mit, wenn der alte Herr von
Goué Unsinn erzählte. In Wirklichkeit lief der Jüngling
immer, ob er nun saß, trank oder schlief, um ein keines
Haus in der Stadt herum, das „Deutsche Haus", in dem
die Tochter des Amtmanns Buff als Braut des würdigen
Herrn Johann Christian Kestner lebte. Sobald er allein
war, konnte er nur „Lotte", nichts als „Lotte!" flüstern, ihr
Schattenbild trug er immerfort in der linken Brusttasche
über seinem Herzen, und nachts hing er es an die Wand
über sein Bett, damit er es beim ersten Augenaufschlagen
sehen könnte. Kestner, der Bräutigam, dem er sich anver=
traute, konnte es gar nicht fassen, daß man so lieben konnte.
Er verstand darunter nur, ein bis zwei Jahre verlobt zu
sein, bei Tisch nebeneinander zu sitzen, sich angesichts des
Vaters täglich einen Kuß zu versetzen, zu heiraten und
Kinder zu bekommen.
Wollte dieser junge Mensch denn eine neue Art sich zu
lieben in Deutschland entdecken? Lotte selber ahnte nicht,
was das war, sie glaubte, das Fieber zu bekommen in
seiner Nähe, sie konnte ihm nicht gehören und mußte doch
immer weinen, wenn sie seiner gedachte, und sie wußte
nicht ganz genau, ob sie ihn das einemal, da er sie ge=
küßt, nicht vorher leise wiedergeküßt hatte, ehe sie ihn
von sich stieß. Jede Nacht in Wetzlar aber sah den

Jüngling nicht mehr wie noch vor wenigen Wochen lachend und jauchzend durch das Städtchen rennen, sondern schaute ihn, mit der Pistole in der Hand zwischen Leben und Tod schwankend von Schatten zu Schatten flüchten, und noch heute glitzern am Abend alle Bäume in Wetzlar von dem Tränentau jenes Unglücklichen, und es ist dann, als ob sein Schmerz noch die ganze Stadt überschatte. Diese gräßliche Unentschiedenheit währte bis zu dem Morgen, da der junge Rechtspraktikant ohne Abschied zu nehmen — Kestner und die Tante waren ganz verwundert darob! — Wetzlar verließ, die Pistole in die Lahn schleuderte und ins Leben weiter seine Straße zog und aus seinen dortigen Abenteuern den Roman „Werthers Leiden" wob, mit den erschütternden Schlußsätzen, die wie Hammerschläge klingen, mit denen man einen Sarg zunagelt.

Aus diesem jungen Rechtspraktikanten wurde später der Geheime Legationsrat Goethe zu Weimar, der noch viele Lieben und Krankheiten überstehen und alles, was ihm je teuer war, überleben mußte, bis er als Greis als größter Dichter Deutschlands nach Walhalla zu den germanischen Göttern entrückt ward.

# Goethe und Italien

Jeder Deutsche von Bildung, der einen Sohn hat, sollte vom Augenblick seiner Geburt an jeden Tag einen Groschen für ihn zurücklegen, auf daß er ihn, wenn er zwanzig Jahre alt geworden, eine Reise durch Italien machen lassen könnte. Denn Italien ist noch heute das komplementäre Land für einen jeden von uns, und was uns unsere Schulen und Universitäten schuldig bleibt, das wird uns Florenz und Rom in müheloser Schönheit lehren. Goethe, dessen halbes Wesen italienisch ist, war 37 Jahre alt, als er zum erstenmal über den Brenner fuhr. Es war ihm zumute, als sei er in Italien geboren und erzogen worden und käme nur von einer Grönlandfahrt zurück. Die zwei Jahre, die er in Italien und in Rom zubrachte, hat er die glücklichsten Jahre seines Lebens genannt, und die vierzig grauen deutschen Jahre, die dieser Reise folgten, hätte er nicht so ertragen, wenn er nicht diese Bilder in der Erinnerung gehabt hätte. Ein junger Maler vom Rhein, der damals Studien halber in Rom lebte, hat Goethe dort kennengelernt und hat ihn in einem bisher unbekannt gebliebenen Briefe an seine Eltern folgendermaßen beschrieben:

„Ihr könnt Euch nicht denken, wie enttäuscht ich zu Anfang war, als mir der berühmte Verfasser des ‚Werther‘ präsentiert wurde. Es war in Trastevere, auf dem rechten Tiberufer, nahe bei der herrlichen Kirche Santa Maria. Man hatte dort beim Arbeiten an dem Brunnen auf

dem Platz vor der Kirche eine antike Statue gefunden,
und eine keine Künstlergesellschaft hatte sich von der
Stadt aus frühmorgens aufgemacht, um den Fund an
Ort und Stelle zu betrachten, ehe er versteigert wurde.
Tischbein hatte Goethe mitgebracht, und so konnte ich,
der ich mit Angelika Kauffmann hinausgepilgert war, den
berühmten Mann nach Herzenslust betrachten. Außer
seinen ungewöhnlich großen Augen fiel mir erst nichts
Sonderliches an ihm auf, es sei denn, daß er äußerst
schweigsam war und sich das Werk nur stumm betrach=
tete, während alle anderen, voran zwei junge Bildhauer
aus Berlin, laut schreiend Vermutungen über Gegenstand
und Alter der Bildsäule anstellten. Es schien ihn zu
genieren, daß wir jüngern ihm gelegentlich neugierig auf
den Mund starrten, wie die Priester zu Delphi auf die
Pythia, voll Erwartung, welche Worte der Weisheit her=
auskommen würden. Er tat uns aber den Gefallen nicht,
sondern hörte nur ganz gespannt auf das, was die an=
deren, insonderheit Tischbein, von sich gaben. Wie mir
denn überhaupt dieses an Goethe auffiel, daß er gleichsam
vier Augen und vier Ohren am Kopfe hat, mit denen er
alles, was um ihn ist und vorgeht, in sich hereinfrißt.
Erst als wir ihn und seine ganze Berühmtheit beinahe
vergessen hatten, wurde er mitteilsamer. Es war beim
Imbiß, den wir in der bescheidenen Trattoria neben der
Kirche unter freiem blauem Himmel einnahmen. Ich kam
zufällig neben ihn zu sitzen, und da ich unversehens mit dem
Wein einen roten Flecken auf das weiße Tischtuch machte,

zog er mich väterlich bei dem Ohre, und zwar so schelmisch, daß ich ihm nicht böse sein konnte. Es schien mir, als ob ein großes Kind in diesem Manne stecke, das nur, um nicht mehr aufzufallen und ausgelacht zu werden, sich ein steifes, würdiges Wesen zurechtgelegt hat.

Nachher geriet, ich weiß nicht wie, die Unterhaltung auf den erhabenen Michelangelo, und da wurde auf einmal mein Nachbar so lebendig, wie unsereins nicht nach zwei Flaschen Frascati. Er meinte, angesichts eines solchen Künstlers müsse man eigentlich Pinsel und Feder vergraben. Man könne nichts Besseres schaffen als dieser, und man müsse ihn ganz vergessen wie das Gefühl der Vergänglichkeit, ehe man zu arbeiten begönne.

‚Aber deine ‚Iphigenie‘, mein Freund!‘ rief ihm Tischbein lächelnd über die Tafel herüber.

Da sprang Goethe auf, schnitt ihm eine Grimasse und lief recht wie ein ungezogener Junge von dannen. Wir suchten ihn allesamt und fanden ihn endlich hinter dem Hause, wie er mit einem kleinen, gelben, wohl vierzehnjährigen Mädchen, das er ‚Mignon‘ nannte, das Händespiel Mora spielte, wobei er lachend einen Soldo nach dem anderen verlor. Ich habe niemals einen erwachsenen Menschen so kindlich und natürlich spielen sehen. Wie er denn überhaupt eine große Liebe zu Kindern und zu dem naiven Volke an den Tag legte!

Auf der Heimfahrt, da wir mit der Kauffmann selbdritt in einem Wagen saßen, unterhielt er sich in einemfort mit dem Vetturino über die Mücken und die Pferde und die Straßen

von Rom, bis die Kauffmann, die sich vernachlässigt fühlte,
ihn ganz verstimmt am Rockärmel zupfte.

‚Verzeih’, liebste Angelika,‘ sagte er, ‚aber dieser Mann
ist so klug wie die sieben Weisen zusammen. Du glaubst
nicht, was selbst ein Kutscher alles über Rom zu sagen
hat.‘

Als wir den Tiber hinunterkamen, und die eirunde unver-
geßliche Kuppel von Sankt Peter über der Stadt an dem
roten Abendhimmel stand, meinte Goethe, daß er immer
eine Art Furcht vor Michelangelo habe, der wie ein Zauberer
noch heute über Rom herrsche, und daß er darum von
ihm nur mit Bewunderung und Beben, wie die Juden
von ihrem Gott, sprechen könnte. Wenn er wie Odysseus
die Toten auf eine kurze Zeit wieder zum Leben erwecken
könnte, würde er zunächst vor allen anderen dies mit Michelangelo tun, um ihm einmal zu sagen, welch ein großer
Mensch er gewesen sei, und wie er ihn bewundere.

Hinterdrein vor dem Abschiednehmen gingen wir in der
warmen Nacht noch in eine Osteria und tranken schäumenden
Wein, Goethe mehr als wir alle. Ihr könnt Euch nicht
denken, wie artig er um die Kauffmann bemüht war, die
ganz verliebt in ihn schien, und wie er sein Frankfurter
Deutsch setzte, daß es so flink wie Französisch und so an-
mutig wie Toskanisch klang. Und mit uns Künstlern trieb
er Schabernack, daß ich mich verwunderte, wie ein solch
heiterer Mensch über zehn Jahre in Weimar, wie man
sagt, damit zubringen konnte, Akten und Rechnungen zu
revidieren, Rekruten auszumustern, Bergwerke zu befahren,

Felder zu visitieren und Verordnungen über das Ochsen=
treiben oder den Kümmelausschank zu diktieren. Freilich
siel mir auf, daß er immer, wenn auf Deutschland die
Rede kam, ein ganz ernstes Gesicht machte, wie etwa ein
Arzt, wenn man von Krankheiten spricht, und er einmal
erklärte, erst wenn um Berlin Wein wüchse und es über
Preußen Gold geregnet hätte, könnte man das Leben dort
gut aushalten.

Bei all der Ausgelassenheit, wie er sie da in der Schenke
zu Nacht brachte, hatte Goethe doch etwas Stilles an sich,
dergestalt, daß nur der, der ihn hören wollte, ihn hören
kounte, ganz auders wie die meisten deutschen Reisenden,
die man in Italien schon um drei Straßenecken herum
schreien hört und die die Kunstschätze vernehmlich wie die
Wiederkäuer abgrasen.

Wir trennten uns alle nach Mitternacht, als die Glocken von
den Kirchen auf Kommando der Zeit ‚Drei‘ schlugen und außer
ein paar verliebten Katzen nichts mehr auf den Straßen
lebendig war, wobei Goethe lächelnd sagte: ‚Nun gehe
ich zu meiner Juno.‘ Hiermit meinte er die Büste des
großen Kopfes aus der Villa Ludovisi, die bei Tag und
Nacht neben seinem Lager stehen, und in die er, wie einst
Pygmalion in Galathea, verliebt sein soll.

So seltsam es kingt, erst als er weggegangen war, wurde
mir klar, welch ein seltener Mensch mit ihm unter uns
Deutschen wandelt, wie man denn das Licht eines Leucht=
turmes erst weit draußen auf dem Meere recht zu würdigen
weiß und den Geist eines Großen erst, wenn er uns

in unfer Leben hineinleuchtet und ihm feine Farbe
verleiht. —"

Dies ift ein feines Abbild von dem römifchen Goethe,
eh' er nach Deutfchland in den Wald von Kaminen zurückkehrte und in Weimar heimifch wurde und ein Weib
nahm und Kinder bekam, die ihm alle dahinftarben bis
auf den einzigen Sohn, der mißraten war und nicht alt
werden konnte und in Rom begraben liegt an der Stätte,
wo der Vater in fchönfter Blüte geftanden hat. Wenige
Jahre fpäter aber wandelte der Enkel Goethes einfam wie
ein Sonderling auf dem Palatin und fchrieb die in ihrer
Unbeholfenheit wehmütigen Verfe in fein Tagebuch:

> „Am Kapitol fteh' ich, am Kapitol
> Und weiß nicht, was ich foll!"

Solche Sperlinge waren aus den Kindern diefes größten
Deutfchen geworden, deffen ganzes Manneskunftwerk auf
der Kenntnis und der Liebe zu Italien fteht, und der darin
unfern Schwalben und Singvögeln gleicht, die bei uns
brüten und Lieder fingen aus Sehnfucht nach dem
Süden.

# Nachfolge Goethes

Eine Laienpredigt.

Goethe der Große steht auf der Wende vom achtzehnten zum neunzehnten Jahrhundert, zwischen dem Rokoko und der Moderne, am Ende einer Gesellschaft, bei der die Geburt alles galt, und zu Anfang einer neuen, bei der einzig das Geld den Ausschlag gibt. Denn, werden wir uns darüber klar, in unserer heutigen Gesellschaft hängt die Stellung des einzelnen und die Achtung, die er genießt, vor allem von der Summe des Geldes ab, die er besitzt. Adel und Orden sind auch heute noch schön, aber sie haben nicht mehr die Kreditfähigkeit wie früher, da man auf sein Adelsprädikat hin, so viel man zum Leben brauchte, geborgt bekam. Heute leiht auch der dümmste Krämer keinem etwas bloß auf diese Garantien, und das Wörtchen „von" hat keinen Kurswert, ja kaum einen Achtungswert mehr in der Bürgerwelt. Man erinnere sich nur des Stolzes, mit dem der alte Krupp diese Ehre, die keine mehr ist, die er nicht mehr so empfand, abgelehnt hat, was hundert Jahre früher undenkbar gewesen wäre. Titel und Uniformen sind immer noch in Deutschland etwas gern Gehörtes und Gesehenes und flößen manchem Mann und mancher Frau eine gewisse Ehrfurcht ein. Aber im kleinsten Krähwinkel gilt heute der Reichtum ebensoviel und der Millionär nicht weniger als der Landrat und der Major. Vollends im Ausland, und wir müssen heutzutage, ob wir wollen oder nicht, kosmopolitisch denken, fallen alle Titel wie Lumpen von uns ab, und der Geheimrat, der sich seine Briefe nach Capri oder Spanien unter seinem Titel senden läßt, wird wie jeder andere dort nicht nach ihm, sondern nur nach der Höhe seiner Trinkgelder behandelt, und das höchste, was er mit seinem Titel erreichen kann, ist, daß man ihm die Hotelrechnung verteuert.

Unsere heutige verbürgerte und amerikanisierte Gesellschaft reguliert sich in Deutschland, wie in allen Staaten, das kann man selbst in Hinterpommern und auf der Schnee=eifel nicht mehr leugnen, vorwiegend nach dem Geld und dem Geldwert des einzelnen und ist mehr als je zuvor auf dem Weg zu einer reinen Plutokratie, die in Amerika ja tat=sächlich schon eingetreten ist. Richtete sich einstmals der Ehr=geiz in Deutschland vor allem auf einen möglichst langen Titel oder eine möglichst schöne Uniform, so geht er heute im allgemeinen darauf aus, ein Automobil zu besitzen, beim besten Schneider arbeiten zu lassen, in den feinsten Hotels zu sitzen, weite Reisen zu machen, ein vornehmes Haus oder besser noch, zwei vornehme Häuser zu führen usw. Seien wir ehrlich, die wenigen Menschen, die dieses alles und mehr zur Verfügung haben, die regieren jetzt in Deutschland, die genießen das schönste Leben und die höchste Achtung, für die ist unser Militär, unsere Polizei, unsere Justiz und sind unsere Gefängnisse da.

Die Leute, die dieses mehr oder minder klar bei uns ein=gesehen haben, pflegen sich je nach ihrem Temperament zu bescheiden oder zu opponieren. An die ersten wendet sich bei uns die Kirche; an die letzten, die Revoluzer, die

Sozialdemokratie. Und merkwürdigerweise haben beide im
Grunde den gleichen Trost für ihre Patienten, nämlich den
auf ein besseres Leben im Jenseits oder im Diesseits, im
Himmel oder im Zukunftstaat. Von diesen beiden Hoffnungen leben heute Millionen Menschen in Deutschland,
trotzdem keiner ganz genau weiß, ob und wie sie sich wirklich jemals erfüllen werden.

Um dieser Hoffnung willen ertragen sie „des Mächtgen
Druck, des Stolzen Mißhandlungen", und vermögen sich
in all ihren Leiden und Entbehrungen zu freuen, weil sie
selig in ihrem Glauben sind, in dem sie von den Herrschenden nach Kräften noch unterstützt werden, einmal indem man die Religion von obenher fördert und zum andern,
indem man die Unzufriedenen auf dem Wege zu ihrem
Zukunftstaat durch allerhand Mittelchen und Klebpfläster-
chen zu vertrösten sucht.

Zwischen diesen beiden auch der Anzahl nach stärksten
Parteien in Deutschland wachsen nun eine Anzahl Männer
und Frauen wie Blumen im Korn heraus, die auf eine
bessere Zukunft zugunsten einer guten Gegenwart
Verzicht leisten, die sich sagen: „Wir wollen etwas von
unserm Dasein haben, indem wir mit den Menschen und
mit dem Leben fertig werden wollen, wie sie uns jetzt umgeben, wie es uns heute und nur heute einmal verliehen
ist." Diese merkwürdigen unzusammenhängenden Menschen
haben sich nach einer stummen aber deutlichen Überein-
kunft als Schutzpatron nicht etwa Nietzsche, der sonst für
alles Moderne als der Taufpate gilt, sondern Goethe aus-

erſehen. Und zwar nicht einmal ſo ſehr Goethe den Dichter
als wie Goethe den Menſchen, den Freien, den Partei=
loſen, den Einzelnen, die Perſönlichkeit. Das Ideal „Goethe"
iſt errichtet worden. Um dieſen Freiheitsbaum tanzen heute
die Freien im Geiſte in Deutſchland wie einſt die Ja=
kobiner beim Ausbruch der Revolution in Frankreich um
die junge Pappel. Auf das große Bild ſeines Lebens weiſen
ſie hin mit Stolz und erhobenem Finger wie auf eine
Rieſengottheit und ſagen und ſingen: „So leben wir, ſo
leben wir alle Tage."

Er iſt kein Chriſt geweſen dieſer Goethe, jedenfalls nicht
im kirchlichen Sinne, mag man immerhin ein paar Aus=
drücke, die darauf ſchließen laſſen könnten, aus ſeinen zahl=
reichen Werken herausfiſchen und zuſammenreihen. Im
Grunde war er ſchon als echter Sohn des achtzehnten, des
heidniſchſten Jahrhunderts ſo wenig ein Chriſt wie Friedrich
der Große. Daß ihm die Perſon Chriſti ſelber als einer
der verehrungswürdigſten Typen. der Menſchheit erſchien,
iſt bei einem edel denkenden Menſchen ſelbſtverſtändlich.
Aber die Inſtitution der chriſtlichen Kirche und ihre Moral
hat er rein tatſächlich nicht gebilligt: Er hat jahrzehnte=
lang mit einer Frau ohne kirchlichen Segen zuſammenge=
wohnt, er hat ſeine Kinder nicht oder erſt ſpät taufen
laſſen, iſt ohne Prieſter und Bibel geſtorben und hat ſich
anders wie Ibſen ſo unkirchlich wie möglich beerdigen
laſſen. Man mag darüber denken wie man will, man ſoll
es nur nicht verſchweigen oder beſchönigen. Seine Lebens=
führung war ſomit von Anfang bis zu Ende eine dem

kirchlich-christlichen Geist entgegengesetzte, sein Sittengesetz
ein freies und jenem begrenzenden Geist geradezu feind-
liches, indem er die möglichste Entfaltung der Persönlichkeit
statt ihrer Beschränkung zur Norm für jeden erhob. Er
machte den Egoismus, der sich bis dahin wie eine Spinne
in allen Ecken herumgedrückt hatte, zum Herrn im Hause
und nahm ihm die falsche Scham, die er hatte erheucheln
müssen. Er lehrte sich und andern den Himmel auf Erden
und nicht über den Wolken oder in der Zukunft zu suchen
und zu finden:

„Lerne nur das Glück ergreifen,
denn das Glück ist immer da."

Er ging in keine Kirche hinein, und wenn der Sonntag
oder ein Feiertag kam, so ließ er sich von seinem Diener
Kupferstiche bringen und besah sich die Bilder von Raphael
oder ließ sich vormusizieren oder schrieb ein Gedicht an eine
Wand im Freien und lief durch den Wald und war mit
alledem Christo ebenso nahe wie der Kirche ferne. Und
dabei hat man niemals eine Gotteslästerung wie noch bei
Voltaire und Diderot oder die Verhöhnung eines Ritus
bei ihm erlebt. Nein, er hat beispielsweise den Katholizismus, soweit er deutsche Religion ist, verstanden und tief
mitempfunden, ohne dabei freilich in die frömmelnde Richtung eines Friedrich Schlegel oder Zacharias Werner zu
geraten, welch letzterem er ob seines Übertritts zur römischen
Kirche geradezu sein Haus verboten hat. Er hat das überirdische Bild Christi, wie es uns in den schlichten Farben der
Evangelien überliefert ist, stets verehrt und niemals, wie etwa

später Heine, geschmäht und besudelt. Aber er war darum
doch kein Christ, wie ihn die Kirche, katholische oder pro=
testantische, bei uns verlangt, und hat dies bei jeder Ge=
legenheit so laut, wie es ihm möglich war, betont. Das
soll man nie vergessen, wenn man ihn, den „dezidierten
Nichtchristen", wie dies heute sogar von orthodoxer Seite
gern geschieht, zum advocatus dei machen will.
Ebensowenig war er aber auch ein Gesellschaftsmensch,
ein Mann der Menge, ein Kompromißler, als welcher
er jetzt in der Vorstellung vieler Menschen gravitätisch
herumspaziert als hehres Beispiel, wie man sich in die Welt
eingliedern soll. Freilich hat er das examen rigorosissimum
des Lebens glänzend bestanden, ist als ein alter reicher
Mann in allen Ehren gestorben, nachdem er seine Schriften,
sein Leben und seinen Ruhm wohl geordnet hatte. Seine
Mitmenschen achteten ihn, weil sein Herzog ihn geliebt und
geehrt hatte, und wenn man auch bei seinen Lebzeiten
seine Stücke nicht anhören mochte, so nahm man ihn doch
als Staatsminister und höheres Wesen ehrfurchtsvoll und
kostenlos hin. Aber sein Leben darum als Musterbeispiel
eines guten Bürgers, eines wackeren Staatsangehörigen
hinzustellen, das geht wirklich nicht an. Denjenigen, die
ihn wegen seiner Kompromisse bei festlichen Gelegenheiten
gerne als archicivis feiern und zitieren, muß man zu=
rufen: „Laßt unsern — Goethe aus dem Spiel!" Denn
einmal ganz abgesehen von der Moral seiner Schriften
wie seines Lebens, welche die breite herrschende oder doch
erheuchelte Gesellschaftsmoral fortwährend heute noch vor

den Kopf stößt und erst recht gestoßen hat, kann man nicht behaupten, daß Goethe sich sehr in seine Zeit und seine Mitwelt gefügt hat. Erinnert sei nur, um nicht in Kleinigkeiten zu geraten, daran, wie er die „gute Gesellschaft" in Weimar brüskierte, wie er sich Anno 1813 verhielt, als er seinen Sohn verhinderte, bei Lützows Jägern einzutreten, weil ihm sein einziges Kind noch lieber war als Deutschlands Freiheit, und wie er nicht mit in die Begeisterung gegen Napoleon einstimmte, weil er seine Größe fühlte und nicht behaglich im Zimmer sitzen und Kriegslieder schreiben konnte. Oder man denke daran, wie er sich in jenen häßlichen literarischen Froschmäusekrieg, den „Xenienstreit", hineinbringen ließ, so daß einer seiner Feinde mit Recht sagen konnte:

„Lümmelhaft nahm er sich immer, der Goethe, und wird auch so bleiben, fünfzigjährig und noch wirft er die Leute mit Kot."

Nein, ein bequemer Bürger, ein treuer Diener seiner Zeit und ein gutes Mitglied der Gesellschaft ist dieser Mann nicht gewesen, dessen größtes Glück war, einen Karl August zu finden, der ihn vor dem Verhungern und vor der Verbannung gerettet hat.

Was war nun aber das große Geheimnis Goethes, das trotzdem bewirkt hat, daß man sein Leben und gerade dieses heute noch als ein Vorbild für jeden Menschen hinstellen kann und die Nachfolge Goethes fast als modernes Evangelium predigt? Es war einfach dies, sein

Leben seiner Veranlagung und seinen eigenen Gesetzen
nach aufrichtig zu führen, unbekümmert um die Vor-
schriften der Außenwelt, die nicht mit seinen sittlichen An-
schauungen zusammenfielen, und ohne bei jeder Tat, jedem
Wort zu fragen, was nützt mir das oder was schadet mir
das? Das ist seine Lebensführung gewesen, die ihm ein
jeder von uns an der Stelle, wo er steht, und mit den
Gaben, die ihm verliehen sind, nachmachen kann. Daß
man ein guter Kaufmann, Vater, Gatte, Gelehrter und
Beamter trotz einer Persönlichkeit sein kann, hat er am
Anfang unserer Zeit für diese bewiesen. Ein Japaner,
der nach längerem Aufenthalt im jetzigen Europa gefragt
wurde, was er für die vorwiegendste Eigenschaft in unserer
heutigen europäischen Gesellschaft halte, entgegnete mit
vollem Recht: „Die Feigheit". Es ist erklärlich, daß
eine Gesellschaft wie die unsrige, die vor allem auf Geld
und seiner Wertschätzung steht, leicht furchtsam sein kann.
Denn diese Grundlage ist nicht so sicher, wie der Grund-
besitz und die Fideikommisse der adligen Gesellschaft: Geld
rollt, Banken können verkrachen, Fabriken können ver-
brennen und verfallen, und der Mieter wohnt nie fest.
Aber die Angstmeierei unserer Gesellschaft, das Zittern vor
dem, was die Leute denken, und das ewige Rücksichtnehmen,
bis man sich Hals und Grat verdreht hat, ist der Schrecken
vor einem Phantom, das nicht da ist, einem Schatten,
der nicht fällt. Mit den ewigen Scherwenzeleien und
Schiebungen kommen doch — so stark sind die demokratischen Wurzeln unserer Gesellschaft — immer nur

wenige weiter und vermögen sich nur unter ständiger Gefahr für ihre Stellung zu halten. Wenn man den einzelnen aus der Gesellschaft herausholen und ihn ausfragen würde: „Wovor zitterst du eigentlich beständig?" so könnte man ihm leicht Grund nach Grund für seine Furchtsamkeit wie Zwiebelschalen fortnehmen. Denn weil einer nie seine Meinung sagt oder alle Festessen mitißt oder sich stets und überall beliebt machen will, darum kauft keiner ihm einen Knopf mehr ab, wenn die Knöpfe nichts taugen, oder behandelt ihn schlecht, wenn er Vorteile von ihm haben kann, oder läßt ihn avancieren, wenn er ein Rindvieh ist. Die wenigen Ausnahmen davon sind zu erbärmlich, daß man sie weiter erwähnen müßte. Die aber, die erkannt haben, wie Glück und Achtung nicht erschlichen werden können und wie die Gesellschaft im Grunde und mit Recht den einzelnen nur nach dem Nutzen wertet, den sie von ihm hat, und wie „das höchste Glück der Erdenkinder nur die Persönlichkeit" ist, die man einzusetzen hat, alle die werden sich mit Stolz und Recht heute Goethes Jünger nennen.

# Schiller

Noch heute ist Schiller der volkstümlichste, der beliebteste Dichter in Deutschland, ist in unseren Tagen noch so volkstümlich wie ein Kinematographentheater und wie Zeppelin und Hindenburg. Und er hat dies verhältnismäßig ohne große Konzessionen erreicht.

Wohl hat er manchmal kein beigegeben, hat dem Theater gegeben, was es damals wie heute forderte: Schaustellungen, herrliche Aktschlüsse mit bengalischer Beleuchtung, Katafalk, Fahnen und Orchester, große spannende Auftritte und leider auch, wenn nicht immer Belohnung der Tugendhaften — dafür schrieb er Tragödien! — so doch meistens Bestrafung der schlechten Menschen auf der Bühne, des bösen Geßlers, der heuchlerischen Königin Elisabeth. Schon als Jüngling von 23 Jahren mit den „Räubern" auf das Theater gebracht, lernte er diesem gefährlichen Untier zu schmeicheln und sich den Beifall des Publikums zu sichern. Es ist erstaunlich, mit welcher Kälte er schon damals, als feuertrunkener Schwärmer, über seine Helden und Heldinnen nicht anders, als seien es Kaninchen, verfügte. „Daß Euro Exzellenz", schrieb er an den Mannheimer Intendanten Heribert von Dalberg, „die Amalia lieber erschießen als erstechen lassen wollen, gefällt mir ungemein, und ich willige mit Vergnügen in diese Veränderung. Der Effekt muß erstaunlich seyn, und kömmt mir auch räubermäßiger vor."

Auch späterhin in seinen Briefen an Goethe oder Iffland, die beiden Theaterdirektoren, spielt das Wort „Effekt" eine

Hauptrolle bei den Mitteilungen über seine neuen Stücke, und auch als längst anerkannter Dichter war er stets zu solchen Änderungen in seinen Stücken, die das Theater verlangte, sofort bereit. Man sieht, dieser große Idealist, wie er einem in der Schule als überirdisches Wesen vorgestellt wird, war ein ebenso großer Realpolitiker, wenn es galt, die Anforderungen der großen Menge und ihrer Anwälte, der Theaterdirektoren, zu befriedigen. Das nahmen ihm die Romantiker übel, die den verworrenen Gang des Lebens kaleidoskopisch verworren gestaltet wissen wollten, daß er Menschen und Schicksale in Transparent und in Theater setzte und mehr als nötig war „idealisierte". Darum stießen sich Künstler wie Otto Ludwig, stößt sich heute schon ein ganzer ästhetisch sein empfindender Kreis in Deutschland an solchen Stellen in seinen Stücken, Momenten oder Passagen, den Geschmack wund, in denen er mit kalter Berechnung dem Moloch Theaterpublikum rohe Opfer gebracht hat. Während seine Gedichte, die er nicht für das Lesebuch und für kein anderes Publikum als für reife Menschen schrieb, vor allem seine Gedankenlyrik von keinem bemängelt, von keinem übertroffen werden können.

Er wollte als Dramendichter ebenso ungestüm wie ein Theaterdirektor, daß das Haus voll besetzt war, wenn seine Stücke gespielt wurden und hätte, wie Goethe es getan hat, aufgehört, Dramen zu dichten, wenn bei ihnen, wie etwa bei der „Iphigenie", das Parkett so leer wie heute die Kirchen in Paris ausgesehen hätte. Darum war „Wirkung, Effekt" die Parole, unter der er seine Schlachten

auf der Schaubühne schlug, und je älter er wurde, je sel=
tener wagte er einen Ausfall gegen die herrschende Moral,
den herrschenden Geschmack seiner Zeit. Nein, er befestigte
durch viele Sentenzen in seinen Stücken wie durch deren
ganze sittliche Haltung gradezu die moralische gut bürger=
liche Ordnung, wie sie nach der großen Revolution, für
die er, wie Goethe, übrigens nicht das geringste Ver=
ständnis gehabt hat, über die Welt gekommen war. Das
konnte ihm Nietzsche, der nach Otto Ludwig zweite große
Schillerhasser in Deutschland, nicht vergeben, daß er die
großen, nichtssagenden Worte, das Edle, das Schöne, das
Wahre, die Phrasen, bei uns in Umlauf und Wert gesetzt
hat. Er machte ihn vor allen für diese billige, bildungs=
philisterhafte feine Gesinnung im neuen Deutschland,
die sich mit großen Redensarten loskauft, die mit Worten,
nicht mit Taten zahlt, verantwortlich, für jene falsche Pa=
thetik, die fortwährend „die Ideale" im Munde herumdreht,
die Hebbeltheater gründet, um Possen darin aufzuführen,
die sich patriotisch gebärdet, um Kommerzienrat zu werden,
die im Frieden mit dem Degen rasselt, die mit der rechten
Hand Geld abnimmt, indessen die linke betet.
Es ist wahr, Schiller hat, Kants praktische Vernunft in
die Poesie umsetzend, alle jene allgemeinen edlen Begriffe
Wahrheit, Schönheit, Tugend und Gott als Worte des
Glaubens auf den Thron erhoben und als Götzen über
uns gesetzt und uns mit dem Schreckgespenst der Schuld
bedroht. „Der Übel größtes aber ist die Schuld." Kon=
servativ wie die meisten Dichter, hat er mit schönen Sätzen

und herrlichen Versen einen Schutzwall um die Guten ge=
baut und das zum Sieg gekommene Bürgertum, dem er
angehörte, im ruhigen Besitz seiner gewonnenen Güter be=
festigt. Aber er selbst hat diesen Sieg erst in seiner Jugend
mit erringen helfen, da er seine vier gewaltigen Jünglingwerke
„in tyranos" geschrieben hat. Die französischen Schreckens=
männer, die ihn zum Dank für „die Räuber" zum Ehren=
bürger der französischen Republik ernannten, verstanden seine
Bedeutung für seine, für unsere Zeit viel besser als er selbst.
Sie merkten, daß er, wenn auch nicht wie Franklin „dem
Himmel den Blitz", so doch „den Tyrannen das Zepter
entrissen" hatte. „Die Räuber kosteten mich Vaterland,
Ehre und Familie," durfte Schiller sagen, der um dieses
sein Werk alles auf einen Wurf gesetzt hatte.
Dieses blieb das größte Erlebnis in seinem Dasein, die
Flucht von der Karlsschule, das Zerbrechen der Fesseln,
die Selbstbefreiung des Individuums. Die sollte man nicht
vergessen, wenn man mit den Sentenzen des abgeklärten,
des friedlichen Schillers herumwirtschaftet. Die Leute,
die wie manche moderne Dichter nichts anderes erleben, als
daß sie sich einmal einen Zahn plombieren lassen oder
höchstens einmal Schöffe oder Geschworener werden, sollten
daran denken, daß Schiller um seine Ruhe gekämpft und
gelitten hat wie ein Held.

> „Und setzet ihr nicht das Leben ein,
> Nie wird euch das Leben gewonnen sein."

Dazu kommt, daß Schiller niemals platt im niedern Sinne
wird. Eine weite Fläche voll von Gemeinplätzen trennt

ihn von Wildenbruch und seinen andern Epigonen. Selbst
in seinen schwächsten Stücken, in der „Jungfrau von
Orleans", in „Maria Stuart", trägt ihn sein Fittich noch
hoch über die Niederungen, in denen die von ihm in den
„Xenien" verhöhnten literarischen Frösche quaken. Aller
Hurrapatriotismus, alle Feilbegeisterung wären ihm
zuwider gewesen. Als Kotzebue ihn feiern wollte, sagte er
wegen Übelkeit im Magen ab.

Diese innere Wahrhaftigkeit mit jenem prachtvollen Schwung
vereinigt, mit dem er gleich dem Orchester, das er nach der
Rütliszene vorschrieb, in seine Verse wie der Sänger in die
Harfe fällt, machen ihn, den dithyrambischen Dichter, aus
und ergreifen uns noch heute. Darum faßt auch den, dem
die Kunst sonst nichts bedeutet oder der ihr den Rücken
zugekehrt hat, beim Tönen seiner Verse eine ungeahnte
Sehnsucht nach einem höheren Reich wie den Älpler in
der Ebene beim Klange des Alphorns Heimweh nach den
Alpen überkommt.

> „Da beugt sich jede Erdengröße
> Dem Fremdling aus der andern Welt,
> Des Jubels nichtiges Getöse
> Verstummt und jede Larve fällt."

So ist sein Name bedeutungsvoll für sein Dichten ge=
worden, das noch jetzt wie immer im ersten Glanz, den er
ihm verliehen hat, zu uns „schillert".

Das Leben, das er uns hinterließ, hat etwas Fragmenta=
risches, mehr noch als ein jedes Menschenleben ein Fragment

bedeutet. Es beginnt mit jener Rhapsodie seiner Flucht
aus Schwaben und mit der leidenschaftlichen Neigung zur
titanischen Charlotte von Kalb und endet mit dem Adagio
seines stillen Lebens in Weimar zwischen der Liebe zu seinem
sanften Lottchen und der Freundschaft zu Goethe. Sinn-
los riß der Tod ihn fort von einem Werke, dessen Torso
noch erschütternd groß wirkt. Napoleons Gipfel und Ab-
sturz, die gewaltigste Tragödie seiner Zeit, hat er nicht
mehr erlebt. Der hätte ihn sicherlich gleich Goethe und
Wieland zu sich nach Erfurt beschieden und ihn als Mitbürger einer neuen Zeit begrüßt, die mit der Nacht begonnen hat, die bedeutungsvoller als die Nacht von Bethlehem war, mit der Nacht, da in Paris die Menschenrechte erklärt wurden, und Posas Ideal „Gedankenfreiheit" endlich
erfüllt werden sollte. Ja, Schiller war einer der Taufpaten
dieser herrlichen heutigen Zeit, in der der einzelne frei in seinem
Staate lebt, und auch in Deutschland und Preußen ein
jeder verfassungsmäßig das Recht hat, in Wort und Schrift
seine Meinung frei zu äußern, wenn auch leider nur wenige
bisher von diesem Rechte Gebrauch zu machen pflegen.
Den Revolutionär Schiller, den Robespierre des Dramas,
der die Tyrannen in seinen Stücken guillotinierte, soll
man darum nicht vergessen, wenn man des Dichters der
Glocke, des Hüters der heiligen Ordnung, der züchtigen
Sitte, gedenkt. Diesen soll man wiederum nicht in den
Himmel erheben, wie es in der Aula wohl geschieht, wo
Sankt Schiller mit seinen Bürgersprüchen bis ins Maß-
lose gefeiert wird. Er war ein Mensch wie wir, dem

Wetter, der Zeit und den Launen unterworfen und aus vielem zusammengesetzt. Denn ein absolut edles Wesen ist ein Monstrum, das nur in der Weltflucht gedeiht, oder ein Mythus, der nie unter Menschen gewandelt ist. Aber Schillers Hand hielt doch die langen bangen Jahre einer schrecklichen Krankheit hindurch bis zu seinem Tode des Lichtes Himmelsfackel in der Hand, der Würde der Menschheit zu leuchten. Und sein Genius, der sich an der Morgenröte einer neuen Zeit entzündet hatte, stand wie eine Sonne bis zum Tode über seinem Volke, das er, ein einzelner, Jahrzehnte vor Bismarck schon geeinigt hatte. So starb er, so ging er durch die porta nigra des Todes, „unendlich Licht mit seinem Licht verbindend". Auf seinem Grabstein steht nur sein Name, den er unsterblich in des Wortes menschlicher Bedeutung gemacht hat. Wollte man dem etwas hinzufügen, man könnte keine schöneren Worte finden als die, die Shakespeare dem gefallenen Freiheitskämpfer Brutus nachruft:

> „Sanft war sein Leben, und so mischten sich
> Die Element' in ihm, daß die Natur
> Aufstehn durfte und der Welt verkünden:
> Dies war ein Mann."

# Jean Paul

O du seliger, ewig jugendlicher Jean Paul, der du jetzt
auf den Asphodeloswiesen im Elysio unter den Schatten
einherwandelst und am Abend die grauen Flockenblumen
abzupfst und in die Luft fortpustest, ihnen nachschauend
wie Kinder den Seifenblasen im Sonnenschein, siehst du
dich noch in jenem Zimmer der derben kreuzbraven Wirtin
Rollwenzel vor dem Städtchen Bayreuth sitzen, an dem
Federhalter kauen, hin und wieder einen Gedanken oder
ein Bild aus deinen Nackenhaaren hinter deinem kahlen
Scheitel herausziehen und das große weiße Papier, das
vor dir liegt, langsam mit deinen schönen Buchstaben zu-
malen? Siehst du dich noch schmunzeln vor Behagen,
wenn dir ein besonders eigenartiger Einfall übers Papier
lief, und du ihm zwei Seiten lang nacheilest und dabei
vom Hundertsten ins Tausendste und Hunderttausendste
kamst, oder wenn die Wirtin mit einem Krug voll Kulm-
bacher Bier zu dir trat und du dich zurückbeugtest und
die dicke braune deutsche Ambrosia herunterspültest und
dabei drüberhin dankbar in den Himmel sahst wie ein
trinkendes Huhn? Wenn du dann noch eine Prise Borkauer
Schnupftabaks in die breiten Nasenlöcher geschoben hattest,
wie konntest du dann auf dem Papier mit den Flügeln
schlagen und über die Hecken und Zäune der Menschen
fortfliegen und vor Vergnügen krähen! Über dreißig
deutsche Kleinstaaten flogst du an einem solchen Vormittag,
vor Bayreuth schreibend, hinüber und picktest alles, was

dir lächerlich schien, von den Wegen auf und brachtest es
zu Papier, allerlei schnurriges und monströses Zeug, das
sonderbar aussah wie Spinnen oder Meertiere im Spiritus.
Vor dir, wenn du vom Schreiben aufschautest, lagen die
Höhen des Fichtelgebirges oder Frankenwaldes; und du
ließt deine großen, sanften, blauen Augen an ihren stillen
Linien so zufrieden vorbeirollen, wie der Herr von Goethe
in Weimar hinter den Bergen die Rückenformen schöner
Menschen in Stein oder Fleisch betrachtete. Nie fiel es
dir ein, das Land Italia, von dem die von der Griechheit
befallenen damaligen Deutschen wie junge Mädchen von
ihren Erziehern schwärmten, zu betreten. Höchstens deine
Helden führtest du an ihrem Schopf auf den Palatin oder
den Posilipp oder ließest sie ihre Schwermut in dem Lago
Maggiore widerspiegeln. Dir selbst wäre es nicht wohl
gewesen in Ländern, wo man kein Bier trinkt, wo keine
Wälder duften, keine Serenissimi reden und regieren, da=
mit ihre Untertanen etwas zu lachen und zu erzählen ha=
ben, und wo keine deutsche Musik geblasen, gegeigt, ge=
spielt, getrommelt oder gesungen wird. Du mußtest im
Frühling Aurikeln und Veilchen, im Sommer Rosen und
Gelbveiglein und im Herbst Astern und Stiefmütterchen
um dich haben und mußtest im Winter dicke Eisblumen
an den Fenstern sehen: sonst wärst du gestorben vor Heim=
weh. Wenn die anderen von Welschland sprachen, hieltest
du dir die Ohren zu und pfifffst Beethoven vor dich hin;
und nachts, wenn die Sterne am Himmel aufzogen, sagtest
du: „Nun ist alles auf Erden gleich.“

4*

Drum faßeſt du alle Morgen allein im offnen Zimmer
neben der Gaſtſtube der kreuzbraven Wirtin Rollwenzel
vor dem Städtchen Bayreuth, die Perlmutterdoſe voll
Tabak und den Steinkrug voll Bier neben dir und Ober=
franken im Fenſter eingerahmt vor dir, und ſchriebſt ganz
gemächlich deine zehn bis fünfzehn Seiten deutſche Proſa
tagtäglich in deine Kladde. Und warſt dabei nicht minder
des Gottes voll als Dante, da er in der Pineta dichtend
umherging, oder als der blinde Milton, als er ſeiner Toch=
ter die Beſchreibung des Satanas und der weinenden Eva
in die Feder diktierte. Und warſt dabei nicht weniger be=
hutſam und dachteſt ebenſoviel über deine Kunſt nach wie
Leſſing, Herder und Schiller, die ſich beim Dichten oft den
Puls zählten wie ein Kranker im Fieber. Du ſtützteſt die Stirn
in die Hand vor jedem neuen Kapitel (oder Summula oder
Jobelperiode oder Station oder Hundspoſttag oder Nummer
oder Zettelkaſten, oder wie du ſonſt noch deine Abſchnitte
nannteſt) und ſannſt dann lang und breit über das Roman=
tiſche, über den Humor, über den Stil, über die deutſche
Sprache nach, bis du auf einmal den Faden deiner Erzählung
ganz verloren hatteſt. Dann galt es, ſchnell übers Garn zu
ſchlagen und mit ein paar Rückzügen, die nicht ungeſchickter,
wenn auch unberühmter waren als der Friedrichs des Großen
nach der Schlacht bei Hochkirch oder der Napoleons von
Leipzig nach Paris, zu deinem Thema zurückzugelangen.
Freilich verlorſt du oft eine Schar Leſer bei ſolchen Exkur=
ſionen; Leute, die ſagten: „Wir kommen auf dem Weg
nicht mehr mit. Der Kerl gerät uns zu ſehr auf Abwege

und Seitensprünge." Aber dir lag nichts an solchen Lesern,
die gegängelt werden wollen und mit Extrapost und stets
frisch gewechselten Pferden, wie ein persischer Satrap durch
seinen Bezirk, durch die Ereignisse hindurchreiten wollen
bis zur Verlobung oder zum Begräbnis. Sacht wie ein
Landomnibus zwischen zwei Marktflecken fährst du deine
Insassen weiter; was tut's, wenn der Pegasus unterwegs
stehen bleibt, wo immer ein Vergißmeinnicht sich zeigt, um
es mitzunehmen? „Nur Geduld!" rufst du vom Bock
hinunter, „wir kommen schon an;" und verkaufst für die
Tränen einer Liane oder das Grinsen eines Ironikers über
eine schöne oder kluge Stelle tausend Seelen an Kotzebue.
Davon rührt es, daß heute mancher so schwer dich liest
wie einen Palimpsest, auf dem drei Texte übereinander
geschrieben sind, und du in Bibliotheken oft hoch oben stehst,
wo selbst keine langen Spinnfängerbesen mehr hinaufreichen,
und das Subjekt, das alle Jahre einmal zum Staub-
wischen dort hinaufklettern muß, kopfschüttelnd deine selt-
samen Titel liest, wie etwa diese: „Die Kunst, einzuschla-
fen", „Dr. Fenks Leichenrede auf den Höchstseligen Magen
des Fürsten von Scheerau", „Über das Leben nach dem
Tode oder der Geburtstag", „Das Glück, auf dem linken
Ohr taub zu sein", „Verschiedene prophetische Gedanken,
welche teils ich, teils hundert andere wahrscheinlich 1807
am einunddreißigsten Dezember haben werden", „Ruhige
Darlegung der Gründe, warum die jungen Leute jetzo mit
Recht von dem Alter die Ehrfurcht erwarten, welche sonst
selber dieses von ihnen fordert", „Bitte, mich nicht durch

Geschenke arm zu machen", „Vollständige Mitteilung der
schlechten, aberwitzigen unwahren und gottlosen überflüssigen
Stellen, die ich in meinen noch ungedruckten Satiren aus
Achtung für den Geschmack und das Publikum ausgestrichen
habe", „Einige gutgemeinte Erinnerungen gegen die noch
immer fortdauernde Unart, nur dann zu Bette zu gehen,
wenn es Nacht geworden."

Wenn du täglich deine Hefte vollgeschrieben hattest, ewig
wie das Fichtelgebirge lebender Jean Paul, schrittest du
zufrieden wie ein Buchführer, dessen Saldos stimmen, nach
Hause. Auf dem Marktplatz von Bayreuth verwickelte
sich dein Fuß dann wohl in den geschnörkelten Schatten
des vom Markgrafen Friedrich errichteten alten Barock-
schlosses, du stolpertest und ließest das Dreierlicht im Marien-
glas, das dir heimleuchtete, fallen und standest dann allein
unter den Sternen in der Abendluft, die nach Wäldern
roch. Dann fuhren wohl ein paar titanische Gedanken
durch deine mächtige Stirn, daß sie mit dem Jupiter und
dem Hesperus über dir um die Wette leuchtete und du
sagen durftest: „Gefühlt habe ich es auch, Goethe!"

Aber dann kamen schon die Nachbarkinder und zupften
und zogen dich hinein, mit ihnen um die Lampe „Schwarzer
Peter" zu spielen, und du folgtest ihnen willig, eingedenk
deiner Worte: „Um wieviel leichter erkauft man den un-
mündigen Kindern arkadische Schäferwelten als den Erwachsenen nur ein Schaf daraus!" Und du hieltest ganz
still und ließest dir ruhig mit dem Korkstopfen einen dicken
schwarzen Bart über dein breites, feistes Gesicht malen,

daß du aussahst wie die Maske der Komödie bei den Griechen,
und die Nachtwächter vor dir erschraken. Und wenn du
deine Nachtsuppe mit Pflaumen heruntergelöffelt hattest
(denn das viele Beißen verlernten deine Zähne sehr früh),
dann gingst du noch einmal zu einem Schlaftrunk schon
im Schlafrock in die Kneipe nebenan und schmunzeltest bis
zu den Ohren hinauf, wenn der Apotheker, der Pfarrer
und der Bürgermeister, drei abgefeimte Hasenfüße, sich zu-
sammentaten, über Napoleon zu schimpfen, den sie durch
ein Nadelöhr gejagt haben würden. Nachts aber, in deiner
hölzernen Bettstelle, in der gewürfelten Flanelljacke, die dir
den rundlichen Leib warmhielt, träumtest du von einer
Reihe sonderbarer Geschöpfe, die dich umflogen: E. T. A.
Hoffmann war darunter mit seinem Eulengesicht und Ludwig
Börne mit seinen traurigen Augen, der Professor Fechner
mit seiner Brille, Robert Schumann mit seinem edelsten
Lächeln, Carlyle aus Schottland, Friedrich Vischer aus
Schwaben, Wilhelm Raabe, die Feder in der Hand, und
Gottfried Keller mit seinem Züricher Dialekt und viele,
viele andere. Alle aber nannten dich „Vater", als hätten
sie dich über den Verlust deines einzigen Sohnes forttrösten
wollen. Und einer unter ihnen (es war Ludwig Börne,
wie sich zwanzig Jahre später herausstellte) trat hervor
und redete dich an: „Eine Zeit wird kommen, da wirst
du allen geboren. Du stehst geduldig an der Pforte des
zwanzigsten Jahrhunderts und wartest lächelnd, bis dein
schleichend Volk dir nachkomme."

# Heinrich von Kleist

An einem Spätabend Ende November 1811 kam die Nach=
richt vom Tode des vierunddreißigjährigen Heinrich von
Kleist nach Weimar. Der alte Wieland, bei dem der junge
Dichter vor wenigen Jahren mehrere Wochen zu Besuch
geweilt hatte, erfuhr es zuerst. Er saß in seinem gepolsterten
Lehnstuhl nach dem Nachmittagskaffee, hatte sich eine lange
Pfeife angezündet und wollte gerade in geistiger Gemächlich=
keit in den Leipziger Blättern, die am Tisch vor ihm lagen,
einen Rebus raten, wie er dies gerne tat, als er unver=
mutet auf diese Anzeige als ein noch größeres Rätsel stieß.
Die Anzeige lautete aber:

„Am Nachmittag des 21. November zwischen 4 und 5 Uhr
erschoß sich in der Nähe des am Wannsee bei Berlin ge=
legenen Wirtshauses ‚Zum Stimming‘ der junge Schrift=
steller Heinrich v. Kleist.‘ Er war am Vorabend mit einer
gewissen Frau Henriette Vogel aus Berlin, die verheiratet ge=
wesen sein soll und Kinder hat, dort abgestiegen. Die Frau,
die an einem unheilbaren Herzleiden litt, soll von ihm ihren
eigenen Tod als einen Freundschaftsdienst gefordert haben,
und er hat, um seinen Mut und seinen Zynismus zu beweisen,
ihr willfahren. Er hat erst seine sogenannte Freundin ge=
tötet und hierauf seinem eigenen Leben durch einen Schuß
in den Mund ein Ende gemacht. Fuhrleute, die mit Weiß=
bier nach Potsdam zufuhren, fanden die beiden Leichen
nebeneinander liegen in einer Sandgrube am See. Kleist
galt in literarischen Kreisen als talentvoll, aber, wie dies

eben seine Tat beweist, auch als völlig undiszipliniert und
haltlos. So erzählen die Wirtsleute, daß er am Abend vor
der Tat mit jener überspannten Frau reichlich Rum getrunken habe und daß beide mit einer unaussprechlichen
Heiterkeit und Frivolität am Mittag zum Tode wie zu
einer Ruderpartie aufgebrochen seien. Man hat die Leichen
der augenscheinlich geistig gestörten Unglücklichen an dem
Fundort auf der Uferhöhe des Sees bestattet. Gott bewahre
unsere Jugend in diesen aufgeregten Zeitläuften vor einer
solchen Lebensauffassung, die sich den schweren Aufgaben
unserer Tage feige entzieht!"
Der alte Wieland zitterte an allen Gliedern, als er dies
langsam in sich hereinbuchstabiert hatte. Und da sein
Sohn, Kleists Jugendfreund, nicht da war und auch sonst
keiner, bei dem er sein altes Herz über diese unbegreifliche
Kunde ausschütten konnte, beschloß er, um nur mit jemandem
darüber reden zu können, auszugehen und irgendwen zu
besuchen. Als er sich seinen braunen Otterpelz anzog, fiel
ihm ein, daß er es zu Goethe am nächsten hatte, und so
trippelte er denn, eine Stocklaterne in der Hand, durch die
Gassen Weimars im Abendnebel nach dem Frauenplan.
Erst als er vor dem Hause stand, aus dem heller Kerzen-
glanz wie aus einem Schloß herauskam, fiel dem Alten
ein, daß Goethe, wie man sich sagte, dem lebenden Kleist
gar nicht so sehr gewogen gewesen sei. Aber da er nun
schon dort war, mochte er nicht mehr umkehren, pochte
mit dem Türklopfer an und trat in den feierlichen Hausflur mit der majestätisch breiten Treppe ein.

Goethe saß oben in dem erleuchteten, warmen Empfangs-
zimmer schon im Staatsrock, den Stern auf der Brust,
bereit, ein paar Gäste zum Abendtisch zu bewillkommnen.
Eine Flasche Rotwein, die ihm noch seine reiche Mutter geschickt hatte, stand neben ihm auf dem Tisch, auf dem ein paar
Kupferstiche Albrecht Dürers lagen, die der Geheimrat sich
langsam und ganz genau mit der Lupe besah. Als ihm
der alte Wieland gemeldet wurde, ging ihm Goethe steifen
Schrittes mit beiden ausgestreckten Händen entgegen.

„Es ist prächtig, daß Sie kommen! Sie treffen es gut.
Ich erwarte ein paar Abendgäste. Kanzler Müller wird
kommen und Madame Schopenhauer will mit ihrem
Sohne erscheinen. Zudem versprach mir eine polnische
Pianistin, die auf der Durchreise nach Paris ist, uns ein paar
slawische Volkslieder vorzutragen. Aber was ist Ihnen?"

Wieland erzählte mit ein paar fliegenden Sätzen die entsetzliche Nachricht vom Tode Kleists, ohne dabei zu ge-
wahren, wie die Augen Goethes ganz groß wurden und
seine Stirne leise eine Falte mehr bekam.

„Das ist in der Tat erschütternd", erwiderte der Dichter
des Werther und hielt sich zitternd am Stuhle fest. „Ich
kann nie von dem Selbstmord eines jungen Menschen
hören, ohne dabei bis in das Innerste meines Wesens zu
erbeben. Denn es hat auch in meinem Leben Zeiten gegeben, wo ich ganze Nächte lang die Pistole in der Hand
durch das Dunkel gelaufen bin, und wo es nur eines letzten
Anstoßes zur Tat bedurfte. Der braucht dann freilich nur
ganz klein zu sein, wie etwa im Falle Kleistens die Trost-

losigkeit eines Tages im November, diesem „Hängemonat',
wie ihn die Engländer nennen."

„Aber diese Seelenruhe, dieser frivole Frohsinn, diese εἰρήνη,
mit der der Jüngling Kleist wie weiland Sokrates in den Tod
gegangen ist, dünket mich unerklärlich", warf Wieland ein.

„Mitnichten," fuhr Goethe fort, „wenn einmal das letzte
Bedenken überwunden und gleichsam die letzte Aufenthalts=
station des Lebens überschritten ist, wird man den Tod
selbst schon als einen Vorgeschmack der süßen Ruhe, die
uns mit ihm erwartet, genießen, und wenn erst der Fahr=
wind aus dem Elysium über eine Seele weht, wird sie
sich mit Frohlocken von diesem unserem höchst problema=
tischen Leben lösen. Darum soll keiner die Tat des Kleist
eine frivole nennen. Selbst wir zwei Alten, die wir uns
hier im Warmen gegenübersitzen und mit Recht stolz auf
unsere sechzig oder wie Sie, mein Lieber, fast achtzig über=
lebten Jahre sein können, wollen dies nicht tun. Denken
wir uns nur in die Seele dieses Unglücklichen, von dessen
zahlreichen Dramen eines ‚Der zerbrochene Krug' hier in
Weimar unter meiner Leitung aufgeführt und vom Pöbel
verlacht wurde und ein anderes, das große Ritterschau=
spiel ‚Käthchen von Heilbronn', dreimal in Wien gegeben
und' abgelehnt wurde. Mehr weiß nnser deutsches Thea=
ter noch nicht von Kleist. Summieren Sie zu dieser Nicht=
achtung, die einen ehrgeizigen Menschen, wie er war,
dreifach traf und vergiftete, noch das Elend seines preu=
ßischen Vaterlandes seit Jena und die qualvolle Lage eines,
der heute von der Feder leben muß und hündischen Demüti=

gungen ausgeſetzt iſt, ſo werden Sie ſich über ſeinen ge-
waltſamen Tod als einzigen Ausweg aus dieſer See von
Plagen kaum mehr verwundern können."

„Er ſoll eine ſolch verbitterte Wut gegen Napoleon ge-
habt haben," bemerkte Wieland, „daß er, wie mir mein
Sohn erzählt hat, ſich monatelag mit dem Plane trug, den
Kaiſer ſelbſt zu ermorden."

„Das ſteht ihm nicht übel," war Goethes Antwort, „wie
er denn auch auf die Nachricht von dem Durchfall des
‚Zerbrochenen Kruges' in Weimar meinen Namen unter
Fäuſteballen genannt und dazu geſagt haben ſoll: ‚Ich
werde ihm den Lorbeer ſchon von der Stirne reißen', als
ob ich allein die Schuld an ſeinem Mißgeſchick geweſen
wäre. So hat er auch ſpäterhin mich mit manchen Spott-
verſen und Pasquinaden geärgert und mir damit jede
Möglichkeit genommen, mich weiter für ihn einzuſetzen
und noch etwas für ihn zu tun."

„Ja," rief der alte Wieland dazwiſchen, „aber man ſpricht
doch davon, daß Sie ihn durchaus nicht anerkannt und
gewürdigt hätten."

„Ich weiß es, mein Freund, und dieſe literariſche Lüge
wird vielleicht noch lange weiterleben, denn ſolch ein fal-
ſches Urteil läuft von einem zum anderen gedankenlos
über. Wie man auch Sie, mein lieber Wieland, noch vielfach einen ſittenloſen Mann nennt, trotzdem Sie in zwanzig-
jähriger treuer Ehe vierzehn lebende geſunde Kinder zu-
wege gebracht haben. Es hat wenige gegeben, die dieſen
Kleiſt, da er lebte, mehr geachtet haben als ich, wenn-

gleich mir sein Wesen und Dichten von Grund aus ferne stand.
Das Zertrümmerte, Chaotische bei ihm, dieser Zustand, in
dem ich lebte, ehe ich dichtete, machte mich bis in alle meine
Moleküle unruhig. Dieses Aufspüren und Aufjagen von
Urtrieben in uns bei Kleist, die wir mit Mühe seit ein paar
tausend Jahren gezähmt haben, flößte mir Grauen und Un=
behagen ein und verwirrte mein sicheres Gefühl vom mecha=
nischen wie moralischen Gleichgewicht dieser Welt. Aber
darum verkannte ich nicht die titanische Größe in seiner
‚Penthesilea‘, deren Verse mir den Atem versetzten und mich
vierzig Jahre zurückwarfen, noch entging mir der seine Reiz
im ‚Zerbrochenen Krug‘, einem Stimmungsbild, das ein
Teniers nun eben nicht besser hätte malen können.“
„Sie kennen seinen Robert Guiskard nicht“, rief nun
Wieland dazwischen. „Weuu er dies Werk, aus dem er
mir als mein Gast einst ein paar Szenen vortrug, vollendet
hätte, statt es zu vernichten, so müßten Äschylus, Sopho=
kles und Shakespeare vor ihm als Anfänger ausreißen.
Das Feuer, das dieser unaussprechliche Mensch in sich trug,
vermochte mich alten Vater, der ich dem lieben Gott fast
schon die Hand reichen kann, noch zu Tränen über das
Weh dieser Welt zu schmelzen. Er hat mir eingestanden,
daß er sich beim Schreiben von Akt zu Akt immer mehr
in seine Helden bis zur Narrheit verliebe, so daß es ihm
das Herz abpresse, wenn er wie an jene Penthesilea schließ=
lich Hand an sie legen müsse. Und er weinte dabei ganz
wahrhaftig, wie einst meine Frau, als ich sie zwang,
unseren lieben alten Gockelhahn abzuschlachten, und sie das

Messer in der Hand vor ihm stand und ihn mit den Worten: ‚Mein Herzchen, mein Liebes, mein Lebenslicht, mein alles, mein Hab und Gut, meine Schlösser, Äcker, Wiesen und Weinberge, mein Innerstes, mein Herzblut und mein Augenstern‘, langsam ins andere Leben hinüber= schnitt. Von den Frauen insgemein verstand der Jüng= ling Kleist — denken Sie nur an sein ‚Käthchen‘ oder ‚Ev= chen‘! — mehr als unser seliger Schiller mit all seinen Theaterjungfrauen, denen ich für mein Leben gern ein= mal in der Nachthaube begegnen möchte, um zu wissen, ob sie von Fleisch und Blut seien. Summa summarum: Ich behaupte dreist, daß wir Deutschen in diesem Kleist unseren Shakespeare verloren haben.“

Zum Glück für den alten Wieland kam in diesem Augen= blick der Diener und meldete die Ankunft der Gäste. Goethe aber machte wie allem so auch diesem Gespräch ein Ende, indem er sich erhob und kurz sagte:

„Dieses zu entscheiden, Herr Wieland, müssen wir dem Jahrhundert nach uns überlassen.“

So sprach Goethe. Der Festredner aber, der in drei Jahren zum hundertjährigen Todestage am Grabe Heinrich von Kleists sprechen wird, wird sagen müssen, daß es einen Shakespeare leider nur einmal gegeben hat, und daß ir= reale Bedingungssätze an einer Gruft und angesichts eines Toten im Grunde überflüssig seien, aber daß der frühe Tod Kleists, der nicht minder als Theodor Körner für sein Vaterland gefallen ist, für unser deutsches Theater der schwerste Verlust gewesen ist, den es jemals erfahren hat.

# Franz Grillparzer

Was der Bürger heute bei uns zulande unter „Künstlern" versteht, das sind meist friedfertige, tugendhafte und tadellose Männer, deren Gewissen so hell glänzt wie das Hemd, das sie tragen, die pünktlich ihre Steuern zahlen, Weib und Kinder haben und am Sonntag doppelt so fromm sind wie an Werktagen. Es sind gute Staatsbürger, die tagsüber schreiben oder malen, mittags um zwölf Uhr essen und abends kegeln oder Karten spielen, ehrsame Geschöpfe, die von den Schutzleuten gegrüßt werden, mindestens zwei Vereinen angehören, ein Haus besitzen, den Oberbürgermeister duzen, und wenn sie gestorben sind, mit Musik und vielen Kränzen begraben werden. Öffnet man dann ihr Testament, so entdeckt man zur allgemeinen Freude, daß der Dahingegangene zudem noch ein hübsches keines Vermögen hinterlassen hat, und Kinder und Enkel feiern noch nach Jahren den einstigen Künstler in der Familie nach. Gutmütig scheinen die Augen eines solchen Mannes, und sein Mund spricht Worte der Milde und Liebe, und man schläft nicht unruhig, wenn man einen Abend mit ihm verbracht und verlacht hat.

Leider stimmt das Bild, das die Geschichte uns von·dem Leben der ganz großen Künstler gibt, nicht mit diesem friedlichen Idyll überein, das der gute Bürger, der abends im Klub, im Kasino oder in der „Erholung" sitzt, sich nach dem Beispiel seiner heimischen städtischen Künstler zurecht macht. Wir wollen einmal ganz absehen von der Kategorie

der ungeordneten wilden Individuen, die der Gesellschaft
den Krieg erklären, mit jedermann in Unfrieden leben, ihre
Pflichten verträumen, ewig gereizt sind und stets über
35 Grad Blutwärme haben, die früh sterben, im Duell
oder am Wein, oder abseits von allen verbittert den Tod
suchen und finden. So gibt es doch noch eine zweite
Spielart von großen Künstlern, die anscheinend ein schlichtes
bürgerliches Leben führen, ohne Lärm und ohne Wider=
spruch und scheinbar restlos im Staate aufgehen, so daß
man vermeinen könnte, sie hätten die Harmonie zur Welt
gefunden, die Goethe der Größte sich errungen hat. Blickt
man jedoch hinter diesen Deckel ihres äußeren Daseins in
das Uhrwerk ihres geheimen Lebens, zu dem nur sie selber
den Schlüssel haben, so erschrickt man wie vor dem Haupte
der Medusa, das jeden, der es sah, versteinerte. Zu diesen
Tasso=Menschen, die von sich selbst gehetzt, Jagdhund und
Hase zugleich, die kurze Summe ihrer Tage unter Schmerzen
von der großen Qual der Welt subtrahieren, gehörte der
bedeutendste Dichter, den Wien uns Deutschen geschenkt
hat: Franz Grillparzer.
Das Gemütsleben dieses Dichters, den jede Töchterschülerin
lesen darf, ist eine Hölle von Bitternissen und Sorgen und
Ängsten gewesen mit tiefen Schlünden, in die sich die Ge=
witter, die sich niemals offen bei ihm entladen konnten,
scheu hineinverkrochen. In seinen Tagebüchern, in denen er
sich vor uns aufgeschlossen hat, hat er seine Leiden hinaus=
geschrien wie Philoktet auf seiner einsamen Insel, daß dem, der
vorüberfährt, vor Mitleid das Eingeweide brennt.

Schon der Beruf, in dem er saß, und den er doch nicht
fortwerfen konnte, so wenig wie ein Lahmer seine Krücke,
machte ihm die Tage grau. Jahrelang hockte er als
Unterbeamter im Wiener Finanzministerium sich den Rücken
und die Seele krumm, zwischen Bureaukraten, die vom
Wetter, vom Gehalt und von den Vorgesetzten sprachen,
unter „Theater" Verkehr mit Schauspielerinnen verstanden
und sich für des Dichters Stücke höchstens nur wegen der
Honorare, die sie einbringen könnten, interessierten. Wenn
Grillparzer über die Kindermörderin Medea grübelte,
klopfte plötzlich etwas an die Tür, und eine quäkende
Stimme fragte: „Haben der Herr Konzeptspraktikant schon
die Zollabrechnung der niederösterreichischen Bezirke revi=
diert?"
Immerfort bewarb er sich um einen Posten, der seiner
geistigen Beschaffenheit mehr zugesagt hätte, etwa bei der
Hofbibliothek, und schrieb unzählige Briefe, die anfingen:
„Der gehorsamst Unterzeichnete bittet devotest und in unter=
tänigster Ehrfurcht ersterbend usw.", und die dann alle Ver=
dienste des in tiefster Verehrung Unterzeichneten aufzählen
mußten, eine Beschäftigung, die jedem seiner organisierten
Menschen ein Gefühl ähnlich dem der Seekrankheit verur=
sachte. Aber alles dies half nicht einmal. Der sprichwörtlich
gewordene Undank des Hauses Habsburg bewährte sich auch
bei diesem seinem größten Verherrlicher aufs sichtbarste.
Dreiundvierzig Jahre lang mußte der Dichter subalterne
Bücklinge machen und das Faß der Danaiden füllen helfen,
bis ihm endlich, als er nicht mehr singen, sondern nur noch

knurren konnte, das Gnadenbrot mit einem Titel und Orden
daran überwiesen wurde.

Auch sein wirklicher Beruf, die dramatische Dichtkunst,
belohnte ihn nicht nach Verdienst. Nahm man seine Jugend=
werke teilweise mit überschwenglichem Jubel auf, so hatte
man um so mehr an seinen späteren Stücken zu nörgeln.
Schließlich pfiffen ihn die bösartigen Wiener so laut aus,
daß er ganz theaterscheu wurde und zu zittern anfing, wenn
man ihn nach einem neuen Stück fragte. So starb seine Liebe
zum Theater mit fünfzig Jahren plötzlich ab, in einem
Alter, da beispielsweise Ibsen später erst sein eigentliches
Lebenswerk begann. Er verschloß das wenige, was er noch
bis zu seinem einundachtzigsten Geburtstag schrieb, ängstlich
in seinem Schreibtisch, wo es lieber vergilben als je wieder
ausgezischt werden sollte. Erst nach seinem Tode kam es
ans Licht. Mitsamt den ungezählten boshaften Sprüchlein,
die der alte harmlose Herr Hofrat Grillparzer, der immer
den Hauszins pünktlich einzahlte, und den die Kinder in
Wien auf der Straße grüßten, jedesmal, wenn er sich „ge=
giftet", hergereimt hatte. Da sah man auf einmal, daß diese
Stütze des Staates, dieser korrekte Bürgersmann Grillparzer
mit einer Schar bissiger Ratten und giftiger Schlangen zusam=
mengehaust hatte, die ihm immerwährend vom Keller zum Gie=
bel, vom Herzen zum Kopf gelaufen und gekrochen waren.
Denn die unwürdige Behandlung, die er zeitlebens vom
Kaiser bis zum letzten Kritiker erdulden mußte, war Milch
und Honig gegen die Teufel, die in seiner Brust herum=
brodelten. Außer Rousseau hat sich wohl kein Geist so

sehr selber gequält wie Grillparzer. Eine seltsame Lust am
Schmerz verlockte ihn immer wieder, sein Inneres im Spiegel
zu sehen, um schaudernd vor seinem Bilde zurückzufliehen:
Neid, Eitelkeit, Spottlust, Hang zur Lüge, zum Diebstahl
und zur Wollust und ein grenzenloser Egoismus, das alles
stak in einen garstigen Knäuel verschlungen in ihm und
schnitt dem entsetzten Hofrat, der doch keinen Flecken an
seiner Hose duldete, gräßliche Fratzen. Er hatte nicht die
Einsicht noch den Humor, zu sich selber zu sagen: „Ecce
homo!" „So ist der Mensch!", sondern trug sich wie eine
ekle Last, eine lebende Leiche, ächzend zu Grabe.

Das Durcheinander in seiner Natur hat ihn, der als Be=
amter an genaue Registrierung gewöhnt war, wohl am
meisten gewurmt: Heute zerfleischte und verkleinerte er sich
selbst und kam sich erbärmlicher als Kotzebue vor, morgen
wieder blähte er sich in gereiztem Selbstgefühl vor allen
Dichtern wie ein kalkuttischer Hahn, schimpfte über Schiller
und nahm dreist neben Goethe Platz. Er wurde von seinen
Launen wie von bösen Winden hin und her getrieben, wie
er sich auch mit seinen schwachen Kräften dagegen stem=
men mochte. Er gehörte zu den Leuten, die immer aus
Furcht vor Regen einen Schirm bei sich tragen, aber wenn
es wirklich regnet, zufällig einen Stock mitgenommen haben,
oder zu denen, die im Theater stets hinter einem Pfeiler
zu sitzen kommen, denen die Bahn stets vor der Nase ab=
fährt, und die bei der Table d'hote immer die kalten Platten
erhalten und dann eine Tücke in das Objekt hineinlegen,
die doch nur aus ihnen selber kommt. Dazu war er ein

Hypochonder, der ewig kränkelte, sich immerzu den Puls befühlte oder die Zunge im Taschenspiegel besah, und dabei zweiundachtzig Jahre alt wurde, ohne jemals dem Tode nahe gewesen zu sein.

Am allerunglücklichsten aber war er in der Liebe, diesem schönen Fieber, das in allen seinen Stücken doch End= und Angelpunkt ist. In seinem Leben war es nur eine Qual mehr, der Pfeil, der ihm am tiefsten im Fleische saß. Jedesmal, wenn er sich verliebt hatte, merkte er auf einmal beim dritten Kuß, daß er gar nicht lieben konnte. Er zerpflückte seine Gefühle wie ein Kind die Blumen, und war dann entsetzt und betrübt, wenn sie nicht mehr dufteten. So empfand er schon vor der Liebe, was die Männer gemeiniglich erst nach der Liebe verspüren, und blieb darum einsam, scheu und verkehrt vor der goldenen Pforte zum Paradiese stehen. Und er fand, er schuf sich eine Gefährtin dabei, die er festhielt, Kathi Fröhlich, ein Wiener Mädchen, so beschaffen wie ihr Name, ein liebes Ding, dessen Briefe klingen wie Vogelstimmen vor Sonnenaufgang. Sie opferte ihm ihr Leben und ihre Seele, denn er machte sie zu seiner „ewigen Braut", der nie die Hochzeitsfackel brannte. Sie glühten, — aber ach, sie schmolzen nicht. Er hat sie nicht aus Geldmangel nicht geheiratet, wie man auf der Schule lernt, sondern aus der Unfähigkeit, sich hinzugeben und sie hinzunehmen. Sie muß Unsagbares gelitten haben, bis er sie dazu brachte, aus dem „du" wieder in das „Sie" zu kommen, wenn sie mit ihm sprach, und aus der wärmsten Liebe wieder in eine kühle Freundschaft hinein.

Und man möchte lieber der Karrenhund eines armen Kessel-
flickers als Grillparzers „ewige Braut" gewesen sein.
Ganz spät erst, als sie beide keine Zähne mehr hatten und
einander völlig ungefährlich geworden waren, zog er mit
ihr und ihren Schwestern zusammen unter ein Dach. Und
abends spielten die beiden wohl Klavier oder Tarock, je
nach seiner Lanne, und lächelten sich beim Abschied Punkt
zehn Uhr wehmütig aus runzligen Gesichtern an. So lebten
sie noch zwanzig Greisenjahre durch eine Wand getrennt
nebeneinander, bis der Tod sie holte, und man ihre Leichen
nur durch eine Spanne Erde getrennt nebeneinander in
den Friedhof bettete. Ein paar Träumer aber wollen ihre
Seelen drunten im Inferno beide in trauriger Gemeinschaft
unter der dunklen Schar derer um Paolo und Francesca
fliegen gesehen haben.
So war Franz Grillparzer, Dichter, Hofrat und Mensch,
wohnhaft zu Wien, Spiegelgasse Nr. 21, von dem man
noch sprechen wird, wenn das letzte schöne Haus aus den
Tagen Alt-Wiens abgebrochen und fortgeschleift ist, um
irgendeinem hohen modernen Mietskasten Platz zu machen.
Mit einem tiefen Seufzer, wie ihn einst unser Dichter,
dessen schweren Namen sich die Literaturgeschichte nach
Lord Byrons Prophezeiung gemerkt hat, ihn ausstieß,
als er schrieb: „Ich möchte, wär's möglich, stehen bleiben,
wo Schiller und Goethe stand."

# Friedrich Hebbel

Die meisten Menschen gleichen leider im Leben den Ge=
fährten des Odysseus auf der Fahrt an der Insel der Si=
renen vorüber: Wachs in den Ohren rudern und arbeiten sie
sich ab und hören nicht den lockenden Sirenensang der Musen,
die aus den Rätseln des Daseins Musik machen, und starren
verwundert und ohne Begreifen auf das Genie, das gleich
Odysseus in der Mitte ihres Fahrzeuges fest gebunden, beim
Klang der Zaubermusik vor Wonnen und vor Qualen sich
windet. Als ein solcher Abgetrennter stand auch Friedrich
Hebbel in seiner Zeit, fest gebunden an den Mast seiner Natur,
unverstanden von den meisten, ein sich selbst Quälender.
So fuhr er unter laokoontischen Leiden den Weg zum Tode
hinab. Es gibt heute noch zahlreiche, meist sehr satte Leute,
die behaupten, daß viele Leiden erst den wahren Künstler
machen, und daß insbesondere ein rechter Dichter tüchtig
hungern müsse wie ein Bär, um nachher besser tanzen
und springen zu können. Das Beispiel Hebbels allein sollte
diesen Spöttern ein für allemal den Mund stopfen: Zeit
seines Lebens hat er unter der gräßlichen Not seiner Jugend
gelitten, die er, der Sohn eines armen Maurers, in einem
freudlosen Marktflecken oben in Holstein unter Hunger
und Entwürdigungen aller Art verleben mußte. Er war
nicht so leicht und glücklich geartet wie ein anderer Par=
venü, der freilich ein Bürgerssohn und somit viel weni=
ger zu leiden hatte, ich meine Napoleon, der gerne in
Gegenwart des Königs von Preußen und des Kaisers von

Rußland — man kann sich die Gesichter der hohen Potentaten dabei denken! — von der Zeit erzählte, da er noch Unterleutnant bei der Artillerie gewesen war. Hebbel konnte später, da es ihm gut ging und er sich satt essen und anständig kleiden konnte, nicht einmal stolz sein auf diesen Wechsel, ohne zugleich bitter werden zu müssen. Das Gefühl, ein Proletarier gewesen zu sein, das nur der zu gleichem Los Verdammte verstehen kann, hat ihn, mehr als er es noch sagen und klagen wollte, gequält. Man muß ihn sich nur vorstellen, wie er herumstand mit seiner großen gekrümmten Gestalt, seinen Bauernknochen und seinen roten, einst oft verfrorenen Händen in den Salons der reichen blasierten Wiener Aristokraten, die ihn fortwährend mit dem alemannischen Dichter Hebel verwechselten, die den Hunger nicht kannten und ihren Magen nur, wenn sie zu viel gegessen hatten, verspürten. Gerade das Leben in Wien, dieser weichen, genußsüchtigen Stadt, muß ihn immer wieder an die harte Not der Kindheit gemahnt haben, da man die paar Winterkartoffeln im Keller verkaufen mußte, um den Sarg für den Vater, der ihn und seine Geschwister stets voll Wut seine „gefräßigen Wölfe" genannt hatte, bezahlen zu können, da seine Mutter bei fremden Leuten waschen mußte, um seine kleinen Geschwister vor dem Hungertode zu bewahren, und da er selbst, ein bleicher Schreiberlehrling, nachts neben den Stallknechten und Kuhmägden schlief. Der Schatten dieser düstern Jugendzeit hat über seinem ganzen Leben gelegen. Niemals hat er aus vollem Herzen lachen können, und

mit einem bittern Abschiedswort im Mund ist er aus seinem
Menschendasein fortgeschlichen.

Nicht, daß er kleinmütig gewesen wäre, ein anderer hätte
die Riesenlast und die Qual einer solchen Vergangenheit
überhaupt nicht ertragen können. Nur einsam und menschen=
scheu war er geworden und klammerte sich lieber noch an
die Tiere, Hunde oder Eichkätzchen, an, als an die lieben
Nachbarn, die — seine Jugend hatte es ihn gelehrt! — den
Schwächeren so unmenschlich quälen konnten. Nur den
Frauen, die ihn mehrmals in seinem Leben durch ihre Arbeit
ernährt hatten, bewahrte seine Seele eine glühende Dankbar=
keit. Und in ritterlicher Weise hat er, ein moderner Frauen=
lob, seine Schuld gegen das weibliche Geschlecht in allen
seinen Dramen abgetragen. Sonst lebte er wie eine Spinne in
seinem Netz und zog aus sich selbst seine Gedankenfäden und
schrieb jahraus, jahrein seine Tagebücher, in denen er sich
über sich selber Rechenschaft ablegte und das Plus und
Minus seiner Seele miteinander verglich. So kam er von
selbst dazu, mehr die Menschen und die Dinge zu begrübeln
und ins Abstrakte, ins Reich der Ideen hinüberzuspielen, als
sie zu erleben. Der Geist des großen Philosophen Hegel, den
er als Werdender in sich aufgenommen hatte, begleitet ihn
auch als reifen Künstler. Darum war ihm das Wichtigste
an einem Werke, daß es „seine Idee" klar zum Ausdruck
brachte. Unter dieser Voraussetzung schuf er denn auch,
der direkte Vorläufer Ibsens, seine großen Dramen.

Das einzige, was ihn nämlich immer wieder mit der Öffent=
lichkeit zusammenbrachte, war das Theater. Er liebte es

mit der ganzen heimlichen Liebe, die in ihm war. Schon
äußerlich war er mit ihm dadurch verbunden, daß seine
Frau, der er sein ganzes spätes Glück verdankte, als erste
Darstellerin an der damals, beileibe nicht heute, ersten
deutschen Bühne, dem Wiener Hofburgtheater, tätig war.
Freilich fügte es sich — wie manche Menschen eben Un=
glück haben müssen, bis ihnen kein Zahn und nichts mehr
weh tut —, daß der damalige Leiter des Burgtheaters ein
anderer Maurerssohn, nämlich Heinrich Laube, war. Mit
diesem lebte Hebbel in beständiger literarischer Feindschaft,
und Laube, der keineswegs zu den vornehmen Charakteren
gehörte, rächte sich in seiner Weise dafür, indem er auf
seiner Bühne nur Frau Hebbel und höchstens notge=
drungen Herrn Hebbel zu Worte kommen ließ. Auch dieses
Mißgeschick konnte Hebbel nicht mit Humor ertragen. Er
verzehrte sich in stummer Wut über den hoffähig gewor=
denen früheren Revolutionär, der ihm da vor der Nase
französische Plauderstücke und verlogene deutsche Jamben=
dramen aufführen ließ. Dazu kam, daß die Tagespresse
sich das unfeierliche Gelübde abgelegt hatte, Hebbel totzu=
schweigen, und nur ein paar Juden, Emil Kuh, Felix Bam=
berg u. a., halfen dem deutschen Barden über den keinen
Kummer und die große Verzweiflung hinweg.
Aber schließlich konnte ihm dies alles nicht den Mut und
die Lust am Theater nehmen. Wie Goethe hoffte er stets
von neuem auf einen Frühling der deutschen Bühne, wollte
und konnte er nicht glauben, daß die meisten Deutschen
lieber in alberne Schwänke als in ernste Stücke hineinliefen,

daß der normale Mann in Deutschland wöchentlich
mehr für Zigarren, als jährlich fürs Theater ausgibt.
Wer ihm das bewiesen hätte, dem hätte er ein: „Das wird
und muß anders werden!" entgegengehalten. Ja, er war
der Ansicht, daß wie die Germanen einst einen Bonifazius
hatten, der sie zum Christentum überredete, so hätten sie
heute einen ebenso starken Glaubenshelden nötig, der sie
zum Theater als zu einer Kult= und Kulturstätte bekehren
könnte. In dieser Hoffnung schrieb er seine Stücke, allen
voran die ragende Nibelungentrilogie, eine Saat für die
Zukunft, am Tage der Garben zu reisen.

Es war ihm nicht vergönnt, gleich Richard Wagner, der
ein Gleiches wie er für die Deutschen in der Oper, dieser
Mißgeburt aus Wort und Musik, erstrebte, den Tag der
Erute zu erleben. Hebbels Bayreuth ist jetzt noch überall
und nirgends in Deutschland. Seine Recken= und Heldenwelt
liegt heute noch meist wie die Tierfelle, die sie nach alter
falscher Überlieferung tragen müssen, in deutschen Theater=
garderoben eingekampfert. Hin und wieder klopft und stellt
irgendein Festtag sie noch aus. Ibsens schlechteste Jugend=
dramen, Shaws albernste Possen, Strindbergs ödeste La=
mentationen muß das deutsche Publikum heute geduldig über
sich ergehen lassen, Hebbels reifste Werke bleiben ihm noch
immer so viel als möglich versagt. Aber wenn einstmals
die Japaner und Mongolen Europa einnehmen, oder die
Amerikaner es aufkaufen und sich eine Vorstellung von
dem einstigen deutschen Geist und Wesen machen wollen,
so werden sie sich Hebbels „Nibelungen" aufführen lassen.

# Adelbert v. Chamisso

Drei Tage aus dem Leben Chamissos geben ein anschau-
liches kares Bild von dem Schicksal und dem Wesen dieses
deutschen Dichters, der zeitlebens besser und schneller französisch als deutsch geredet und verstanden hat, und der in
der Nacht vor seinem Tode unaufhörlich in der Sprache
Frankreichs von seiner Kindheit phantasierte.

Der erste Tag war ein strenger Wintertag im Jahre 1790.
Der Schnee lag schon fußhoch in den meilenweiten stillen
Wäldern, die sich um Boncourt, das Stammschloß der
Chamissos in der Champagne, ausdehnten. Der neun-
jährige Adelbert hatte den Nachmittag mit seinen Schlitt-
schuhen auf dem Weiher vor dem Schlosse zugebracht und
war wohl fünfzigmal in stummen Träumereien unter der
steinernen, schneebedeckten Brücke hin und her gelaufen,
abseits von den Geschwistern, die, in vornehme Pelze und
Schals gehüllt, Bonbons lutschten und dabei von Paris,
der Königin Marie Antoinette und dem nächsten Hofball
planderten. Eine strenge mürrische Erzieherin — denn die
Eltern verkehrten damals nur par distance mit ihren Kindern — brachte den Kleinen ins Bett, und dort, in einem
großen, weißen und goldenen Rokokosaal, den ein Kamin-
feuer voll Scheitholz und Tannenzapfen durchwärmte,
träumte das Kind unter Spitzenvorhängen mit geschlossenen Augen weiter, wie es vorhin auf dem weißen Eise
mit offenen Augen von einer märchenhaften Zukunft geträumt hatte. Mitten in der Nacht wurde der keine Adel-

bert von einem wahren Höllenlärm aufgeweckt. Drunten
in der dunklen Stille hörte man wilde Männerstimmen
die Carmagnole johlen, die Hunde bellten und erdrosselten
sich vor Wut beinahe selber an ihren Ketten. Nun pfiffen
Flintenschüsse durch die Nacht. Scheiben klirrten. In dem
Vogelhaus hinter dem Brunnen mit der Sphinx hörte
man die Hühner vor Angst gackern, und es war, als ob
der Lärm der Männer von Minute zu Minute näher
käme. Der Knabe sah beim Kerzenschein seine Eltern voll
Angst im Saale hin und her laufen, die Geschwister fingen
an zu weinen. Dann wurde er von einem alten Diener
ergriffen, in das Kissen seines Bettes gepackt und in einen
großen Schlitten getragen, der hinter dem Schlosse wartete.
Die Eltern und Geschwister kamen zitternd und wimmernd
gleich hinterher. Die Revolutionsmänner hatten indes
schon die Scheune und die Dienerschaftsräume angesteckt.
Es war so hell geworden, daß man die Tauben erschreckt
um den Turm mit der Sonnenuhr flattern sah, auf der
man deutlich die grün-goldenen Ziffern erkannte. Die Luft
war von dem Feuer ganz warm geworden, und der keine
Adelbert, dem ganz sonderbar bei diesem schönen und
schrecklichen Traumgesicht zumute wurde, sah nur noch,
wie ein Mann im Bauernkittel wütend das Wappenschild
der Chamissos, einen stehenden und einen ruhenden Löwen,
von dem Tor im Burghof herunterriß. Dann zogen die
Pferde an, und der Schlitten mit den lebenden Überresten
von Schloß Boncourt fuhr eilig der Grenze zu. Am andern Morgen, als der Knabe erwachte und zu seinem

Feigenbaum heruntergehen wollte, erzählte ihm die Mutter mit Tränen, daß alles eingeäschert sei, und nach wenigen Wochen sah er sich mit den Seinen in einer elenden Miets=wohnung zu Düsseldorf am Rhein, wo die völlig mittel=losen Eltern mit sich zu Rate gingen, ob ihr vierter Sohn Adelbert oder vielmehr Louis Charles Adelaide Comte de Chamisso, Vicomte d'Ormond et Seigneur de Boncourt, nicht am besten zu einem T i s ch l e r in die Lehre treten sollte.

Der z w e i t e bedeutungsvolle Tag im Leben unseres Dichters war im Herbst des Jahres 1805. Er war mittlerweile, da seine Hände doch zu viele vornehme nichtstuende Ahnen gehabt hatten, um das Schreinern erlernen zu können, Page am preußischen Hofe und dann Leutnant im preußischen Linien=Infanterie=Regiment „von Goetze" geworden. Aller=dings brachte er auch für dieses Handwerk nicht das rechte Talent mit. Der Sinn für die Wichtigkeit der Gewehrgriffe oder des Lederzeugs und die Bedeutung der Feldsignale ging ihm völlig ab, so daß er vor seinem Oberst durchaus nicht die rühmliche Rolle wie später vor Apollo gespielt hat. „O dieser Oberst!" schrieb er nach Jahren auf seiner Welt=reise in dem Hafen von Hawaii in sein „Tagebuch", als er wieder einmal wie unsereins von der Schule von ihm geträumt hatte, „er hat mich, ein schrecklicher Popanz, durch die Meere aller fünf Weltteile, wann ich meine Kompagnie nicht finden konnte, wann ich ohne Degen auf die Parade kam, wann — was weiß ich, unablässig verfolgt, und immer sein fürchterlicher Ruf: „Aber Herr Leutnant! Aber Herr Leutnant!"

An jenem Herbstabend Anno 1805 kam unser Chamisso
spät vom Dienst aus seiner Kaserne zu Potsdam. Man
hatte ihm soeben mitgeteilt, daß der Krieg mit Napoleon
und Frankreich nun bald bevorstehe, und daß man Marsch=
ordre bekommen und ins Feld rücken würde. Chamisso
warf noch einen Blick auf das kahle zweistöckige Soldaten=
haus, lauschte den Hörnern, die an allen vier Ecken des
Kastens zu Bett bliesen, und wandte sich seufzend zum
Gehen, wobei er über seinen Degen stolperte. „Sie alle
haben ihre Heimat und ihr Vaterland," grübelte er vor
sich hin, „auf das sie stolz sind, und dem sie dienen können!"
Seine Eltern und seine Geschwister waren längst wieder
über den Rhein heimgekehrt, und suchten unter Napoleon
das wiederzufinden, was sie unter Ludwig verloren hatten.
Er allein besaß kein Vaterland mehr unter und hinter sich,
und gegen das, was er gehabt hatte, sollte er nun das
Schwert führen, das ihm an der Seite baumelte. Eine
bittere Melancholie überkam ihn, und seine Seele ward tief=
traurig in dieser erbärmlichen, erbärmlichen Welt. Die Wut
seiner Kameraden gegen Napoleon, die dieses Genie immer
„einen Teufel und ein Scheusal" schimpften, konnte er nicht
mitfühlen. Und wie vermochte er erst die Franzosen zu
hassen, in deren Sprache er mehr als die Hälfte seiner Gedan=
ken dachte. Er zog heimlich auf der dunklen Straße seinen
Degen aus der Scheide und betrachtete ihn wehmütig, wie ein
Schmetterling sich ein Stück Bindfaden besieht, und er kam
sich plötzlich wie ein Chevalier ohne Land, ein Reiter ohne
Pferd oder wie ein armer Jude und Schlemihl vor, und es

schien ihm im trüben Schein der Potsdamer Öllaterne, als habe er sogar seinen Schatten verloren. Er weinte im Finstern ein paar stille Tränen zum Erstaunen der geraden Stadt Potsdam, in der nachts die Häuser exerzieren, und die so etwas höchst selten sah, und kam traurig wie eine Nachtmütze vor seine Mietswohnung. Oben an seinem Schreibtisch erst, bei seiner Studierlampe und vor seinen Büchern faud er, Shakespeare, Schiller und Goethe um sich, seinen Frieden wieder, und er übersetzte Rousseaus Ode:

> „Pourquoi, plaintive Philomèle,
>      Songer encore à vos malheurs?“

ins Deutsche, während drunten auf der Gasse ein betrunkener preußischer Patriot „Nieder mit Napolium!“ vor sich hingröhlte.

Der dritte Tag im Leben Chamissos, der uns sein Bild vervollständigt, war im Sommer des Jahres 1828. Vor dem Geschick, gegen Frankreich das Schwert zu führen, hatte ihn vor sechzehn Jahren die schmähliche Kapitulation der Festung Hameln, in der er mit seinem Regiment gelegen hatte, bewahrt. Er war nach Frankreich heimgekehrt und hatte versucht, wieder Franzose zu werden. Aber vergebens! Ein kurzes Gespräch mit Uhland, der zu gleicher Zeit mit ihm in Paris weilte, dünkte ihm schöner als eine Woche am Hofe Napoleons. Selbst die Verführungskunst der Frau von Staël, die gleich ihm eine Verbannte war, und die ihm um ein süßes Gramm mehr als eine Freundin zugetan war, machte ihn nicht wieder znm Franzosen. Es schien ihm, als könnte er nie mehr Ruhe finden. Es ging

ihm mit dieser schönen Frau wie mit seinem Vaterlande, sie
zog ihn an, und er floh innerlich vor ihr. So zwischen Frank=
reich und Deutschland hin und her gewürfelt, hatte er seltsamer=
weise seine Ruhe erst an seiner großen dreijährigen Weltreise
gewonnen, die er auf einem russischen Schiffe unternahm Wie
Peter Schlemihl den Verlust seines Schattens endlich ver=
gessen konnte, als er die Siebenmeilenstiefel gefunden hatte,
so erging es Chamisso, als er an den weltentlegenen glück=
lichen Inseln des Stillen Ozeans landete und angesichts
fröhlicher anspruchsloser sogenannter „Wilder" einsah, daß
für den weisen Menschen überall das Vaterland ist.
Nun war er schon seit zehn Jahren in Berlin, hatte den
Leutnantsrock längst vergessen und sich statt dessen mit Steinen
und Pflanzen angefreundet, die nach seinem Bekenntnis
„viel mehr Verstand als alle Rekruten hatten". An einem
Sommertage nun hatte ihn sein Freund Hitzig, auch ein
früherer Schattenleser, der sich darum ein „H" vor den
Namen „Itzig" gestohlen hatte, von der Stettiner Post
abgeholt. Chamisso, oder, — er hatte sogar jetzt einen
Titel hinter sich, — „der Kustos des botanischen Gartens
zu Berlin", war mit einer riesigen Botanisiertrommel und
einem Barometerkasten auf dem Buckel draußen in der
Mark gewesen, um „Heu" für seine Herbarien einzusammeln.
Nun wanderte er rüstig mit seinen guten Spazierhölzern
neben seinem Freunde die lange Friedrichstraße hinauf nach
Hause. Und als er die Leute hinter sich, die dem wunder=
lichen Mann mit den langen Haaren und der Botanisier=
trommel nachsahen, respektvoll flüstern hörte: „Der Dichter

Chamisso!" und als er bedachte, daß nach ein paar Schritten
ein Haus kam, in dem sein Weib auf ihn wartete und seine
fünf Jungen ihn mit dem Kriegsgesang „Arocha" von
den Sandwichinseln begrüßen würden, den er ihnen bei=
gebracht hatte, da wurde ihm so ausgelassen zumute, daß er
zum Erstaunen Hitzigs und der Friedrichstraße auf einem Bein
zu tanzen anfing. Ja, es war wahr geworden, was er kaum
gehofft hatte: Mit fünfzig Jahren war er zum deutschen Dich=
ter geworden, und war das heute, was Uhland der Deutsche
mit dreißig Jahren gewesen war, und aus dem „passivsten
Tier der Welt", wie er sich selbst in den Jahren des Hin=
und Herschwankens getauft hatte, war einer der fleißigsten
Menschen geworden. Er dachte daran und es wurde ihm warm
dabei, daß er mit dem „Heu" von draußen ein paar frische
Gedichte für seine Frau mitgebracht, der er von der Reise
geschrieben hatte: „Vergiß nicht die Rosen, vergiß nicht, die
Blumen in meinem Garten zu begießen, vergiß nicht, den
Sperlingen unter meinem Fenster Futter zu streuen, und ver=
giß nicht, den Jungen die Buchstaben beizubringen. Ich
bringe mich dir wieder ganz, wie ich dich verlassen habe."
Und auf einmal fiel er dem sprachlosen Hitzig vor lauter
Jubel auf der Straße um den Hals: „Weißt du, welches
Motto ich meinen gesammelten Gedichten voranstellen will?
Die Verse, die Goethe dem Tasso in den Mund legt, wie
er seine Dichtung seinem Fürsten bringt:

„Und wie der Mensch nur sagen kann: Hie bin ich!
Daß Freunde seiner schonend sich erfreu'n,
So kann auch ich nur sagen: Nimm es hin!"

6

# Heinrich Heine

Die Rheinländer haben unserm Volke und unserer Geschichte nicht viele große Männer geschenkt. In der kurzen
Spanne Zeit, der Handvoll von Jahrhunderten, die uns
moderne Deutsche von den mit Tierfellen bedeckten, Jagd
und Fischerei treibenden, unhistorischen Germanen, unseren
Vorfahren, trennen, haben die Rheinländer nur wenige
bedeutende Männer hervorgebracht, die einen gewaltigen,
bleibenden Anteil an der Kulturarbeit in unserem Volke
gehabt, die ihren Namen über die Jahrhunderte glänzend
und für die Geschichte Deutschlands unvergeßlich gemacht
haben.

Sachsen, Schwaben und Schlesien haben vor allem unserm
Vaterland in der Literatur, der Philosophie, in der Kunst
und den Wissenschaften die führenden Geister gegeben,
die das Gedanken- und Empfindungsleben unseres Volkes
geschaffen und zum Ausdruck gebracht haben. In wirt-
schaftlicher Hinsicht allen anderen Stämmen unseres Vaterlandes überlegen, haben die Rheinlande für die Kunst nur
ein verhältnismäßig keines Kontingent von großen
Meistern gestellt. Beethoven, den sie in der Musik haben,
ist eigentlich nur ein Zufallsrheinländer. Dreiviertel seines
Lebens hat er in Wien zugebracht, und der Grundcharakter
seines Wesens und seiner unendlichen Musik ist nicht
rheinisch gewesen. Goethe ist von Geburt ein Mittel-
franke, kein eigentlicher Rheinländer. Und der einzige auch
als Persönlichkeit bedeutungsvolle Dichter, den sie bisher

in der Literaturgeschichte aufzuweisen haben, der am Rheine
geboren und groß geworden ist, dessen Name, nennt man
die besten Namen, immer genannt werden wird, ist ein
Jude gewesen: Heinrich Heine.

Die meisten Literarhistoriker haben das Phänomen Hein=
rich Heine unter den Deutschen — denn ein solches ist er
unter unseren Dichtern gewesen und geblieben! — ledig=
lich aus seinem Judentum zu erklären versucht. Die
Selbstironie in seinem Wesen wie in seinem Dichten, der
Sarkasmus, mit dem sich fast ein jedes seiner Gedichte
zum Schluß selbst in den Schwanz beißt, die Spottsucht,
die hinter jedem Ernst nach seinem Witz sucht, das alles
hat man als ein Charakteristikum seines Volkes, seiner
Rasse bezeichnet und gegeißelt. Man muß zugeben, daß
sich diese skeptische, ironisierende Neigung, die mit sich
selbst gern Schindluder treibt, vielfach bei den Juden, die
jahrhundertelang wie die Kellertiere von der Sonnenseite
des Lebens und Wirkens ferngehalten worden sind, aus=
gebildet hat. Aber diese Selbstironie, diese Spottlust bei
den Juden, die sich meist in Kalauern und Börsenwitzen
ein Genüge tut, ist doch mehr Kopfarbeit und mehr
Galgenhumor, als eigene eingeborene Empfindung, mehr
eine Notwehr des Verstandes, denn ein Erbteil des Herzens.
So sehen wir ja auch unsere heutigen frei gewordenen
Juden immer weniger Gebrauch von einer bitteren Selbst=
bespottung machen, mit der sie einstmals vor Verzweif=
lung Rache am eigenen Schicksal nahmen. Nicht eigent=
lich jüdisch ist also diese Selbstironie, diese Zwiespaltigkeit

6*

des Juueru, die sich immer als Doppelgänger sieht, diese
unüberwindliche Scheu vor allem Pathetischen, diese
quälerische Lust, allem Ernsten eine Fratze zu ziehen. Nein,
alle, die Rheinländer sind, fühlen, daß dies ihre eigene
tragikomische Domäne der Empfindungen ist, daß Heine
nur das Echo ihres Herzens war, und daß sein Blut wie
das ihre geklungen hat, mag er immerhin außerdem ein
Jude gewesen sein.

Dieser Kern des Heineschen Wesens und Dichtens, diese
Angst vor der Phrase, diese Furcht vor der Lächerlichkeit,
diese Scheu vor den eigenen Tränen, die sich ihr Gemüt
zu zeigen schämt, die ist typisch rheinisch, die stammt aus
Düsseldorf und nicht aus Palästina. Wenn ihn jedes Große,
dem er im Leben begegnet, zwingt, ihm den Witz abzu-
gucken, wenn er alle Dinge, alles Erleben komisch zu nehmen
sucht, wenn er sich selbst in der Matrazengruft in Paris,
wo er die letzten acht Jahre seines Lebens fast gelähmt
zubrachte, zu einem schlechten Spaß machte, so ist das echt
rheinisch empfunden.

Aus dem Judentum Heines heraus hat man auch immer
den zweiten Hauptvorwurf begründet, mit dem man ihn
vor und nach seinem Tode wie einen herrenlosen Hund
beschimpft hat: Er sei kein Deutscher, kein Patriot, sondern
ein Verräter und Franzosenfreund gewesen. Nun sind die
Rheinländer ihrem Naturell und ihren Neigungen nach schon
mit dem benachbarten, weintrinkenden Volk der Gallier verwandt. Ja, sie fühlten sich durch häufige Berührung und
geistigen Austausch jahrhundertelang, eh' die Erbfeindschaft

entstand, als Halbfranzosen. Ein Vorwurf der erwähn=
ten Art trifft Heine also nicht so furchtbar schwer, wie die
Franzosenfresser glauben. Wir denken ja alle seit 1870
Gott sei Dank ein wenig anders und milder und mensch=
licher über diese Dinge. Wir geraten nicht gleich mehr in
furor teutonicus, wenn wir an Frankreich und Paris
denken. Der Gedanke: „Der Rhein, Deutschlands Strom,
nicht Deutschlands Grenze", berauscht uns nicht mehr so
wie unsere Voreltern, weil er uns selbstverständlich ge=
worden ist. Der Erz= und Erbfeind, in dessen Hauptstadt
wir in acht Stunden gelangen können, ist uns natur=
gemäß nicht mehr so fremd und fürchterlich als wie vor
fünfzig Jahren noch. Und es ist ein erfreuliches Zeichen
unserer Kultur, daß man begonnen hat, auch in den
Schulen unserer Jugend nicht mehr die Tollwut gegen
alles, was französisch heißt, einzuimpfen.

Denken wir nur kurz an die Zeit zurück, in der Heinrich
Heine vom Jüngling zum Manne reifte, also in dem Alter
war, in dem sich die politische Gesinnung im Menschen
bildet. Es war die Zeit für Deutschland, wo Metternich
Politik machte, wo die finstere Reaktion gegen jeden Fort=
schritt vom Rhein bis zur Memel die Gemüter nieder=
drückte. War es da einem Manne zu verdenken, wenn
er nach Frankreich hinüberschaute und sich hinübersehnte,
wo der durch die Revolution einmal entfesselte Wille zur
Freiheit sich nicht niederducken lassen wollte, sondern sich
hintereinander 1830 und 1848 aufbäumte und die Ge=
schichte aus ihrem Schlafe riß? Was hätte Heine tun

sollen? Hätte er Rhein= und Weinlieder dichten, oder
Friedrich Wilhelm III., seinen wortbrüchigen, oder Friedrich
Wilhelm IV., seinen unglücklichen Landesherrn, besingen
sollen? Konnte er das nicht ruhig den preußischen Hof=
poeten überlassen, die damals unser Volk tagtäglich mit
patriotischen Gesängen überschwemmten? Mußte es nicht
einen Mann, der den Wert der alten französischen Kultur
kannte und genoß, zum Spotte reizen, wenn Leute wie
Maßmann, der Dichter unseres „Heil Dir im Sieger=
kranz", die Franzosen als „Barbaren" beschimpfte?
Es ist wahr, Heine hat für Napoleon den Ersten geschwärmt.
Aber tat das nicht Goethe fast noch mehr, der erklärt
hatte, „dieser Mann ist viel größer als seine Feinde", der
immer von Napoleon wie von einem göttlichen Wesen
gesprochen hat! Sahen nicht die beiden Dichter mit ihrem
Blick für Menschengröße täglich in ihrem Leben die ge=
waltigen Segnungen aufwachsen, die Napoleon über
unsere alte Erde gebracht hatte? Schändet Heroenver=
ehrung einen Menschen? Ist sie nicht vielmehr das, was
ihn von einem Kammerdiener unterscheidet? Man ent=
sinnt sich der Stelle in Heines Buch: „Le Grand", wo er
erzählt, wie er zuerst Napoleon gesehen habe: Es war
in Düsseldorf. Heine war noch ein Knabe, als Napoleon
seinen Einzug hielt. Es war in der Hauptallee des Hof=
gartens, und der Knabe dachte gleich mit Schrecken an
die hochwohllöbliche Polizeiverordnung, daß man bei
fünf Talern Strafe nicht mitten durch die Allee reiten
dürfe. Aber — man denke! — der Kaiser ritt auf seinem

Schimmel im Sonnenschein mit seinem Gefolge mitten
durch die Allee! In diesem Geschichtchen hat man den
ganzen Napoleon, den Manu, der durch Polizeiverord=
nungen, Gebräuche, Gewohnheiten und Gesetzespara=
graphen mitten hindurchritt. Und die Begeisterung für
einen solchen Menschen hat man Heinrich Heine in der
damaligen heldenlosen Zeit verdacht!

Es stimmt fernerhin, Heine hat von der französischen Re=
gierung ein Jahreseinkommen erhalten und angenommen.
Aber was blieb ihm anders übrig in jener kläglichen Zeit,
da seine Schriften vom Bundestag in Deutschland ver=
boten waren und nur heimlich gedruckt und verkauft
wurden, ohne daß er im fernen Paris viel von den Ein=
künften zu sehen bekam. Hat nicht auch der urdeutsche
Hebbel damals Gelder von dem deutschfeindlichen Dänen=
könig in Empfang genommen, um sein Dasein fristen und
seiner Kunst leben zu können? Müßten wir uns nicht, statt
Heine daraus ein Verbrechen zu machen, unseres Volkes in
Grund und Boden schämen, das seine führenden Geister
hungern und betteln läßt, das so wenig Gefühl für seine
Würde und so wenig Liebe und Verständnis für die Kunst
hat, daß es den Beruf des Künstlers noch heutzutage
nicht genug achtet und stützt?

Nein, Heinrich Heine ist ein Deutscher gewesen, wenn er
auch die letzten fünfundzwanzig Jahre, fast die Hälfte
seines Lebens, in Paris gelebt hat. Das Heimweh nach
dem Land über dem Rhein, diese echt deutsche Gemüts=
krankheit, hat ihn bis zu seinem Tode geplagt. Seine

Muttersprache hat er, wie Richard Dehmel in seinem
prächtigen Gedicht zu Heines Ehren gesagt hat, mächtiger
gesprochen, als alle deutschen Müllers oder Schultzes.
Seine ganze schriftstellerische Arbeit in Frankreich war im
Grunde nichts anderes wie das Kulturwerk, zwischen
deutschem und französischem Wesen zu vermitteln, den
beiden Völkern Verständnis und Achtung füreinander beizubringen. Und dies ist ihm bei den damaligen Franzosen
so weit gelungen, daß ihre Dichter eine Zeitlang Deutschland gerne „le pays de Henri Heine", das Land Heinrich Heines, genannt haben.

Der einzige Vorwurf gegen Heine, der lauter als die beiden
genannten heute noch den Markt der Meinungen beherrscht,
ist der, daß er unsere deutsche Kunst verdorben, unsere
Lyrik vergiftet habe. Er selbst hat sich zuweilen den letzten
Romantiker genannt, hat seinen „Atta Troll" für „das
letzte freie Waldlied der Romantik" erklärt. In Wahrheit
stand er zwischen der Romantik und dem Realismus, der
unsere moderne Zeit beherrscht. Seine Jugend fiel in die
träumerische Zeit, da die deutschen Dichter in den Wald
der Poesie hinausritten, wie Heinrich von Ofterdingen, die
blaue Blume zu suchen, sein Ende in den Anfang der nervösen Zeit, wo Eisenbahnen und Telegraphen und Maschinen unser Blut unruhig aber nüchtern gemacht und die
Menschen so umgerüttelt haben, daß selbst die Dichter
nicht mehr träumen können oder wollen. Zwischen diesen
zwei Zeiten hat Heinrich Heine gestanden, und es heißt
nur die Zeit schelten, wenn man den Zwiespalt, der not-

wendigerweise dadurch in sein Dichten gekommen ist, tadeln will. Hätte er mit der alten Zeit versteinern sollen, hätte er den feigen Tod der Romantiker im Schoße der Kirche sterben sollen? Nein, er wußte und fühlte, daß es nichts Unwürdigeres und nichts Dummeres gibt, als die Ideale von gestern anzubeten, daß der, dessen Pulsschlag nicht mit dem seiner Zeit geht, schon tot ist, ob er gleich noch weiter lebt. Und so gab er sich seiner Zeit, wagte er es, modern zu sein, und eröffnete damit als erster unter uns Deutschen die Zeit der Kritik, in der die Dichter den Menschen und dann die Gesellschaft besahen, beurteilten und schließlich verurteilten.

Und darum hat er, dessen Ehre es ist, in unserer denkmalwütigen Zeit kein öffentliches Monument in Deutschland zu haben, sich einen Denkstein um uns verdient.

# Brentano der Dichter

Zu Dülmen, im finsteren Münsterlande, wohnte — man schrieb achtzehnhundertdreiundzwanzig — seit vier Jahren ein Mann, der mit seinen geringelten schwarzen Locken, die ihm um die hohe Stirn hingen, seinen dunklen italienischen Augen, seinem schönen ausdrucksvollen sinnlichen Munde in diese flache Gegend, wo Gehöft und kahle Heide einförmig umeinander standen und unter diesen derben flachsblonden dickköpfigen deftigen Menschenschlag so schlecht wie etwa die Schwalbe in unsern Winter hineinpaßte. Er hatte sich in einer breiten, niedrigen westfälischen Bauernstube eingenistet, in der er keinen andern Schmuck duldete als ein großes, buntes, hölzernes Kruzifix, das er von einem Küster im benachbarten Coesfeld gekauft hatte, und das mit rotgemalten Blutstropfen überronnen zu Häupten seines Bettes hing. In den ersten Wochen, als er dort wohnte, hatte auf der schwarzen altmodischen Bauernkommode noch ein schönes Frauenbildnis gestanden, unter dem „Sophie Mereau" zu lesen war. Und hinter diesem Namen war ein schwarzes Kreuz von einer zitternden Hand mit Tinte aufgemalt. Aber jetzt war dies schöne Bild, das wie ein Sonnenstrahl in dem düsteren Zimmer gewirkt hatte, verschwunden, weil der Fremde es verschlossen hatte und in einer Schieblade zwischen welken Efeublättern von ihrem Grabe verwahrte. Es war, als habe er das heitere Bild der Toten aus ihrer Jugendzeit nicht mehr ertragen: Dies Bild, das in seinen stillen Zügen noch nichts von dem

eigenen späteren Geschick wußte, noch nichts von jener entsetzlichen Nacht, da sie unter schreienden Schmerzen ein totes
Kind in die Welt stoßen würde, noch nichts von dem grauen
anderen Morgen, da sie voll Verzweiflung sich von dem toten
Kinde nachziehen lassen würde in Frieden und Schweigen.
Wie zum Hohne hatte ihn, den Überlebenden, dies glück-
selige Bildnis seiner einstigen Frau angelächelt, aus holden
kindlichen Augen, die zu sagen schienen, so etwas Schreck-
liches kann es nicht geben. Nun lag es im Schrank, den
Blick nach unten gekehrt, wie im hölzernen Sarge zwischen
den welken Blättern von ihrem Grabe neben der Zither mit
blauem Band, auf welcher der Fremde zuerst wohl abends,
wenn die Schatten kamen, gespielt hatte. Bis die Nähe
des blutenden Heilands am Kruzifix ihn davon zurückge-
schreckt und er sie verschlossen hatte. Mit schlaff gewordenen
Saiten lag nun die Zither gleich dem Bilde nach unten
gekehrt im Schrank, vergessen und tot wie seine Jugendzeit, und das Kreuz des Herrn hing triumphierend, einem
großen Vogel gleich, mit ausgespannten Flügeln als einziger Schmuck in der finsteren Kammer. Allabendlich aber
ging der Fremde auf die Gasse hinaus. Den Kopf zur
Erde geneigt gleich einem Geistlichen, schritt er an den
Bauernhäusern entlang, um deren Giebel am Sommer-
abend die Vögel schwirrten.

> „Es sang vor langen Jahren
> Wohl auch die Nachtigall,
> Das war wohl süßer Schall,
> Da wir zusammen waren"

zog es wie ein Traum durch seinen Kopf. Dann neigte
er die schöne Stirne noch tiefer, stierte auf den schwarzen
Erdboden und murmelte fünfmal ein Paternoster und zehn
Ave-Maria, wobei er die braunen Kügelchen des Rosen-
kranzes, den er stets um den Hals geschlungen trug, gedankenlos mit den Fingern abrollte. Vor einem niedrigen
einstöckigen Bauernhaus, in dem vorn eine Schenke war,
am Ende der Gassen, blieb er stehen. Eine Weile lauschte
er, mit den einst so glänzenden, jetzt lichtscheuen Augen in
das Abendrot blinzelnd, auf das Lied, das die Kinder hinter ihm sangen, die sich paarweise aufgestellt hatten und
das letzte Paar immer wieder durchs Tor kriechen ließen:

> „Macht auf das Tor, macht auf das Tor,
> Es kommt ein goldner Wagen.
>
> Wer sitzt darin, wer sitzt darin?
> Ein Mann mit goldnen Haaren.
>
> Was will er denn, was will er denn?
> Er will Mariechen holen!
>
> Was hat sie denn, was hat sie denn?
> Sie hat sein Herz gestohlen."

„O du verlorenes Wunderhorn", seufzte er laut und
wandte sich ab, seine Tränen in die Schatten des Hauses
zu verbergen. Die Türe stand offen wie eine Kirchtüre.
Durch einen langen schwarzen Flur ging es ins Hinter-
haus. Über die knarrende Wendeltreppe stieg er dort langsam hinauf zum ersten Stock. Aus der Kammer hörte
er seltsame Laute und Sätze kommen, wie: „O du liebes

Jesulein, du mein himmlischer Bräutigam, sie ist so schwer, deine Last, und so süß! Laß mich den Stein noch ein wenig tragen, gib ihn mir, du kannst nicht mehr, gib ihn mir! Oder soll ich dir die Nesseln im Weinberge aus= raufen? O das viele Unkraut! O die Nachlässigen im Gebete! Wie mir meine Hände von den Nesseln brennen! Mehr, mehr noch! Alle will ich vertilgen und ausreißen, meine Fingerknöchel tun mir weh! O wie süß!" Leise, ganz leise stieß Brentano die Türe auf, die zu dieser Stimme führte. Da lag im breiten eichenen Bauernbett eine wäch= serne weibliche Gestalt, Kopf und Brust emporgerichtet und die Arme wie zwei dürre Stöcke von sich gestoßen. Ein weißes Tuch, um ihre Haare gewunden, hob die scharfen bleichen Züge mit den schwarzen Gruben unter den Augen un= heimlich ins Geisterhafte. Es war Anna Katharina Emmerich, die Tochter armer westfälischer Bauersleute, das fromme Nönnchen von Dülmen, die die Wunden unseres Hei= landes an ihrem Körper trug, der zuliebe Brentano, ein Mensch, der aus Goethes Geschlecht stammte, seit vier Jahren hier hinter dem Leben der Welt sein Dasein ver= brachte, ihre Gesichte und Offenbarungen zu betrachten, zu belauschen, zu beschreiben.

Als sie mit ihren weit aufgerissenen, ekstatisch verdrehten Augen den Freund, den „Pilger", wie sie ihn hieß, in dem Türrahmen stehen sah, sank sie, als hätte sie auf seinen Anblick gewartet, erschöpft aufstöhnend in die von ihrem Schweiß feuchten Kissen zurück. Noch in ihrem Sinken ergriff er zärtlich mit seinen beiden

Händen behutsam die mit der ehrwürdigen Signatur des höchsten Mitleidens bezeichnete Hand, dieses bei ihr nur geistige Sinneswerkzeug. „Wie steht es heute, Schwester Anna Katharina?" fragte er gedämpft, wie man in einer Krankenstube spricht. „Unaussprechlich schön!" kam es wie von weit her aus ihrem Munde. „Ich bin jetzt so ruhig und habe ein solches Vertrauen, als hätte ich nie eine Sünde begangen. Dies sind so gesunde Schmerzen. Ich weiß nichts mehr von der trüben, schmutzigen Welt. Unser lieber Heiland war bei mir, er hat mich mitgenommen, ich wollte bei ihm bleiben! ..." Aber plötzlich besann sie sich erschrocken und deutete mit dem Finger geheimnisvoll auf den Mund. „Aber ich darf um alles nicht davon reden", und schwieg und lehnte sich zurück. In dem Augenblicke flog die zahme Lerche, die in ihrem Zimmer oben über dem Fensterbalken nistete, auf ihr Kopfkissen, als sei sie allein dieser Geheimnisse wert. Die schwarze Krankenschwester aber, die bis dahin, ohne sich zu rühren, neben dem Bette gesessen und wie verzückt der Stimme der seligen Ekstatikerin gelauscht hatte, erhob sich und wischte der starr Daliegenden mit einem Schweiß= tuch die Angsttropfen von der Stirn. „Gelobt sei Jesus Christus, Schwester Luise", flüsterte Brentano und setzte sich der Schwester gegenüber auf den hölzernen Bauernstuhl auf der andern Seite des Bettes. Dann schwiegen die bei= den, neben der leise röchelnden Kranken sitzend, eine lange bedeutungsvolle Weile miteinander. Sie wußten, daß sie Braut und Bräutigam waren vor Gott, er, Klemens Bren=

tano, und sie, Luise Hensel, in der unsichtbaren Kirche Christi einander angetraut, aber auf Erden durch ihre Leiblichkeit eines von dem andern getrennt. „Erzähl etwas, Klemens", brach sie, durch das Schweigen verwirrt, das ihr wie eine Sünde vorkam, die Stille. „Du weißt, sie hört es gerne", sagte sie mit einem liebevollen Blick auf die im Halbschlummer bei den toten Heiligen weilende Kranke hinzu.

Und Klemens begann ihr aus der Chronika eines fahrenden Schüler leise weiterzuerzählen. „Ich bin noch vielfach herumgeirrt durch die Lande, ehe ich meinen Herrn und Meister Jesum Christum gefunden habe und von ihm wert befunden ward, seine Wunder und seine Wunden zu verehren. Denn ich war hoffärtig von Kindheit an, weil ich aus einem vornehmen Hause stamme, darinnen Klugheit, Witz und Weltlichkeit umgingen seit Väter Zeiten. Und ich ward mit viel Fürwitz empfangen und bei Reichtum und Dünkel in die Schule geschickt. Und späterhin ging ich mit lauter klugen Gesellen um, an allerhand Orten, in Jena und Berlin, die vermeinten, das Reich Gottes mit ihrer flachen Hirnschale erobern zu können. Durch sie verlockt wie einst du durch den Bann der falschen Lehren Luthers ließ ich gleich Parzival jahrelang in der Irre. Aber immer brannten die himmlischen Tropfen, mit denen ich unter der Patenschaft des letzten Kurfürsten von Trier, des Erzbischofs Klemens Wenzeslaus, dereinst zum katholischen Christen getauft worden bin, wie Feuer auf meinen Scheitel, so daß ich nur mit ewiger Reue ein solch weltliches

Leben geführt habe. Und ob ich mich auch an ein Weib verloren habe, der Gott die ewige Seligkeit schenken möge, ich bin dessen wie aller Irrwege zum Heil niemals aus Herzensgrunde froh geworden. Und erst als ich dich fand, du gleich mir Bekehrte, du sanfte, barmherzige Zuhörerin meiner Leiden, du Trösterin, du mein liebes, neues Leben, du Heiligtum, in deren Nähe alle Furien weichen, als du mir deinen Mund entzogst und mit deiner Rechten auf das Kreuz mich wiesest, das immerdar durch alle Nebel um mich golden zu mir gestrahlt, da ward es Ruhe und Meeresstille in mir. Da wurde ich inne, daß alle meine Träume, deren Wollust ich seit meiner Kindheit am Rheine genoß, da ich am liebsten die Welt in einem Spiegelglas umgekehrt verzaubert betrachtete, nur Wolken waren, in deren Anblick ich mich beim Aufstieg des Kreuzwegs nach Golgatha verloren hatte. Dort, wo deine Hand hinwies, hing mein Herr und Heiland mit nach uns ausgespannten Armen am Stamm, die köstlichste Frucht, die der Baum der Menschheit getragen hat. Dort unter dem ewigen Licht, wo der Bronnen seines Blutes rinnt, haben unsere Geister im Gebet sich gefunden und vereinigt."

Er reichte der barmherzigen Schwester, seiner unkörper= lichen Geliebten, von Rührung ergriffen, über das Bett der seraphischen Kranken seine zitternde Hand. „Stille! Stille nur", kam es von den Lippen seiner Vermählten in Christo, und mit ihrem weißen Finger wies sie auf die bleiche Nonne, die sich langsam wie ein Gespenst aus ihren Kissen wieder emporhob. „Es kommt über sie," fuhr sie fort, „morgen ist Freitag, der rote Todestag unseres Herrn, an dem ihre Wunden bluten müssen." Das verzückte Lallen der stigmatisierten westfälischen Nonne erhob sich von neuem mit seinen halb kindlich, halb priesterlich monotonen Lauten. Es hallte, wie das Echo einer Abend=Litanei von den Steinwänden eines Kirchengewölbes hallt. „Herr, hilf doch! Komme doch, Jesu! O Herr, o Herr, komm! Meine Kräfte reichen nicht mehr. Sie sind zu schwer für mich, alle diese Leiden, die ich für andere tragen muß. Da ist eine arme Frau, ganz deutlich sehe ich sie, die an Brust=wassersucht leidet, mit der muß ich leiden, für die muß ich leiden. Wir sind alle ein Leib in Jesu Christo! O hilf mir, mein himmlischer Bräutigam, ich liege auf dem Kreuz, es ist ja bald aus. O Herr, hilf doch!" Immer stoßweiser ging ihr Atem, immer heftiger arbeitete ihre arme Brust. Da beugten sich die beiden Menschen zu seiten des Bettes, die miteinander lauschend diese sublimierte Wollust genossen, voll Sorge über die ekstatische Kranke. Und sie sahen mit Schaudern, wie sich die Male und Zeichen der Nonne zu röten begannen, und wie ihre Stirne, ihre Brust und ihre Seite aus aufbrechenden Wunden bluteten.

„O holt mir meine Seelenspeise", wimmerte das Nönnlein mit schwacher Stimme. „Gebt mir von dem heiligen Öle! Es durchdringt jedesmal wie ein stärkender Tau alle meine Gebeine. Ich hungere nach meinem himmlischen Gott und Herrn!" —

Luise Hensel gab dem Freunde ein stummes Zeichen. „Es steht schlimm um sie. Gehen Sie, ihr den Priester zu holen!"

Und hinaus in die Schatten schritt beim Klang des An=
gelus für die stigmatisierte Nonne Emmerich, dies Häuf=
lein rundes Fleisch, in der nahen Pfarrkirche das letzte
Sakrament zu bestellen, Klemens Brentano, der größte
Volksliederdichter der Deutschen, der Bruder der freien
Bettina, das Pflegekind der sonnigen Mutter Goethes, der
später geisteskrank wurde, den die katholische Nacht ver=
schlang.

# Eduard Mörike

Kleversulzbach, ein Flecken von 600 Einwohnern mit schwä-
bischem Dialekt, zwischen den drei Oberamtsstädten Heilbronn, Weinsberg und Neckarsulm gelegen, war in großer
Erregung. Denn die entsetzliche wochenlange pfarrerlose Zeit,
da sich die Gemeinde bei Kindtaufen, Hochzeiten und Be-
gräbnissen mit jungen unwürdigen Vikaren behelfen mußte,
denen nichts im Gesicht stand als das Tübinger Stift,
Homiletik und gute Vorsätze, war vorüber. Heute sollte
der neue Pfarrherr in das mit Ackerblumenkränzen und
einem vom Anstreicher des Dorfes mit roten und grünen
Buchstaben neu bemalten Willkommenschild geschmückte
Pfarrhaus einziehen. „Eduard Mörike hieß er und stammte
aus Ludwigsburg, war also Gott sei Dank ein Schwabe
von Geburt", mehr wußte der Dorfschulze nicht von ihm zu
berichten. Denn daß er das theologische Studium nur mit
mittelmäßigem Erfolge absolviert hatte, und daß auch in
seiner sittlichen Führung hin und wieder etwas auszusetzen
gewesen war, wie dies alles in den Papieren und dem keineswegs glänzenden Schulzeugnis des jetzigen Herrn Hoch-
würden zu lesen stand, das verschwieg der Schulze vor-
sichtigerweise der höchst sittlichen Gemeinde von Kleversulzbach. Desgleichen auch die Stelle aus dem Briefe des
Pfarrers, bei dem der junge Mörike zuletzt Vikariatsdienst
versehen hatte, und die da lautete: „Vikarius Mörike
zeigte bei mir eine fast sündhafte Neigung zur Musik, und
zwar leider zu der ungeistlichen. So hat er in der ganzen

Zeit von acht Wochen, die er bei mir war, keinen Tag
vorübergehen lassen, ohne sich nicht etwas aus dem ‚Don
Juan' des Mozart vorzuklimpern. Sonst ist mir noch un=
angenehm an ihm aufgefallen, daß er in gelegentlichen
Disputen über den Wert der verschiedenen Religionen, falls
es einem überhaupt gelang, ihn da hinein zu verwickeln,
bisweilen eine sonderbare schwärmerische mystische Vorliebe
für den Katholizismus äußerte."

So viel oder so wenig Ungünstiges wußte der Ortsvorstand
von Kleversulzbach über den neuen Pfarrer Mörike. Die
Klatschbasen aber, die auch hier wie das Unkraut überall
gediehen, wußten außerdem noch ein paar keine hübsche
Sächelchen von ihm. So zur Hauptsache, daß er noch
unvermählt sei und zusammen mit seiner Mutter hause
und einer Schwester, die er zärtlich liebe, und die ihn
recht im Essen und in der Bequemlichkeit verwöhnt habe,
so daß er zimperlich wie ein Apotheker sei. Sodann —
und dies war ja noch viel interessanter —, daß er bereits
einmal zu heiraten probiert habe, indem er schon vier
Jahre lang verlobt gewesen sei, natürlich mit einer Pfarrers=
tochter, und zwar aus Plattenhardt. Aber zur Hochzeit
sei es nicht gekommen, weil er der Jungfer aus Platten=
hardt nicht fromm genug gewesen war.

Das Interessanteste jedoch, was es von ihm zu klatschen
gab, war, daß er einmal als Student der Theologie in
Tübingen eine Zeitlang gemütsleidend gewesen war, und
zwar aus Liebe zu einem überspannten jungen Ge=
schöpf aus der Schweiz, die unstet herumreiste und

für die das schwäbische Wort „rappelköppig" recht
wie erfunden zu sein schien. Sie hatte den jungen der-
maligen Kandidatus Mörike aber mit ihrem Irrsinn so
angesteckt, daß er sogar Verse auf sie gemacht und sie unter
dem Namen „Peregrina" besungen haben sollte. Bis
sie dann wie ein Irrlicht plötzlich wieder verschwunden
sei und dem Herrn Kandidaten statt der „rot Fastnachts-
kleider", in denen er eine Weile zu stecken glaubte, wieder
die ehrsamen schwarzen langen Theologenrockschöße hinten
angewachsen waren.

Während so Kleversulzbach, mit der nötigen Zurückhal-
tung natürlich, da es sich um einen Pfarrer handelte,
über Mörike sich unterrichtete, wobei die guten alten
Sprichworte: „Ein toller Most gibt einen reinen Wein",
oder „Gut Ding will Weile haben" zum Niederschlagen
etwaiger Unruhen angewandt wurden, zog unser Dichter
und Pfarrer selber in aller Seelenruhe in sein Dörfchen ein.

Es war ein nicht gar großes, nicht gar flinkes bedächtiges
Männlein im dunklen Überrock, nicht zu fett, aber auch
beileibe nicht zu dürr, mit lockigem, blondgrauem Haar,
einem rundlichen, würdigen Gesicht und einem kleinen feinen
Stöckchen in der Hand. Seine schelmischen stillen Augen
standen sehr nahe unter der Stirn zusammen. Durch eine
altmodische goldene Brille sah er sich alles geruhsam an,
die Pfarre, die Diele, in der es spuken sollte und in der
nachts die sündige Seele eines früheren, in den Wein verliebten Pfarrers herumpolterte, die braune Treppe und

sein Predigtstüblein mit dem alten mit Fabeln und Legenden bemalten Kachelofen. Dann trat er aus der Flurtüre
unten in den Garten hinaus, freute sich auf die Gockel-
hühner, die in dem Stall bald herumstolzieren würden,
beschaute sich den kahlen Gartensaal mit den verschimmelten
Fresken, die nur darum so schön waren, weil man nichts
mehr von ihnen sehen konnte. Die Äolsharfe, die draußen
zwischen Efeu im Fenster stand, ließ zu Ehren des neuen
Pfarrers ein paar traurige langgezogene Töne erklingen,
die Mörike wie die Stimmen seiner verstorbenen Vor-
gänger in die Ohren drangen. Dann wandelte er durch
den Obstgarten weiter, in dem unter der Junisonne die
Äpfel süß und die Pastorenbirnen saftig wurden, und kam
an das Hinterpförtchen, das ins freie Feld abseits vom
Dorf hinausführte. Und als er die Türe, die sich schwer
auf rostigen Angeln drehte, nach außen aufstieß, sang sie
ihm zum Willkommen die Arie aus Mozarts „Titus" vor:
„Ach! Nur einmal noch im Leben!"
Indessen war draußen auf der Straße vor dem Pfarrhaus auf einem Leiterwagen das Hausgerät Seiner Hoch-
würden angelangt. Und ganz Kleversulzbach half, mehr
noch aus Neugierde als aus Menschenliebe der Mutter und
der Schwester des neuen Pfarrers beim Auspacken und
Einräumen. Man schob das Spinett in die Diele, Kinder
trugen die vielen dicken Bücher in die Stube zum Pastor
hinauf. Geranientöpfe wurden vor jedes Fenster gestellt,
und den Junokopf, der jeden an dieser Stätte in der Hand
genierte, setzte schließlich Mörike zum Entsetzen aller mitten

auf sein Pult und schob, damit er nicht wackeln konnte, einfach die Bibel darunter.

Dann wurde die Hausmenagerie untergebracht, die Gold=fische, die Distelfinken, der Hund und die Katze, wobei der Hausherr folgendes Vierklassensystem für die Tiere entwarf: „1. stinkende und zugleich singende, 2. rein singende, 3. rein stinkende und 4. solche, die weder stinken noch singen." Zum Schluß kamen dann die Raritäten in ihre Schub=fächer oder auf ihre Schränke und Wandgestelle: Die Münzen, Autographen, Altertümer, Kruzifixe, Versteige=rungen und vor allem die Hausapotheke. Und man war mit alle diesem kaum zur Hälfte fertig, als schon die Sterne in goldenen Haufen über Kleversulzbach herauf=zogen und den Gerechten nicht schöner als den Ungerechten leuchteten. Und bald war es draußen auf den Dorfstraßen ganz still und friedlich wie am Versöhnungsfest.

In dieser Idylle verlebte Mörike das wichtigste Jahrzehnt seines Daseins. Hier konnte er die ersten fünf Tage in der Woche — denn vor Freitagabend dachte er nicht ans Predigen — dichten, sammeln, zeichnen, schnitzen, gravieren, mit seinen ungewöhnlich geschickten Händen an allerhand Dingen herumbasteln, mit seinem beweglichen Gesichte Fratzen schneiden und an sich als großer Hypochonder, der er war, nach Herzensqual herumquacksalbern. Hier konnte er vor allem, was nach dem Dichten das Schönste für ihn war, herumfaulenzen wie ein Neapolitaner. Wie schön waren die Tage, wenn man nichts zu tun hatte, wie den fleißigen Bienen zuzusehen oder auf dem Rücken im hohen Grase zu liegen, bis irgendeine Stimme rief: „Herr Pfarr! Das Essen ischt fertig", und man sich am Abend wie ein Held vorkam, wenn man einen Brief geschrieben hatte. Freilich auch in der Korrespondenz darf man sich nicht zu sehr überspuren, und der biedere Theodor Storm, der seinem schwäbischen Bruder in Apoll seine „Sommergeschichten und Lieder" mit einer prächtigen Widmung zugesandt hatte, mußte zweieinhalb Jahre auf eine Antwort warten. Um sich das Vergnügen des Faulenzens und Spintisierens noch mehr zu Gemüte führen zu können, hielt sich Mörike meist in Kleversulzbach noch einen Vikar für seine Gemeinde, der Taufreden und Grabpredigten da capo halten mußte. Doch wenn er in jenen zehn Jahren in Kleversulzbach auch nicht mehr getan hätte, als das Gedicht vom „verlassenen Mägdlein" oder von dem „alten Turmhahn" zu machen, so könnte er von uns aus noch weitere zehn Jahre zum Faulenzen bekommen.

Den Rest seines Lebens verbrachte der Dichter, der zum Pfarrer im Grunde so wenig wie Schiller zum Medikus paßte, in Stuttgart als Lehrer keiner Mädchen am Katharinenstift, der einzige große Schwabe nach Schiller, der dieser ihrer schönen Hauptstadt durch seine Gegenwart etwas Athenisches verliehen hat. Er probierte noch einmal zu heiraten. Aber dieses zweite Experiment mißlang dem scheuen, lässigen, in sich gekehrten, wetterwendischen Herrn noch mehr und endete nach mancher perturbatio domestica mit Tränen und Türenschlagen und einer schließlichen Trennung „auf unbestimmte Zeit". Daraufhin

zog der alte Junggeselle mit einem Töchterchen wieder zur
Schwester hin und wartete zwischen Goldfischen, Ver=
steinerungen, Noten und Gedichten geduldig auf den Tod,
der dem Siebenzigjährigen das Licht aus der Hand blies.
Seinen vornehmen, auserlesenen Geschmack, diese seine
beste Qualität, bewies er noch, indem er sich Anno 1870
nicht flugs über Nacht als patriotischer Dichter begeistern
kounte und drum nicht gleich mit in die laute ungestimmte
Fanfare hineingestoßen hat.

Sein Ruhm, der zeit seines Lebens nur ganz bescheident=
lich wie „auch einer" geleuchtet hatte, weit überstrahlt von
den hohen Namen eines Uhland, Kerner und Schwab,
erwies sich auf einmal als dauernder denn das ganze
Urteil seiner Zeit. Und heute gilt uns Mörike neben Schiller
und Hölderlin als einer der drei großen Griechen aus
Württemberg, dessen Verse nicht minder lange blühen
werden als die des von ihm gefeierten Anakreon. Denn
ein rosiger Hauch haftet an jeglichem seiner Lieder.

# Der Graf Platen

Was waren das für glückliche harmlose Zeitläufte bei uns, da man in Deutschland noch nicht, wie die Franzosen scherzend sagten, „die Homosexualität entdeckt hatte"! Da konnten die Literarhistoriker noch des Dichters Platen gedenken, ohne dieses Problem seines Daseins und Dichtens überhaupt erwähnen zu müssen. Da gab es für den deutschen Gelehrten derlei nur bei Sueton im neronischen Rom oder in Griechenland, beileibe nicht in unserem frommen, friedfertigen, moralischen Vaterland, in dem man sich darum über solche Sachen nicht einmal empören mußte, weil sie eben totgeschwiegen wurden. Heute in unserer verfluchten, ehrlichen, die Menschen allesamt öffentlich abstempelnden Zeit ist man, will man kein Falschmünzer oder Duckmäuser heißen, geradezu genötigt, das Rätsel, das Platen wie jeder bedeutende Mensch seinem Volke aufgab, von dieser Seite aus zunächst zu lösen. Seine Tagebücher lassen keinen Zweifel, daß der Dichter ein völlig konträr sexual empfindender Mensch gewesen ist, daß er sich fortwährend, und zwar auf das heftigste, Frauen gleich in Männer verliebt hat. Schon auf der Kadettenschule in München, auf die ihn seine adligen Eltern, die nach Väterweise einen Offizier aus ihm machen wollten, mit zehn Jahren von Ansbach gebracht hatten, fing es an. Eine vielleicht angeborene Neigung wurde so durch den ausschließlichen Verkehr mit Männern, meist jüngeren Alters, auf das unseligste gereizt und verstärkt. Nichts ist bekanntlich gefähr-

licher für die Gesundheit der Liebes= und Geschlechtsemp=
findungen — alle in Internaten aufgewachsenen Menschen
bestätigen es! — als der einseitige fortwährende Verkehr
mit Gleichgeschlechtlichen und die intime Vertraulich=
keit, die durch das stete zwangsgemeinsame Leben erweckt
und genährt wird. Es ist erschütternd in diesen Tage=
büchern zu lesen, wie zart erst auf den Zwischenstufen
zwischen Knabe und Jüngling die Liebe diesen noch schlum=
mernden wie eine Pflanze lebenden Poeten ergriff. Die Liebe
zu einem Mann natürlich, denn Frauen oder „Weiber", wie
er bezeichnenderweise sagt, hatte er kaum gesehen. Und zwar
zu einem jungen blonden französischen Grafen, von dem er,
vom Kadetten zum Hofpagen aufgerückt, wie ein junges
Mädchen von seinem Ideale schwärmt, ohne daß er je=
mals ein Wort mit ihm zu sprechen wagte. Noch hätte eine
entschlossene Erziehungsweise, ein erfahrener, vornehmer,
älterer Mann vielleicht diesen weichen Knaben umbiegen
und sein Herz und seine Physis auf das andere Geschlecht
hinlenken können. Aber der fehlte eben dem Jüngling wie
dem Kinde. Denn sein Vater in Ansbach hatte Wich=
tigeres zu tun, hatte Forsten zu besichtigen und junge
Bäume zu behüten und über die harten napoleonischen
Zeiten zu seufzen, und konnte sich nicht um die Seele seines
in zweiter Ehe spätgebornen Knaben bekümmern.
So sehen wir den jungen Pagen Platen immer mehr in
die Liebe zum eigenen Geschlecht verstrickt. Dem Idealbild
des jungen blonden Franzosen folgt ein bayerischer Prinz
als Gegenstand seiner Neigung, und bald muß er sich ge=

stehen, daß er sich am meisten in ungemischter Männer=
gesellschaft schüchtern fühle, weil die Zartheit der Weiber
seinem Wesen innewohne. Immer bedenklicher, gefährlicher
wird diese unglückliche Veranlagung. Als er faute de mieux
sich entschloß, Leutnant zu werden, wurde ihm der Abschied
vom Pagengalakleid schwer, das ihm so teuer war, wie
weiland Werthern sein blauer Frack, in dem er Lotten zum
erstenmal gesehen, weil — armer verirrter Knabe! — einen
Augenblick lang des Franzosen schöne Hand darauf geruht
hatte.

Bald wird er dann immer widerstandsloser das Opfer
seiner Perversion, die ihn wechselnd, gleich einem Schmetter=
ling im Sturm, von einer Neigung zur anderen treibt.
Meist ohne Erwiderung seiner Leidenschaften zu finden.
Aus einem jungen Offizier, Friedrich von Brandenstein,
den er im Alter von achtzehn Jahren wie ein Backfisch
bei einem Konzert und Deklamatorium in der Münchener
Harmonie kennen lernte, und den er in seinem Tagebuch
wieder wie ein Backfisch als „Federigo“ anschwärmt, be=
kommt er nur die Worte „Gut“ und „doch“ als Entgeg=
nung auf seine Fragen heraus. „Er ist blond wie der
französische Graf“ — immer wieder kommt er auf diesen
ersten Geliebten zurück —, „aber er scheint sehr monoton
zu sein“ muß er sich sagen. Er freut sich darauf, seinem
Federigo, der mit seinem Regiment gegen den von Elba
entsprungenen Napoleon ins Feld ziehen mußte, nach
Frankreich folgen zu können, wo die groben und abscheu=
lichen unsittlichen Schriften, die er in den Bibliotheken

mancher Quartiere aufstöbert, sein Zartgefühl verwundeten.

Sonst unblessiert heimgekehrt, wechseln flüchtige Passionen zu Freunden und Fremden in seinem Busen wieder mit ernsten Leidenschaften, so zu einem Hauptmann, den er „mein Wilhelm" nennt, bis er auf einmal, mit ihm auf die Wache ziehend, zu seinem Entsetzen entdeckt, daß er gefühllos „wie ein Stein" ist und keinen Begriff von Liebe und Freundschaft hat.

Mehr und mehr von dem kalten soldatischen Gamaschendienst in den kriegsmüden Zeiten nach Napoleon angewidert, wirft er sich auf Sprachstudien, für die er ungewöhnlich begabt ist, und erlernt schnell Lateinisch, Griechisch, Persisch, Arabisch, Italienisch, Französisch, Spanisch mit besonderer Vorliebe, Schwedisch, Englisch und gar Holländisch. Bald erlangt er durch die ihm von seinem König gewährte Entlassung aus dem Militär volle Studierfreiheit, der er sich in Würzburg unter Döllinger und in Erlangen unter Schellings Einfluß mit der ganzen Wißbegierde seiner zweiundzwanzig Jahre hingibt. Nene Lieben, neue Freuden, neue Schmerzen erwarten den vom soldatischen Zwang befreiten Jüngling auf der Universität. Diesmal heißt das ahnungslose Opfer seiner Leidenschaft Eduard Schmidtlein, ein simpler Junge allem Anschein nach, den er zuerst wieder „Adrast" nennt, und von dem er in sein jungfräuliches Tagebuch — er versteckt sein Herz jetzt gern hinter die französische Sprache — schreibt: „Il est beau comme Apollon et vigoureux comme Hercule."

Die traurige absonderliche Abentüre mit diesem guten Jüngling, den der Dichter auf der Straße mit Maiglöckchen
beschenkte, den er belehrte und zu edler Lektüre anregte,
und der seine warme Neigung kühl erwiderte, ist ergreifend
in den Tagebüchern zu lesen. Bis zu jenen Worten, bei
denen man sich nach der Existenzberechtigung des § 175 in
unserm Strafgesetzbuch fragen muß, die lauten:

„O mein Eduard, morgen sind es vier Monate her, seit
wir zärtlich voneinander Abschied nahmen. Wir sollten
uns niemals wiedersehen, wir haben es nicht vermutet.
Ich habe noch zwei Rosen von Dir, die ich heute fand,
eine rote und eine weiße; sie sind vertrocknet, aber sie
duften noch. Und meine Tränen fließen noch. Wir haben
es nicht vermutet."

Dabei hat Platen — man fühlt es aus all diesem Zarten
heraus, nicht wahr? — nie an eine physische Hingabe und
Vereinigung mit seinen von ihm geliebten Freunden gedacht.
Er ist später in Italien, in Neapel, ganz erstaunt, als er
hört, daß so etwas möglich ist. Seine feine Seele zittert
vor solchen Akten, und die Liebe zum eigenen Geschlecht
hat ihn — diesen Fluch der Natur hat sie mitbekommen! —
niemals befriedigt. Sein Wesen war gegensätzlich zu Oskar
Wilde gar nicht auf faktische Ausschweifung gerichtet.
Er litt christlich gräßlich unter seinem „Anderssein", das
ihn in die größte Melancholie und Menschenscheu geworfen
hat. Sein ganzes Gesicht, die schöne, aber scheue Stirne
und der verkniffene eingezogene Mund mit seinem un=
männlichen, süßlich=schüchternen Ausdruck, alles dies sieht

aus wie das fleischgewordene schlechte Gewissen. Die letzten
acht Jahre verbrachte er, von seinem Bayern-König Ludwig
unterstützt, ewig wandernd unstet in Italien. Kreuz und
quer hat er dies Land durchzogen von Stadt zu Stadt
und jeden Punkt, der ihm dort gefiel, als ein poetischer
Baedecker mit einem Epigramm oder einem Sonett oder
einer Ode gefeiert. Bescheiden wie ein Franziskaner vermochte er mit geringem Geld dieses rastlose Wanderleben
in der Fremde zu führen. Nicht nur seine krankhafte
Geschlechtsliebe trieb ihn scheu aus seinem ·Volke in die
Wildnis. Auch die geringe Anerkennung, die man daheim
seinem Schaffen entgegenbrachte, die Lobhudelung falscher
Dichterpropheten neben ihm durch das Publikum, machte
ihn vor Schopenhauer und Nietzsche deutschlandkrank.
Seine Gereiztheit reagierte in den nach Grabbes Literatur-
spaß beiden besten, wenn nicht einzigen literarischen Komödien, die wir haben, in der „verhängnisvollen Gabel"
gegen Müllner und die Schicksalstragödianten und im
„romantischen Ödipus" wider Immermann und Heine,
seine beiden persönlichen Feinde. Denn „Feind" war ihm
jeder, der seine Verse nicht vollendet fand, die er stets
gerne seinen Freunden vorlas, vielmehr „vorsang", wie ein
Ohrenzeuge berichtet, oder auch sich allein „im Pinienhain,
an den Buchten des Meers, wo die Well abfließt voll trie-
fenden Schaums", vorsprach, wo er einsam wandelnd sich
an der Fülle des eigenen Wohllauts berauschte.
Man nimmt heute, sofern man sich in Deutschland noch
für solche Fragen, statt für Propeller interessiert, vielfach

an, daß Heine in der Kontroverse mit Platen zu weit ge=
gangen sei. Mag sein. Aber wenn Schriftsteller miteinander
zanken, geht es bei uns selten manierlich zu. Und daß
Heine den Homosexualisten aus den Gedichten des Gegners
hervorholte und an die Wand malte, war schließlich nicht
schlimmer, als daß Platen ihn „den Petrarka des Laubhütten=
fests" geschimpft hatte, „dessen Küsse Knoblauchgeruch
absondern" — und dies alles nur, weil Heine ein höchst
harmloses Xenion Immermanns gegen den Gaselendichter
publiziert hatte. Die Verbissenheit, die aus Platens
aristophanischen Literaturkomödien gegen das Romantische,
als die derzeitige Mode in der Lesewelt und auf der Bühne,
mit der Wut eines Abseitsstehenden und Nichtanerkannten
knirscht, ist in ihnen oft stärker, als der Humor, den der
Dichter wider seine Gegner auftreiben kann. Der ist mehr
teutsch plump als attisch sein gesalzen, mehr kleinlich zän=
kisch als überlegen spielerisch wie bei dem Unikum Aristo=
phanes, wenngleich Platen in seiner sich selbst gedichteten
prahlerischen Grabschrift davon meint:

„Lustspiele sind und Märchen mir gelungen
In einem Stil, den keiner übertroffen."

Es ist kennzeichnend für Platen, daß er soviel Blut und
Zeit an die Literatur vergeudete, weil seine Veranlagung
ihn ebenso von dem aufreibenden Kampf der Geschlechter
wie von einem lebendigen Wirken in seinem Volke und
Staate scheu zurückhielt. Der Außenstehende flüchtete sich
in Klagen, Elegien, Gaselen und Festgesängen, stellte sich

und feiner formalen Begabung gern ſchwere metriſche Aufgaben, die er in metriſchen Verszeichen als ein Rechenexempel
vor ſeine Oden ſeßte, und iſt ſtolz, wenn er ſie gelöſt hat:

„Geſtirnerleuchtete Nacht, ergeuß
In mein Gemüt tiefſinnigen Geſangs unerſchöpflich
reichen Quell.“

Viel Kunſtvolles iſt ihm gelungen, deſſen Lieblingsblume
die künſtlich gemacht ausſehende Zierpflanze, die regelmäßige Tulpe war. Neben manchem Gequälten. Er,
der ſich ſtets ſoviel auf ſeine Sprache zugute tat, hat die
fürchterlichſten Verſe gedichtet, wie etwa die — und es
laſſen ſich noch viel ſchlimmere leicht herausfinden — mit
denen er „Hermann und Dorothea“ zu kritiſieren wagte:

„Holpricht iſt der Hexameter zwar; doch wird das
Gedicht ſtets
Bleiben der Stolz Deutſchlands, bleiben die Perle
der Kunſt!“

Weil ihm der Vers ſo leicht vom Munde floß, denn er
vermochte ſelbſt während der Erſtaufführung — man
deuke an unſere heutigen premièrebangen Poeten! — eines
ſeiner Stücke in Erlangen zum Schluß von der Bühne
herab in improviſierten Reimen zu dauken, darum ver-
meinte er, alles ſei herrlich geraten, was er in ſeinen Gedichten auf Stelzen laufen ließ. An Goethe, den er, wie
ein Templer ſeinen Großmeiſter, abgöttiſch verehrte,
ſchäßte er vor allem das Nachgedichtete, den Weſtöſtlichen

**8**

Divan, das Gebaute, Gebildete, Gemachte oder antiker Form sich Nähernde, während er das Volksmäßige bei ihm, „den Faust" etwa, so wenig wie Schillers Stücke und Verse beachtete. So sind auch Platens Schönstes die Sonette und die „Gaselen" geblieben, die der Fünfund= zwanzigjährige „dem Stern des Dichterpoles" Goethen widmete. In diesen unter seiner Sprache leicht gefügten, sonst so oft gekünstelt wirkenden Lobgedichten gibt sich seine zarte Seele in edler Weise preis. Sie haben in ihrer ganz be= herrschten Form bis auf unsere Zeit, so noch auf Stephan George und die Seinen, Einfluß gehabt. Gedichte wie:

Der Strom, der neben mir verrauschte, wo ist er nun?
Der Vogel, dessen Lied ich lauschte, wo ist er nun?
Wo ist die Rose, die die Freundin am Herzen trug,
Und jener Kuß, der mich berauschte, wo ist er nun?
Und jener Mensch, der ich gewesen, und den ich längst
Mit einem andern Ich vertauschte, wo ist er nun?

Noch ohne Bitternis, noch ohne Eigenlob singt hier der junge Poet seine Schmerzen, seine Lust und seine Sehn= sucht uns zu, ein feiner, halb geratener Mann, eine „links angehängte Null", wie er selbst sich einmal genannt hat, ein Paradiesvogel, der später zur Spottdrossel wurde. Scheu und schüchtern verbarg er das Rätsel seines Leibes, seiner Seele vor der Welt. In der Erde der Fremde, bei Syrakus, in dem Staube, den ein Äschylos, ein Pindar und Bacchylides durch ihre Schritte geweiht haben, liegt er begraben. Dorthin war er matt und krank von Neapel geflüchtet, „weil der protestantische Kirchhof m Neapel unweit der Bordelle liege, und es darum nicht poetisch sei, dort bestattet zu sein". Von Männern umringt, gab er an einem kalten Winternachmittag sein verkehrtes Wesen zur Heilung an die Natur zurück. Immergrüner Lorbeer wächst um seine Gruft.

# Theaterdirektor Immermann

Immermann und Grabbe, diese beiden Dichter, haben eine Reihe von Jahren ihres Manneslebens für das Düsseldorfer und damit für das deutsche Theater eingesetzt. Und wenn sie auch nach der Ansicht vieler Leute das Spiel verloren haben, ihr Einsatz soll ihnen darum doch unvergessen bleiben.

Sie sind beide am Ende auseinander gekommen und haben sich als ehrliche Feinde getrennt, weil sie von vornherein viel zu verschieden geartet waren, um einen langen Weg nebeneinander gehen zu können. Der eine, Immermann, war ein disziplinierter, entschlossener, unendlich arbeitsamer Charakter, ein Mann, der sich die Zeit dazu machte, die Klagen eines Schauspielers in seitenlangen Briefen Punkt für Punkt zu entwaffnen. Der andere, Grabbe, war eine ungeregelte, entschlußkranke, unendlich nachlässige Natur, ein Kerl, der sich nicht die Zeit dazu nahm, sich die Hose ordentlich zuzuknöpfen. Immermann war ein Beamter, dem es peinlich war, eine Minute zu spät zu kommen, keinen sauberen Kragen anzuhaben, eine Rechnung länger als vier Wochen stehen zu lassen. Grabbe kam immer zu spät, trug selten ein Hemd, geschweige denn einen Kragen, und bezahlte niemals eine Rechnung, man mußte ihn denn pfänden. Schrieb Immermann seine Verse im stillen Kämmerlein sein säuberlich mit einer bestimmten Feder aufs Manuskript, so warf Grabbe seine Szenen mit Bleistift auf Fidibuspapier hin, oft, wie den „Hannibal", mitten in einer rauchigen Düssel-

dorfer Bierkneipe. Immermann lebte in einem Landhaus
zu Derendorf mit der von ihrem Manne, dem Freischaren=
führer Lützow getrennten Gräfin von Ahlefeldt, in gemein=
samem Haushalt, ohne mit ihr verheiratet zu sein, wie
ein kleiner Fürst und freier Mann zusammen. Für einen
Landgerichtsrat, nebenbei bemerkt, ein Wagemut, der den
Reiz der Seltenheit hat. Gleichwohl verkehrten Fürsten,
Offiziere und hohe Beamte in seinem Hause, und er erzwang
sich durch seine Begabung und durch sein männliches vor=
nehmes Wesen die Achtung der ganzen Stadt. Grabbe
hauste in einem kleinen Stübchen in der Ritterstraße, das
ihm Immermann gemietet hatte, lebte von Rum und
Tabak, keiner kannte ihn in der ganzen Stadt, und er
kannte keinen bis auf ein paar Maler und Musikanten.
Er hatte keinen Freund außer dem einzigen, Norbert Burg=
müller, und wenn er den angesehenen Immermann besuchen
wollte, mußte ihn immer eine Dienstmagd dorthin begleiten,
weil er sich niemals in den Straßen zurechtfinden kounte.
Die langte dann stets mit rotem Kopf mit ihm an, weil
sie sich schämte, daß sie einen so großen Herrn bei Tage
über die Straße führen mußte.
Grabbe schrieb damals über ein Jahr lang regelmäßige
Kritiken über das Düsseldorfer Stadttheater, wie es unter
Immermanns Leitung sich gebildet hatte und von ihm zum
Ruhm für die Kunst geführt wurde. Grabbe war, wie
viele Trinker, unendlich reich an witzigen Einfällen und
voltigierte damit zum Entzücken aller, die ihm lauschten.
Er spielte immer den grotesken Mann und unterhielt so

alle, die Luft am Außergewöhnlichen hatten. Wenn er abends ins Theater kam, dräugte sich stets eine Menge junger Leute wie Mücken an ihn heran. Er war damals schon ein todkranker Mensch, ein Jahr später starb er an der Rückenmarksschwindsucht. Kam nun eine unrichtige Betonung von der Bühne oder faßte ein Schauspieler seine Rolle falsch auf, so geriet Grabbe — mochte es nun Natur oder Verstellung sein! — zum Amüsement der Umsitzenden in galvanische Zuckungen oder bekam Wutan= fälle, daß ihm der Schaum vor den Mund trat. Mit solch animalischer Liebe hing er am Theater und am Theaterspielen.

Wichtiger aber als dieses seltene Absprechen bei ihm war die große, aufrichtige und begeisterte Anerkennung, die er dem Kulturwerke des Freundes entgegenbrachte. Er öffnete den über der Aufführung von lebenden Bildern einge= schlafenen Düsseldorfern erst die Augen für das, was Immermann ihnen gebracht hatte. Er sagte das so deutlich und so klug, daß für eine Zeitlang der Spott, der sich wider Immermanns Reformbestrebungen breit und lächer= lich machte, scheu in die Ecke kroch. Immermann hatte im Dezember des Jahres 1832 in dem neuerbauten Düssel= dorfer Stadttheater seine Musterbühne unter großen Schwierigkeiten und vielen Anfeindungen eröffnet. Neben den alltäglichen Leiden eines Theaterleiters, die aus dem Umgang mit Schauspielern, dieser ungezähmten Spezies der Menschenrasse, folgern, hatte Immermann alle Kämpfe des Reformators durchzumachen. Man kann sich denken,

welche Summe von Widerständen einem Manne entgegen-
gesetzt wurde, der die Lehre vertrat — eine Lehre, die man
seitdem oft wieder bei uns vergessen hat! — daß der Schauspieler, der die Bühne und das Werk des Dichters dazu be-
nutzt, seine persönlichen mäßigen Späße zu treiben, verdient,
auf öffentlichem Markte ausgepeitscht zu werden. Alles,
vom ersten Helden bis zum Chorpersonal war anfänglich
entrüstet über diesen Neuerer und Frevler mit seiner
Musterbühne oder seiner „gelehrten Bühne", mit welchem
Schimpfwort man ihn, der nicht das Vorrecht hatte, ungebildet zu sein, überhaupt aus dem Theater hinausdrängen
wollte. „Aber, Herr Rat, so haben wir es doch immer
gemacht", meinten die Dekorationskünstler. „Ich bin seit
fünfundzwanzig Jahren auf die Bühne, und so ist das
immer jewesen", brüllte ihn der Komiker an. „Ja, ja,
schon gut!" war Immermanns stete Antwort, „aber wir
wollen das alles etwas anders machen." Und er erzwang
durch seine vornehme Würde und seinen sittlichen Ernst
die Leute ganz allmählich, daß sie ihn anhörten und schließlich über ihr Metier einmal nachdachten. So kam es
denn, daß gleich die erste Vorstellung — es war „Emilia
Galotti" — ein unerhörtes Ereignis wurde. Das Publikum
war nach dem Bericht eines Zeitgenossen ganz erstaunt,
daß, wie der Vorhang in die Höhe rollte, die Leute auf der
Bühne nicht so schrien, predigten, durcheinander redeten
und stolperten wie sonst, sondern wie Menschen sprachen
und sich betrugen, und zwar wie Menschen, welche die
Handlung, die sie vorstellten, wirklich etwas anging. Der

Eindruck war ein gewaltiger. Ganz Düsseldorf sprach
tagelang nur von „Emilia Galotti" und vom Theater.
So etwas war noch nie dagewesen: Der Komiker hatte
keinen einzigen Witz für die Galerie gemacht. Und doch
hatte man sich unterhalten, ja man war ergriffen. Diese
klassischen Stücke waren ja gar nicht so langweilig, wie
man geglaubt hatte.

Man brauchte ja durchaus keine Hänneschenspäße dazu
zu reißen, um sie genießbar zu machen. Und dieser Immermann! Ließ er seine Schauspieler nicht einfach nur für
sich ihr Stück spielen, als ginge sie das Publikum gar
nichts an, als säßen nicht in den Seitenlogen die Herren
Stadträte und nicht im Parkett die jungen Mädchen, die
weinen und oben hoch die Sackträger, die lachen wollten!
Ließ er nicht bloß den Dichter reden und seine Darsteller
auf der Bühne wie in ihrem Zimmer oder in einem Garten
herumgehen! Selbst die Souffleuse hatte dieser neue Mann
als eine Barbarei abgeschafft, so daß Grabbe in seiner
ironischen Weise schreiben konnte: „Durch lange Gewohnheit geübt, auf dem Theater erst den Souffleur und dann
den Schauspieler zu hören, und damit doppelten Genuß zu haben, fiel es mir in Düsseldorf auf, nur einen
stummen Souffleurkasten zu bemerken."

Die anfängliche Begeisterung für die Neuerungen Immermanns kühlte sich aber ziemlich bald ab. Zunächst waren
es kleinere Anfeindungen aus Gründen der Unduldsamkeit,
wie jene alberne Kritik des frommen Schadow, der nach
der Aufführung von „Nathan der Weise" meinte, durch

dieses Stück habe sich endlich Immermanns heimliche frei-
geistige Gesinnung verraten. Dann siegte immer mehr wieder
das Wohlbehagen an der Konvention und dem Altherge-
brachten. „Gott! Es war doch so gemütlich früher!" mit
dieser Erwägung zogen die alten Düsseldorfer damals
gegen diesen neuerungssüchtigen Fremdling zu Felde. Immermann sah sich immer mehr zu Konzessionen gezwungen.
Nach Aufführungen von „Macbeth", „Hamlet" und
„Wallenstein" mußte er Possen und alberne Lustspiele à
la mode geben. Am liebsten wäre man wieder ganz in
den alten Klüngel und Schlendrian verfallen. Man könnte
weinen, wäre es nicht so komisch, wenn man unter dem
11. November 1834, zwei Jahre nach der Eröffnung des
Theaters, in Immermanns Tagebuch liest: „Nach längeren
Verhandlungen wurde der heutige Abend dem — Bauch-
redner Alexander zugestanden." — Endlich und vor allem
fehlte es dem tapferen Manne am Gelde. Er wußte
nicht, wie er seine Truppe, deren Bedeutung eben in ihrem
Zusammenspiel bestand, über den Sommer, in dem er
nicht spielte, unterhalten sollte. In Elberfeld, wo er ga-
stierte, trotzdem der damalige Bürgermeister dieser reichen
Stadt mit den denkwürdigen Worten: „Der Sinn für
die Schauspielkunst ist hier mit Recht ganz erloschen",
abgeraten hatte, fand er nicht das geringste Verständnis.
„Nirgends in Deutschland", schrieb Immermann an
seinen Bruder, „sind die 4000 Taler, die ich für meine
Schauspieler im Sommer gebrauche, aufzutreiben. Für
die Aufdeckung von Erzen oder die Ausbeutung einer

Chemikalie könntest du leicht das Dreifache hier erhalten. Forderst du aber etwas für ein Theater, so blöken
sie dich an."

Es ist bitter traurig, das Epos von der Theaterleitung
dieses mit unermüdlicher Energie und einem seltenen Idealismus gerüsteten Mannes bis zu ihrem Ende zu ver-
folgen. Am 31. März 1837 schloß die Bühne Immermanns mit der „Griseldis" von Halm ihre Augen. „Eine
Handvoll grauer Haare", das war der einzige Gewinn,
wie er sagte, den Immermann aus jenen Jahren des Kampfes
mit in die Zukunft nahm. Aber was die Hauptsache war,
seine Ehre war unversehrt geblieben. Die Schauspieler
hatten den sonderlichen Kerl schließlich so lieb gewonnen,
daß alle traurig waren, wie Kinder, denen der Vater stirbt.
Selbst der Komiker weinte die ersten wahren Tränen
seines Lebens um ihn. Und das Theater wurde wieder,
was es gewesen war.

Sie sind bald hergezählt, die deutschen Männer, die sich
dann nach Immermann noch mit Ernst und Bedeutung
um das deutsche Theater bemüht haben: Es sind Laube,
Dingelstedt und der Herzog Georg von Meiningen gewesen. Heutzutage ist das deutsche Theater vorwiegend
ein jüdisches Institut geworden. Aber statt darüber mit
den Juden zu hadern, sollten wir lieber den Mangel an
Teilnahme und Liebe der deutschen Nation für das Theater beklagen, der diese unsere heutigen Verhältnisse geschaffen hat.

Wird nicht noch heutzutage von der deutschen Bourgeoisie, die doch immerzu das Gelehrtenproletariat vermehrt, ein junger Mensch, der sein Leben dem Theater weiht, angesehen, wie einer, der unter die Räuber läuft, es sei denn, daß man ihn nicht von vornherein für einen völligen Narren hält? Wird nicht der Besuch des Theaters, der einst in Athen für die ärmeren Bürger um der Kultur willen unentgeltlich war, heutzutage durch die Städteverwaltungen mit Steuern noch verteuert und erschwert? Bringen nicht die führenden Männer und Stände unseres Volkes unserer Bühne und der ganzen dramatischen Kunst, dieser wunderbarsten Vervielfältigung und Erhöhung unseres Daseins, weniger Teilnahme entgegen als etwa Tsingtau oder Südostafrika? Opfern unsere angesehenen Schriftsteller und Dichter nur ein Stück ihres Lebens und ihrer Liebe dem Theater, außer wenn sie ihre eigenen Stücke auf die Bühne bringen und sich bewundernd um sich selbst drehen können?

Drum sind um ihrer seltenen Persönlichkeit willen Dichter wie Immermann und Grabbe nicht minder als um ihr künstlerisches Schaffen zu preisen und zu feiern, weil sie ihr Talent und die kurze Frist, die ihnen beiden zum Leben vergönnt war, nicht zu schade hielten, es einem verachteten Ding, wie es das deutsche Theater ist, mit Stolz und mit Freude hinzugeben.

# E. T. A. Hoffmann

Im Winter des Jahres 1821 bekamen eine Reihe geist=
voller und künstlerischer Mäner zu Berlin durch die Post
eine in zierlichen Antiquabuchstaben geschriebene Todes=
anzeige zugeschickt, die folgendermaßen lautete:

„In der Nacht vom 29. bis zum 30. November dieses
Jahres entschlief, um zu einem besseren Dasein zu erwachen,
mein theurer geliebter Zögling, der Kater Murr, im vierten
Jahre seines hoffnungsvollen Lebens. Wer den Verewigten
Jüngling kannte, wer ihn wandeln sah auf der Bahn der
Tugend und des Rechts, mißt meinen Schmerz und ehrt
ihn durch Schweigen." Der Mann, dem dieser Kater, als
er noch springen konnte, gehört hatte, der ihn immer, wenn
er schrieb, auf seinem Pulte liegen gehabt und ihm zwischen=
durch beim Dichten die Funken aus dem Fell gestreichelt
hatte, war der Königl. Preußische Kammergerichtsrat Hoff=
mann, der seit dem Jahre 1816 für tausend Taler im
Jahre zu Berlin judizierte und Verfügungen verfaßte.
Dieser höchst sonderbare Mann war unter der Regierung
Friedrichs des Großen zu Königsberg in Preußen von zwei
merkwürdigen Menschen in die Welt gesetzt worden. Von
einem Vater, der es vorzog, seine Familie allein leben zu
lassen, und der, nachdem er zwei Söhne hervorgelockt hatte,
sich nach Insterburg versetzen ließ, um seine ganze Ehe=
geschichte wie einen schlechten Roman, den man gelesen
hat, gänzlich aus dem Gedächtnis zu verlieren. Zwanzig
Jahre lebte der Alte droben an der Inster allein als Kriminal=

rat mit seinen Akten, Tabak, polnischem Branntwein und
saufenden Gutsbesitzern, bis er Anno 1797 starb, und
der Sohn nichts anderes über ihn zu sagen wußte, als:
„Mancher ist in diesem Jahre gestorben, z. B. mein sogenannter Vater."

Die Frau zu diesem Manne, die Mutter Hoffmanns, besaß
zwei ebenso hartnäckige wie unangenehme Eigenschaften, sie
war hysterisch und ordnungsliebend. Diese letztere Tugend
hatte ihren Mann von ihr nach Insterburg getrieben.. Die
Hysterie, die sich in stets verweinten Augen und einer roten
Nasenspitze bei ihr abmalte, vertrieb ihr den Sohn, dem
die stete stumme Predigt ihrer traurigen Augen über das
Thema: „Warum hat mich dein Vater verlassen?" allge-
mach fatal wurde. So kletterte der kleine possierliche Junge
lieber auf den Schoß seiner Tante Sophie, der jüngeren
Schwester seiner duldenden Mutter, die eine schöne Stimme
hatte und zur Laute die herrlichsten Lieder singen konnte.
Oder das Kind machte sich an den Bruder seiner Mutter,
in dessen Hause sie wohnten, seinen Vormund und Onkel
Ottfried, einen hoch musikalischen, aber völlig vertrottelten
alten Sonderling, der trotz seiner Glatze von der wehmütigen Schwester noch stets „Ottchen" genannt wurde,
und der allabendlich, wenn die Kerzen brannten, allein oder
mit Freunden Konzerte veranstaltete, wobei er in einem
pflaumfarbenen oder zeisiggrünen Rock im Zimmer herum-
sprang wie die Tasten auf der Klaviatur. Dies waren
die ersten lebendigen Eindrücke des Kindes, das später,
als es Mann geworden, einmal die bittern Worte schrieb:

„Ein schlechter Vater ist noch immer viel besser als ein guter Erzieher."

So wurde die Musik allein die beste Freundin und Trösterin des einsamen Kindes. Und es ist fast symbolisch für ihn und für sein Leben, daß sein Vater, der mysteriöse Mann zu Insterburg, in der Stunde seiner Geburt, um der Mutter die Schmerzen zu erleichtern, und um dem Kinde bei seinem Eintritt das Menschenleben möglichst pläsierlich vorzutäuschen, einen Lautenisten herbeigeholt hatte, der der Wehmutter und dem Säugling einen „Murki", ein Murmel= stück in Baß vorspielen mußte. Von Oheim und Tante verwöhnt, aber mit Musik erfüllt, bezog der Jüngling die damals weltberühmte Universität Königsberg, wo er, wie sein weiland Vater, die Rechte studieren sollte. Es ist ergötzlich, wenn man sich den jungen Hoffmann zu den Füßen Kants vorstellt, dessen Vorlesungen er eifrig be= suchte, ohne sie jemals verstehen zu können, und den Humor Gottes sich klarmacht, der diese beiden extremen Geschöpfe erschafft und in diese komische Situation zusammen= bringt.

Wie der von uns Erwachsenen sogenannte „Ernst des Lebens", d. i. die Zeit, wo man sich selbst sein Geld verdienen muß, für Hoffmann begann, zeigte sich, daß in den damaligen unruhigen Zeitläuften, wo gerade Napoleon mit Deutsch= land Katze und Maus spielte, die Musik ihren Mann fast noch eher ernähren konnte, als die Juristerei. Zumal da Hoffmann, der außerdem, daß er erzählen und mit der Feder wie auf dem Klavier phantasieren konnte, noch die

dritte Gabe, zeichnen zu können, besaß. Dieses Talent machte
sich bei ihm, dem anfänglichen Assessor zu Posen, in far=
bigen Karikaturen Luft, die er von seinen Vorgesetzten, um
die Akten etwas zu beleben, zuweilen an deren Rand zeich=
nete. Nun können preußische Beamte einen Spaß oder Stoß
von Untergebenen sehr schlecht vertragen, und der Assessor
Hoffmann ward, um seine Phantasie etwas trocken zu
legen, in ein kleines Nest an der Weichsel versetzt, auf daß
er in sich gehe und einsehe, wie man sich als Beamter
besser steht wenn man keine Karikaturen zeichnet.

Um sich in der Polackei nicht tot zu langweilen, heiratete
Hoffmann dort eine Polin, ein gutes, treues Weib, die
den Humor hatte, zu allem, was der kleine hagere kobold=
artige Mann trieb, „Ja und Amen“ zu sagen, und die
alle Stunden bis zu seiner letzten bei ihm ausgehalten hat.
Sie weinte denn auch keine Träne, als ihr Mann den
sichern Staatsdienst verließ und sein Glück den Musen
anvertraute. Sie folgte ihm, als er als Musikdirektor ans
Theater nach Bamberg ging, dorthin und stopfte ihm die
Strümpfe und die üble Laune, wenn er weinend aus einem
Stück von Kotzebue heimkam.

Als er das Theater leid bekommen hatte, ging er wieder
auf die Wanderschaft und nährte sich zu Dresden — es
war gerade Anno 1813 — von Karikaturen auf Napo=
leon, die einen reißenden Absatz fanden. Zum Glück für
ihn war justament sein Oheim Ottfried gestorben, der ihm
ein paar verstimmte Geigen, etzlich bunte Kleider und einige
blanke Taler hinterließ, und Hoffmann konnte, ohne zu

verhungern, abwarten, bis Napoleon nach Elba expe-
diert war.

Um die Zeit besann man sich in Berlin wieder auf den
früheren Beamten Hoffmann aus Königsberg, der sein
Assessorexamen dereinst mit „vorzüglich" bestanden hatte,
und dem, außer daß er zeichnen und musizieren konnte und
eine Zeitlang beim Theater gewesen war, nichts Übles
nachzusagen war. Man machte drum durch dieses wie
durch alles, was unter Napoleon geschehen war, einen
dicken Strich, vielmehr man setzte es in Klammern,
und ernannte Hoffmann zum Kammergerichtsrat. Zumal
ein so ehrenwerter Mann wie sein Freund Hippel sich für
ihn verwandte, derselbe, der für den König Friedrich Wilhelm III. den „Aufruf an mein Volk" verfaßt hatte, der
also ein Meister darin war, Gegensätze zu vermitteln.

Hoffmann war nun als Kammergerichtsrat wieder ein
nützliches Mitglied der preußischen Gesellschaft geworden
und versah zum größten Erstaunen seiner nicht dichtenden
und phantasielosen Kollegen sein Amt auf das gewissen-
hafteste. Der Zufall wollte es — und dies ist der beste
Witz in seinem Leben —, daß er, der Dichter der Nachtstücke
und Karikaturist, zum Mitkommissarius bei der Unter-
suchung der sogenannten demagogischen Umtriebe eingesetzt
wurde und eine alte ehrliche Haut wie den Turnvater Jahn
aburteilen mußte, der sicherlich nachts nur von der Knie-
welle, vom Stangenklettern oder dem Riesenaufschwung
träumte, während sein Juder, der Kammergerichtsrat, nachts
in den Schatten Teufel, Zwerge und Grimassen machende

Marionetten sah, von denen er eine ganze Menge mit
scheußlichen Höllenfratzen in seinen Schränken gesammelt
hatte.

Solche Allotria, wozu auch ein ewiges Gesichterschneiden,
seine Lieblingsbeschäftigung, gehörte, trieb der Kammer=
gerichtsrat Hoffmann aber nur, um vor sich und dem Erz=
schelm, der ihm im Nacken saß, seine Würde ertragen zu
· können. Daß er eine sogenannte Säule des Staates ge=
worden war, erschien ihm so tragikomisch, daß er jede
Nacht in der Weinstube bei Lutter und Wegener darauf
trinken mußte, bis er in jene Region kam, wo man
vergißt, daß man Justizrat genannt wird und eine
Respektsperson ist. So waren ihm die liebsten Abende
die „Serapionsbrüderabende", herrliche Kneipstunden, da
sich die Dichter Berlins bei ihm versammelten, und er
mit einer weißen Schürze dazwischen stand und un=
aufhörlich Kardinal, das war ein von ihm erfundenes
Gemisch von Rheinwein und Champagner, bereitete. Hatte
er sich so in die Hinterwelt der Träume hineingetrunken,
so plauderte er stundenlang mit seinem Kater Murr, wie
er früher in Bamberg am meisten mit einem Wirtshaus=
hunde, den er „Berganza" nannte, verkehrt hatte. Oder
er schrieb ein Nachtstück oder Phantasiestück nach Mitter=
nacht auf preußisches Aktenpapier und sah seine Gestalten
schließlich so lebendig werden, daß seine Frau sich mit dem
Strickstrumpf zu ihm setzen mußte, damit ihm nicht der
Verstand vor Schrecken scheu wurde und fortflog. Kein
Wunder war es, daß er bei einer solchen ungewöhnlichen

Lebensweise kein Jubelgreis wurde, sondern, sechsundvierzig
Jahre alt, an der Rückenmarksdarre starb und den gleichen
scheußlichen Weg wie später Heine zum Tode ging.

Viele Literarhistoriker, die mit moralischen Messern sein
Leben sezierten, haben immer wieder geklagt: Was hätte
Hoffmann nicht alles erreichen können, wenn er einen
besseren Wandel geführt hätte! Wir aber, die wir mit
Goethe glauben, daß jedes Menschen Bahn von Anbe=
ginn beschlossen ist, wollen nicht maulen, daß dieser Me=
teor kein Firstern war, und daß seine Werke keine lodern=
den Feuer sind, sondern mehr den elektrischen, phosphor=
farbenen Funken ähneln, die er aus dem Fell seines Katers
strich, und ihm stets voll Dank wieder Stunden aus un=
serm Leben schenken.

# Schweizer Dichter
## (Gottfried Keller und C. F. Meyer)

Wir Deutschen haben mit dem kleinen Verbindungswört-
chen „und" schon oftmals in der Kunstgeschichte einen
groben Unfug verübt: Goethe und Schiller, zwei stern-
weit verschiedene Persönlichkeiten und Dichter, sind durch
dieses „und" für Zeit und Ewigkeit wie auf ihrem Denkmal in Weimar an ein und denselben Lorbeerkranz ge-
bannt. Neuerdings hat man denn auch wohl Nietzsche
und Schopenhauer zusammengespannt, was ungefähr so
klingt, als wenn man Himmel und Hölle sagt, oder man
nennt Ibsen und Björnson, ein Genie und einen talen-
tierten Tagesschriftsteller, kaum ohne eine Unterscheidung
zu machen, zusammen. Nicht anders ist es mit Gottfried
Keller und Conrad Ferdinand Meyer gegangen, die man
seit den neunziger Jahren immer wie eine Schweizerfirma
zusammen im Munde führt. Wiewohl Keller, der unendlich Bedeutendere, manchesmal in seiner geraden, groben
Art gegen diese Zusammenstellung, die ihn, wie er sagte,
zum „ewigen siamesischen Zwillinge machte", kräftig ge-
wettert hat. Denn außer, daß sie beide Züricher und
Schweizer sind, gibt es nicht viel, was sie miteinander
gemeinsam haben.

Der eine, Keller, gibt die Menschen seiner Umgebung
oder früherer Zeiten, wie er sie sah und empfand, gleichsam auf Goldgrund wieder. Wie ein alter Meister der
Holzschneidekunst setzt er sich hin und zeichnet umständlich

9*

und säuberlich seine Menschlein auf. Er schwindelt nicht,
ebensowenig wie Flaubert oder Fontane oder Tolstoi, um
die größten Romanciers seiner Zeit zu nennen. Aber er
stellt seine Figuren nicht so hart in die Luft wie jene, er
malt sie nicht en plein air, roh hin, garstig oder hübsch,
bescheiden oder frech. Er geht mit ihrem Bilde, wie er
es der Natur haarscharf abgesehen hat, in sein Kämmerlein und zeichnet sie langsam ab wie Dürer oder ein
Meister des Mittelalters seine Gestalten, am liebsten noch
mit ein paar Schwänzen oder Schnörkeln und möglichst vielen
Zutaten. Und da stehen sie, „die drei gerechten Kammacher"
oder „Pankraz der Schmoller". Stets nimmt er sich Zeit,
das macht ihn in unserer nervösen Zeit für viele ungenieß-
bar; oft werden ihm aus einer Geschichte zwei, wie beim
„Tanzlegendchen", oder ein Dutzend und noch mehr, wie im
„Grünen Heinrich", und sein sauberer Chronistenstil trabt,
nie gehetzt, aber auch nie gehemmt, an schönen und schaurigen
Geschehnissen in gleicher Ruhe vorbei. Und doch ist er
nie oberflächlich, sondern sucht allem Lachen und allem
Weinen auf den dunklen Grund zu gehen, und wo er am
einfachsten ist, wie bei seinen Frauenfiguren, wo er
nichts hinzuphantasieren und verzieren konnte und mochte,
da ist er am schönsten.

Die Welt von Conrad Ferdinand Meyer ist eine ganz
andere wie dieses kleine, schlichte, winklige Beisammen der
alltäglichen Menschen Kellers: Feldherren und Kardi-
näle, Courtisane und Regenten, Verbrecher und Helden leben
und welken und sterben in seinen Gedichten und Geschichten,

in denen die Zeit der Hohenstaufen und der Reformation
oder die Tage Dantes sich widerspiegeln. Die Welt Kellers,
in der es über dem Durchschnitt nur noch Originale,
keine Heroen gab, wäre seinem von allen Literaturen über=
sütterten Geist bald zu klein und zu eng geworden. Er,
der seinen nicht gerade bedeutenden Namen Meyer mit
den kühnen Vornamen „Conrad Ferdinand" heraus=
schmücken mußte, sehnte sich nach Größe und Heldentum,
das er nicht in der Gegenwart, sondern nur in der Ver=
gangenheit entdecken konnte.

Und so verschieden wie ihr Dichten ist auch das Leben
und Trachten der beiden Schweizer gewesen: Der Jüngere,
C. F. Meyer, war der Sproß einer alten Zürcher Patri=
zier familie, Sohn eines frommen und gelahrten Mannes
und einer klugen, hochgebildeten, schwermütigen Frau, die
ihrer späteren Gemütskrankheit durch einen freiwilligen
Tod im Gebirgswasser ein tapferes Ende machte. Sie
hatte den Ruhm ihres einzigen Sohnes, den sie drei
Viertel deutsch und ein Viertel französisch erziehen ließ,
nicht mehr erlebt. Denn der war ein spät fertiger Mann
und wurde neununddreißig Jahre alt, bevor er die ersten
Früchte trug: Zwanzig Balladen aus der Historie aller
Zeiten und Völker. Als Jüngling und heranwachsender
Mann hatte der Sohn, der mit Unliebe wie Goethe und
mit noch größerer Unfähigkeit als Heine die Rechte zu
studieren versuchte, so jämmerlich wenig versprochen, daß
die in ihrem Mutterstolz betrübte Frau, die den Vater=
losen auf ihre Weise erzog, an ihren besten Freund über

ihn dieſes ſchrieb: „Er hat kein Ziel und keine Karriere und kann keinen Entſchluß faſſen. Und ich muß ſagen, daß ich von ihm nichts mehr in dieſer Welt erwarte."
Bis zur Gemütskrankheit und zur Irrenanſtalt brachte dieſe jahrelange Entſchlußunfähigkeit und Willenloſigkeit den reichen und weichen Jüngling, der mutlos und kraft= los, ein Kolumbus ohne Amerika, ein Bonaparte ohne Kriege, ſeine Tage nicht anders wie ſeine Nächte in un= fruchtbarem, untätigem Dämmerzuſtand verbrachte. Da hat ihn die einzige Schweſter Betſy, die ſich viel beſſer als die Mutter auf ſeine Entwickelung verſtand, nach deren Tod von neuem zum Leben erweckt. Sie war eigentlich verſehentlich durch einen Irrtum vor ihrer Ge= burt von den beiden Geſchwiſtern die Schweſter geworden. Sie hatte das männliche, entſchloſſene, zupackende Weſen mitbekommen, das dem Bruder fehlte, während er mit ſeiner zarten, in ſich gekehrten Art und ſeiner nach innen verſchlagenen heißen Leidenſchaftlichkeit und Sinnlichkeit auf manchen wie ein halbes Weib wirkte. Drum gebührt der Schweſter Betſy, die den Dichter in ihm aus ſeiner traurigen Verpuppung durch ihre Liebe entfaltete, der Kranz, den Minerva den Frauen verliehen hat, die einen Künſtler und das delphiſche Feuer in ihm zünden und hüten können. Er gebührt ihr mehr noch als der eigenen ſpäten Fran ihres über alles geliebten Conrad, von der Betſy ihm abriet, ſolang es gehen wollte, und die er, wie er alles eben ſpät anfing, erſt als ein voller Fünfziger heimführte.

Nun sieht die Schwester ihn zum erstenmal mit einem Weib, das auch nachts, nicht bloß tags wie sie, die Stube mit ihm teilen darf, in den besungenen und unbesungenen Süden reisen. In die Provence, die ihm die Dekorationen zu mancher in ihm jetzt keimenden Geschichte gibt, und nach Korsika, des alten Senera wildem Patmos, das er beim Abschiednehmen zum Dank mit deutschen Weisen feiert. Heimgekehrt in das Land des Firnelichts, des großen stillen Leuchtens, siedelt er sich in Kilchberg, einem Land= gut bei Zürich über dem See an. Und dort lebt er das letzte Drittel seines Daseins in behaglicher, sorgenloser Ab= geschiedenheit wie ein reicher, schöngeistiger Gelehrter. Freilich lag sein Winkel nicht allzu fern von der Schweizer Hauptstadt, von der er sich allwinterlich wider Willen in ihr kantonales und internationales gesellschaftliches Leben ziehen ließ. Mehr als vierzig Antrittsbesuche hat er nur an einem einzigen Tage gemacht. Und wie viele schönen Stunden wurden damit zugebracht, Karten dieses Inhalts auszufüllen oder zu beantworten: „C. F. Meyer und Frau erlauben sich Herrn Carl Stauffer zum einfachen Abendessen einzuladen.“ Oder: „C. F. Meyer und Frau danken Herrn Eduard Stößli für die liebenswürdige Einladung, der sie gerne Folge leisten werden.“ So mit Menschen lebend und ohne sie schaffend wirkte er wie ein Ausgraber und ein Neubeleber toter Zeiten, ein Schlie= mann des Mittelalters und der Renaissance, deren Evan= gelium soeben Jakob Burkhardt zu Basel in klarer, guter deutscher Sprache gepredigt hatte. Kurz vor seinem Tode

trübte sich noch einmal das Licht in seinem Kopf, bei
dessen Schein er wie bei einer gemütlich brennenden
Studierlampe seine Helden und Heiligen aufgemalt hatte,
und er ward mit seiner Einwilligung noch einmal auf ein
Jahr in eine Nervenheilanstalt geborgen. Aber als dann
die schwarze Majestät Mors wirklich fünf Jahre später
vor ihn hintrat, da stand er wieder fest und aufrecht auf
seinem Kilchberg als anerkannter und gekaufter Autor,
als Gutsherr und Familienvater, als Ehrendoktor der
Philosophie der Universität Zürich, als Inhaber des
königlich bayrischen Maximilianordens und als Ehrenmit=
glied zahlloser Vereine.

Ganz anders Keller, dessen Leben außer dem, daß auch
er wie ein guter Wein erst spät klar und schmackhaft
wurde, dem seines Landsmann und Nachbarn so unähn=
lich ist wie ihre beiden Gesichter. Seine Jugend möchte
ich nicht und sollte keiner erzählen aus Respekt vor dem
„Grünen Heinrich", in dem er in Wahrheit und Dichtung
sich und das Ringen seiner jungen Jahre abkonterfeit
hat. Dieses sein größtes Werk war die Frucht seiner
Jünglingstränen und hat ihn belohnt für all sein Hungern
und Hoffen und Verzweifeln um „die heilige Kunst", die
ihn schließlich doch aus dem Labyrinthe des Lebens zum
Licht geführt hat. Als er nach langen Irrfahrten endlich,
siebenunddreißig Jahre alt, nach Zürich zurückkehrte, wo
seine treue Mutter den verlorenen Sohn, vor Freude
weinend, empfing, war er gerade so weit gekommen, daß
er wußte, daß er nicht zum Maler taugte. Fünf Jahre

lebte dann der Taugenichts in Zürich herum, ohne etwas Rechtes zu tun, bis auf die andauernde unermüdliche Tätigkeit, die er alle Abende in den Kneipen der Stadt bis zum frühen Morgen entfaltete. Er wäre vielleicht verkommen, wie die „kompakte Majorität" so hübsch zu sagen pflegt, und an sich selbst zugrunde gegangen, wenn da nicht der Züricher Regierungsrat, als hätte es so kommen müssen, ihn zum ersten Staatsschreiber, einem recht angesehenen Posten des Kantons, ernannt hätte. Man kann sich denken, wie damals in der ganzen Stadt über diesen „Geniestreich" der Regierung gelacht und geschimpft wurde. „Ein ausgemachter Lüdrian, ein unpraktischer Poet an der Spitze der Verwaltung!" Keller bewies in fünfzehn Jahren strenger, zuverlässigster Pflichterfüllung, daß man nicht geradezu ein Idiot und ein untaugliches, träumerisches Subjekt im öffentlichen Leben sein muß, wenn man außerdem noch Verse und Novellen schreibt. „Er sei der beste Staatsschreiber der Schweiz gewesen", haben sogar — seine Vorgesetzten von ihm gesagt. So wirkte er pünktlich und treu bis zu dem Tage, wo er seinen Abschied nahm, sich einen staatsmäßigen Schlafrock kaufte und dann in stiller Ruhe seine letzten Werke schuf. Der Berüchtigte war mit den Jahren berühmt geworden: Sein sechzigster Geburtstag war ein Festtag für die ganze Schweiz. Viele Reden wurden auf ihn gehalten. Fünfzig Männergesangvereine sangen ihm hintereinander sein Lied „O mein Heimatland", das zur schweizerischen Nationalhymne geworden war, vor, bis er

schließlich unter ein paar kräftigen Flüchen den Saal verließ. — Zu allem hatte er sich Zeit genommen, und auch
zum Sterben nahm er sich gute Weile. Ein Jahr lang
siechte er dahin, ganz allein, „eine korrupte Bestie", wie
er sich grimmig schalt. Er war, nachdem er ein paar
Körbe bekommen hatte, grimmig lachend und resignierend
Junggeselle geblieben, und die brummige Schwester Regula
war zu ihm ins Haus gezogen. Nun ließ sie, kurz vor
ihm ins Grab gehend, unzuverlässig wie alle Frauenzimmer,
ihn für seine letzten Tage noch im Stich und allein.
Arnold Böcklin, der späte Freund, den er gefunden hatte,
hielt seine Hand, als er starb.

Es sind keine Riesen, diese beiden Schweizer Poeten, keine
Schöpfer, bei deren Werken einem der Atem vor Bewunderung stockt oder die Seele überquillt. In der Schweiz
wächst, die Tüchtigkeit dieses braven, tatfröhlichen Volkes
in allen Ehren, außer den Bergen nicht viel Großes. Man
hat mir diese letztere Glosse im Lande Tells bös verargt, wie
mir zahlreiche Zuschriften schmerzlich bekundeten. Es tut
mir wegen des allzu groben Tons mancher dieser Beschwerde-
führer fast leid, daß ich nicht verantwortlich für diese Be-
merkung zeichnen kann. Sie stammt von Böcklin, und ist
von ihm in Basel, in der Stadt, wo es nach seiner Ansicht „über vierhundert Vereine und keine vier Menschen
gab", oftmals im Wein und im Ärger herausgesprudelt
worden. Und wer es nicht glauben will, der mag die alten
Maler fragen, die noch mit ihm dort und in Florenz zechen
durften, oder die steinernen Fratzen in Basel. Sie werden

es grinſend beſtätigen. Aber die beiden Dichter der ſchönen,
der freien Schweiz haben in ſchlichter Weiſe als treue
Landsknechte der Kunſt ehrlich gedient und ſind echte
deutſche Meiſter geweſen, denen wir im Reich in jenen
Jahren außer dem alten Fontane nichts an die Seite zu
ſtellen haben.

# Theodor Fontane

Eine einzige Eigenschaft hat den alten Fontane groß gemacht, eine Eigenschaft, die man, ich weiß nicht, ob auf das Konto seiner Klugheit oder seines Herzens setzen muß, nämlich die, daß er nicht alt wurde mit den Alten, sondern jung mit der Jugend geblieben ist. Und während die, welche mit ihm grau geworden waren, auf ihr Alter und ihre Erfahrung pochend, die Jungen ausschalten und höhnten, die sie von ihrem Platz verdrängen wollten, da hat er fröhlich der Jugend seine alten Hände gereicht und sie gebeten, bei ihnen stehen und mit ihnen leben zu dürfen. Das war sein Eigentümliches, daß er nicht alt und nicht feierlich werden konnte. Er fühlte das schon als Dreißigjähriger, wo er einmal sein kleines zweijähriges Söhnchen, das, wie er voraussah, bald viel älter und würdiger sein würde als sein Herr Papa, andichtete:

„Ach, wenn du dann in Prima sitzt
Und unter den Sextaknaben
Gewahrest, wie dein Vater schwitzt —
So wolle Mitleid haben."

Und als er plötzlich später Großvater geworden war, fing er gleich wieder an, mit seiner Enkelwelt jung zu sein und mit ihnen Sorgen und Freuden zu teilen, wie mit dem Enkelkind von ihm, das „vorschulpflichtig" geworden ist:

„Löschblätter will ich ins Heft ihm kleben
Ja, das möcht' ich noch erleben."

Sie ist sehr selten gewesen, die sokratische Tugend des alten Fontane, jung zu bleiben mit der Jugend, in der Generation in Deutschland, in der er gelebt hat, der wir 1870 und alles, was wir heute bedeuten, zu verdanken haben. Gerade dies Gefühl des eigenen Verdienstes, das diese Generation haben durfte, mußte sie den Jungen gegenüber, die nach ihr kamen, so überlegen und zäh im Bewahren ihrer Macht und ihrer Stellung machen. Denken wir nur an den Gewaltigsten aus der Zeit, an Bismarck zurück, wie er Wutanfälle und Weinkrämpfe bekam und die Stühle und die Materie um sich zertrümmerte, als er den Abschied nehmen und der Jugend das Feld räumen mußte. Und wie er bis zu seinem Tode noch darunter stöhnte und seine Seele zerquälte, daß er andere an seinem Werke schaffen sah: Die ergreifendste Tragödie, die das Theater der Welt unsern Augen zu schauen gegeben hat. — Oder, wer entsinnt sich nicht, um die komische Seite dieser alterstolzen Zeit zu nehmen, wie die Dichter von damals und auch die besten unter ihnen, wie Heyse, Geibel und Freytag, immerfort über „den Kot" zeterten, der durch die modernen Schriftsteller in die Kunst gebracht würde, und dabei stets ihre ästhetischen Forderungen, vor allem die Definition des „Schönen", herumpräsentierten, ohne daß sich die Menge und Mode drum kümmern wollte. Dagegen war es wieder Fontane unter den Alten, der einsah, daß sich die neue Zeit und die neue Kunst nicht wegräsonieren ließen, der Zola las, den er „scheußlich" fand, „aber mit verflucht viel Talent", und der noch in Ber-

hart Hauptmann den Naturalismus auf unserer deutschen
Bühne begrüßte. So ist es gekommen, daß er als Sech=
zig= oder besser noch als Siebenzigjähriger, denn so alt
war er, als er seine bedeutendsten Romane schrieb, wäh=
rend alle seine Jugendgenossen in Apoll längst vertrocknet
waren, auf einmal wie ein alter Birnbaum in schöner,
rührender Blüte stand.

Wie Ibsen, der gleich ihm sein Eigentliches und Größtes
erst in hohem Alter zu sagen hatte, war er in seiner Jugend
zunächst auf den Wunsch seiner Eltern Apotheker geworden.
Aber er bekam die „Giftbude" bald satt und faßte nun
die „unglaubliche Idee", wie er sagte, die damals noch
sehr selten war, ein Schriftsteller zu werden. Und da die
paar Gedichte und Balladen, die er schrieb, ihn und seine
Familie nicht nähren konnten, war er gezwungen, Zeitungs=
korrespondent und Kritiker zu werden, und hat als solcher
sein Leben lang vom dreißigsten bis zum siebzigsten Jahre
sich abgeplagt und gemüht und auf das Glück gewartet.
Er fühlte, er hatte kein Recht, sein Leben ganz an die
Sache zu setzen: „Ich bin keine große und keine reiche
Dichternatur," gestand er, bescheiden wie Lessing, sich
selbst, „es drippelt nur so." Und darum hielt er den
schweren Beruf des Journalisten aus, solange er konnte,
und resignierte schließlich an seinem Lebensabend, nach=
dem er dreihundertmal vergeblich gehofft und gewartet
hatte, wie er es mit hübschem Humor in Verse gefaßt hat:

„Dreihundertmal hab' ich gedacht:
Heute hast du's gut gemacht,

Dreihundertmal durchfuhr mich das Hoffen:
Heute haſt du ins Schwarze getroffen,
Und dreihundertmal vernahm ich den Schrei
Des Scheibenwärters: „Es ging vorbei."
Schmerzlich war's mir dreihundertmal; —
Heute iſt es mir egal."

Das war ſchließlich das, was bei ſeinem langen Leben
herausgekommen war, eine ſtille lächelnde Ergebung in
ſein Schickſal: Nur nicht ſich den Hals abjagen nach dem
Glück: „Es muß ſich dir von ſelber geben — Man hat
es oder hat es nicht." Nur nicht denken, man hätte das
Leben beſſer führen können, wenn man ſieht, daß man
die Partie verloren hat. Die, die darüber klagten oder
ſtöhnten, pflegte er wie ſein alter Brieſt zu tröſten: „Laßt,
laßt . . . das iſt ein zu weites Feld!" Darum konnte er
wie kein anderer mit denen, die ihr Leben für verpfuſcht
hielten, — und wie die Welt ſteht und geht, müſſen dies
drei Viertel aller Menſchen glauben — leiſe mitweinen.
Und man ſieht, namentlich bei ſeinen ſchönſten Romanen
„Effie Brieſt" und „Irrungen, Wirrungen", den alten
Mann vor ſich, wie er von ſeinem Berliner Pult ſtill ans
Fenſter tritt und hinausblinzelt und tapfer die Tränen ver-
ſchluckt, die ihm in die blauen Augen getreten ſind, die nach
Hardens Ausſpruch über ſeinem ſoliden Geſicht „wie ein
Baud Goethe in einer Feldwebelſtube" ſtanden.
Seine Natur weiſt manche Ähnlichkeiten mit Bismarck auf.
Er war doch mehr Märker als Gascogner, wenn er ſich auch
das Gegenteil weismachen wollte. Namentlich in ſeinen

prächtigen Briefen an seine Frau, mit der er fast fünfzig
Jahre lang Krieg und Frieden hatte, kann man ihn oft
mit Bismarck verwechseln: Familiensinn, Heimatliebe,
Nüchternheit im Beobachten und Handeln, unbedingte
Zuverlässigkeit gegen Freund und Feind, das sind ein paar
märkische Eigenschaften, die beiden gemeinsam waren. Es
ist ein Typ, der langsam ausstirbt. Der alte Märker ist
tot, und wir haben den modernen Berliner dafür bekommen,
was ein recht schlechter Tausch gewesen ist. Der alte Fontane hat diese Wandlung noch miterlebt und hat sie
wiederum gefaßt ertragen und gelitten, wie alles, was ihm
sein langes Leben gebracht hatte. Zu seinem siebenzigsten
Geburtstag war's, als er auf ein Bankett ging, das man
ihm zu Ehren gab. Wen hoffte er da nicht alles zu finden,
die von Zitzewitz und von Platen und von Stechlin und
von Rammin und wie die märkischen Adelsfamilien sonst
noch heißen, die er in seinen Romanen gekonterfeit und
gefeiert hatte. Aber nichts von alledem war dort zu sehen;
lauter fremde, nichtarische Gesichter umdrängen ihn schreiend
und jubelnd, als er eintritt. Da nimmt der Alte resigniert
den Arm eines von ihnen, den er kennt und der ihm zunächst steht, und mit den Worten: „Kommen Sie, Cohn!"
läßt er sich von ihm an seinen Ehrenplatz geleiten.
Seine Balladen und noch mehr als diese, seine Romane
werden den alten Fontane der Nachwelt bewahren. Wie
sein Freund und Nachbar Menzel alles, die ganze Arche
Noä, malen konnte, so konnte er, Fontane, alles bedichten:
den sterbenden Cromwell, den jungen Bismarck, die schöne

Rosamunde, aber auch die Flamingos im Zoologischen Garten, die Müggelberge und die Gegend um Potsdam, so gut wie Chinesen, schottische Könige, Spreewälder Ammen und den Backfisch mit dem Mozartzopf. Die beiden, der Maler und der Dichter, werden bleiben von dem, was Berlin uns zwischen 1870 und 1900 an Kunst beschert hat. Und die Werke des alten Fontane werden über seinem Grabe stehen wie der Birnbaum über dem Sarge des alten Herrn von Ribbeck im Havelland, den er besungen hat, und noch viele Jahre jeden, der davon pflückt, erfreuen und erfrischen.

# Rückert

„Nein! Der richtige Ausdruck ist noch nicht da. Verflixt!"
seufzte der Kunstmaler, den der Magistrat der Bezirksstadt
Schweinfurt in Unterfranken zur Verfertigung eines Bildes
von dem größten Sohn der Stadt, ihrem Ehrenbürger
Friedrich Rückert, nach seinem Gut Neuseß bei Koburg
entsandt hatte. Zum Gedächtnis des demnächstigen fünf-
undsiebenzigsten Dichter-Geburtstages sollte dies Bild im
Rathaussaal zu Schweinfurt aufgehängt werden. Fast
wütend sah der Maler auf die Staffelei, auf der die
Leinwand stand. Schon sechs Sitzungen waren ihm von
dem greisen Dichter bewilligt worden. Aber der richtige
Ausdruck und das Geheimnis der Ähnlichkeit fehlte noch dem
aus bunten Ölfarben gemischten begonnenen Entwurf.
Es war ein goldener trächtiger Herbsttag. Ein paar weiße
Wolken zogen am blauen Pantheon des Himmels über
das Dach des Dichterhauses, wie die großen Gedanken der
Menschheit: Gott, Liebe, Leben und Vergehen über die Stirn
des Poeten darin gezogen waren. Er selbst hielt gerade seinen
gewohnten einstündigen Nachmittagsschlaf. Nach ihm erwartete er den Maler zum Kaffee in der Gartenlaube,
um ihm vor dem Abend noch einmal zu sitzen. Der Künstler
hatte sich inzwischen vor das angefangene Bild gestohlen.
Es stand in der Glasveranda des Hauses, weil hier das
beste Licht zum Malen war. Mißvergnügt über sein Werk,
das ihn noch nicht mit dem warmen Blick des Lebens anschaute, pinselte und strichelte er ein wenig daran herum.

„Könnte man doch dem alten Dichter leibhaftig den Kopf abnehmen an seinen langen schlichten eisgrauen Haaren, die ihm bis auf die Schultern reichen, und ihn dort in den Rahmen für Schweinfurt hineinsetzen!" grübelte der Maler in seinen unglücklichen Geburtswehen. „Er trägt ohnedies schwer an seinem gewaltigen Schädel, seitdem ihn seine angebetete Frau Luise verlassen hat. Und wenn er keine so starken Knochen hätte, wär' er wohl schon unter dem Schmerz der Witwerschaft zusammengebrochen, der seinen greisen Pastorenkopf zerknittert hat, wie ein Gewitter ein reifes Ährenfeld. Ein komisches knorriges Gesicht! Zu den ewig gerunzelten Augenbrauen, die ständig auf schlecht Wetter stehen und keins der genossenen Lebensjahre zurückwünschen, will der liebenswürdige ausdrucksvolle Mund nicht passen, der von Weisheiten und Versen überläuft wie ein Brunnen, den das schmelzende Eis des Parnasses nährt. Könnt' ich nur den richtigen Ausdruck erwischen", ächzte der Maler, an seinem Handwerk verzweifelnd. Er wandte sich, die neue Sitzung herbeisehnend ins Haus. Das breite sogenannte „Gute Zimmer" neben der Veranda war von der verstorbenen Frau ganz den Bildern und Andenken ihres Friedrichs vorbehalten. Und der Dichter achtete scharf wie ein kleinstaatlicher Zollvisitator darauf, daß nicht das geringste hier verschoben oder anders eingerichtet würde, wie es seine selige Luise angeordnet hätte. Da hing an der Wand des von den Linden draußen verdunkelten Zimmers des Dichters Silhouette als Würzburger Student der Philologie. Und dort auf dem Näh-

käftchen seiner Frau über der von ihr sein gehäkelten
Decke lagen seine erften Verse. Seine „Deutfchen Gedichte",
die er noch unter dem befcheidenen Namen „Freimund
Reimer" veröffentlicht hatte. Darunter waren feine 46
geharnifchten Sonette, in denen er mit papierenem Schwerte
Napoleon bekämpft und ihm zweimal die 23 Stiche, mit
denen einft die Verfchwörer den Cäfar trafen, verfetzt
hatte, der fonft fo friedfertige Jüngling, der zu zart war,
um mit in die wirklichen Schlachten hinauszuziehen. Das
Hauptzierftück des Zimmers aber war ein großer Kupfer=
ftich nach dem Stielerfchen Gemälde von Goethe. Mit
feinen fonnenhaften Augen fchwebte der olympifche Vater
des ganzen neuen deutfchen Dichterhimmels über diefem
Raum wie fein Genius über der Poefie Rückerts. Be=
fcheiden wie der Mond, der fein mattes Licht einer ftärkeren
Leuchtkraft entlehnt, hing darunter die bekannte Zeichnung,
die Carl Barth, der Kupferftecher, von feinem geliebten
„Rückerto" gemacht hatte. Sie ftammte aus Rückerts rö=
mifcher Zeit Anno 1817 nach den großen Kriegen, da dort
unter dem Vorfitz des für Teutfchland erglühenden bay=
rifchen Kronprinzen Ludwig ein geiftiges Coenaculum be=
ftand, dem die Nazarener ihr Öl und die Hiftoriker Niebuhr
und Bunfen ihr Salz beimifchten. Ein Gedicht in Fak=
fimile hing eingerahmt darunter. Das begann:

„Als wir an der Ponte Molle faßen
Und das Leid der Welt im Wein vergaßen . . ."

Der Dichter felbft aber fah finfter aus feiner Zeichnung
herab. Mit dunklen ftechenden Augen in fchwarzer alt=

deutscher Burschentracht und mit offenem Kragen, das
kriegerische Schnurrbärtchen der Befreiungskämpfer und
Sänger um die Lippen. Düster wie Simon Magus war
er einst so durch Rom gewandelt, dem er innerlich fremd
geblieben war. Ihn hatte es viel mehr nach dem Orient
gezogen. Und in Wien, wo dieser beginnt, war ihm weit
heimischer zumute gewesen, als an der Tiber, die Goethen
beseligte. „Zur Erinnerung an den Winter in Wien"
stand unter der Zeichnung, die an der Wand gegenüber
hing. Es war Joseph von Hammer-Purgstall, der erste
und größte Orientalist, der den einstigen Freund aus seinem
Rahmen anschaute, mit dem Einverständnis aus der
gleichen Liebe zum Osten, die sie verbunden hatte, bis sie
über die Aussprache einiger persischer Wörter sich nach
Professorenweise miteinander verkrachten.

Der Maler, der sich die Vergangenheit seines Dichters an
den Wänden seiner guten Stube betrachtet hatte, stöhnte:
„Das gibt mir alles nicht mehr den richtigen Ausdruck für
ihn" und begab sich zu der Laube, wo er sein lebendes Mo-
dell erwarten sollte. Leise schritt er durch den Garten unter
den Bäumen, die der Dichter, der sich nach seinem eigenen
Geständnis weit besser darauf verstand, Bäume zu züchten
und zu veredeln als Studenten der Philologie und zünftige
Orientalisten heranzubilden, meist selbst gepflanzt hatte.
Da, wie der Maler in den Seitenpfad zur Laube biegen
wollte, sah er den greisen Poeten schon dort liegen. In
edler Verdrossenheit und Ungeselligkeit, zwischen den türkischen Bohnenblüten, mit denen die Laube eingefaßt war.

Sie nickten ihm freundlich zu, wie die mit weißem Turban oder rotem Fes geschmückten Häupter der morgenländischen Dichter, die er übersetzt hatte, ein Dschami, ein Saadi, ein Dschaleddin Rumi, ein Hariri und Firdusi im Geist ihn grüßen mochten.

Lang ausgestreckt auf seinem Rücken lag er da, des Dorfamtmanns Sohn aus Frankenland, seiner liebsten Gewohnheit gemäß ins Anschauen Gottes versunken. Die lange Pfeife lehnte neben ihm und mischte ihren Duft mit dem Kaffee, den man ihm gebracht hatte, dem würzigen Getränk Arabiens, wie er sein reines Deutsch mit dem Indischen, Hebräischen, Persischen und Chinesischen vermählt hatte. Auf seinem Schoß lag ein Notizbuch. Darein schrieb der Alte ab und zu mit seiner klaren zierlichen Handschrift, mit der er die gesamte Literatur des Ostens exzerpiert hatte, einen Vers, den er sich leise vorsprach, indes die Hummeln seinen glatten Mund umsummten. Wieviel hunderttausend Reime waren ihm nicht entflogen seit seinem ersten Kindergedicht! Es gab nichts in der Welt für ihn, das sich nicht bedichten ließ: Der Tod eines Kindes so gut wie die Ablehnung einer Einladung oder das Ausfliegen eines Kanarienvogels oder das Heldenmädchen Prohaska oder der Abschied eines Dienstboten oder die Württemberger Verfassung oder ein verstauchter Fuß oder das Frankfurter Rumpfparlament. Auf alles fand er einen Reim. Hatte er doch zum Spaß ihrer sechsundzwanzig allein auf das Wort: „Märchen" aufgestöbert. Am liebsten freilich waren ihm die Reime „Mein" und

„Dein", so wie er als Mann auch stets den Gleichklang auf sein Ich und die Hälfte, die ihm zum Ganzen fehlte, gesucht hatte. Von Agnes Müller, der frühverstorbenen, angefangen über Marielies, die Thüringer Wirtstochter, die er unter dem Blumennamen „Amaryllis" besang, trotzdem sie ihn verschmähte und seine Gedichte — o Tod jeder Dichterliebe! — zerriß, bis zu Luise, der Braut und Gattin, der er seinen vollen Liebesfrühling in den Schoß geschüttet hatte.

> „Du bist die Ruh,
> Der Friede mild,
> Die Sehnsucht du
> Und was sie stillt."

Selbst die weißgestrichenen Pfosten der Laube waren mit Reimen gefüllt, mit versus memoriales, die der Dichter, der außer seinen Briefen keine Prosa schrieb, und der seinem eigenen Geständnis nach nur in Versen denken und fassen konnte, dort hingekritzelt hatte. Neben der Kaffeekanne auf dem Tischchen lagen drei Bände seiner Dramen, die kein Mensch las, außer ihm selber. Im Banne Calderons, der ihm wie der Dämon dem heiligen Cyprian mit magischer Gewalt im Nacken saß, hatte er in ihnen den König Arsak von Armenien, Saul und David, Herodes den Großen, Kaiser Heinrich den IV. und Cristoforo Colombo bedichtet und sich fast krank geärgert, als keine Bühne gierig danach griff. Doch, um den alten Poeten über diese nie vernarbte Wunde zu trösten, stand dicht neben diesen totgeborenen Werken ein Vase voll hundertblättriger Rosen, die seine sorgliche Tochter dorthin gerückt hatte und duftete ihm wie die sechs Liedersträuße zu, die er einst im Liebeslenz gewunden hatte.

So lag er dort auf seiner Gartenbank zwischen seinen Blumen, seinen Versen und seinen dramatischen Schmerzenskindern, der ungesellige greise Dichter. Wie ein morgenländischer Zauberer sah er im Schmuck seiner langen Haare aus, indes seine knochigen Wangen noch von dem Wein, den er beim Mittagsmahl genossen hatte, wie die des Hafis gerötet waren. „Könnt' ich ihn so aus der Natur wegstehlen", dachte der Maler, der ihn lange von ferne betrachtete, den weißen Brahmanen, der Verse saugend in den Himmel schaute. Um das ländliche Bild des Stillebens eines deutschen Dichters zu vollenden, spielte sein Enkeltöchterchen, ein kleiner Blondkopf, um ihn herum. Sie wartete darauf, daß er ihr ein Märlein von dem Bäumchen, das andere Blätter gewollt, oder vom Büblein, das überall hat mitgenommen sein wollen, erzählte. Jetzt reizte das goldene Medaillon an der Uhrkette des Großvaters besonders ihre Neugier. Listig und leise machte sie sich an ihn heran, der mit den poetischen Geistern der Luft zu sprechen schien. Vorsichtig öffnete sie das Schlößchen, das die beiden Goldkapseln zusammenhielt. „Wer ist das, Großväterchen?" rief sie, erstaunt auf die beiden Bildchen blickend, die darin waren. Sanft erschrocken, schaute der greise Dichter zur Seite. Er sah seine über alles geliebte Luise als Braut und als Silberbraut in den Händchen der Kleinen und einen Schimmer der Ähnlichkeit mit seiner

Frau auf dem Gesichtchen der Enkelin leuchten. Die Tränen traten ihm in die Augen. Und jetzt — das war der richtige Ausdruck für den greisen Dichterkopf, wie der Maler ihn suchte — jetzt legte der Gottesfürchtige seine morsche Hand zum Segen auf den blonden Scheitel der Kleinen und flüsterte mit seiner immer leisen Stimme:

„O wie liegt so weit, o wie liegt so weit
Was mein einst war!"

# Geibel

„Das soll mir einmal einer nachmachen von diesen Jungen, die sich heute auf der deutschen Schaubühne herumlümmeln und der anständigen Kunst die Luft wegnehmen, die wenige, die ihr die seichte, zuchtlose, französische Schwankliteratur übrig läßt, Gott sei's geklagt!" Der Mann, der das sagte, war ein bleicher Sechziger. „Unser Geibel" nannten ihn seine Lübecker. Er trug eine violette Samtjacke und ein schwarzes Samtkäppchen, unter dem sich zu beiden Seiten und nach hinten schöne Reste kühn geschwungener weißer Locken hervortaten. Er saß auf einem roten Plüschstuhl. In der einen Hand hielt er ein Manuskript, dessen Goldschnitteinband in dem Licht der roten Ampel glänzte, die auf dem Sekretär neben ihm brannte. Mit der andern Hand schlug er zuweilen zur rhythmischen Begleitung der Verse, die er vortrug, oder auch zur Bekräftigung seiner Ansichten auf die mit zwei Löwenköpfen aus Messing geschmückte Armlehne seines Plüschstuhles. Jetzt fuhr er fort, aus dem sauber und deutlich wie ein hanseatisches Konossement geschriebenen Manuskript in seiner Linken vorzulesen, in das er freilich kaum hineinzublicken brauchte, so geläufig waren ihm die Verse.

Brunhild: Nieder in den Staub, du Schlange, die
[mit gift'ger Zunge sticht!

Lügnerin!

Kriemhild: Die Wahrheit sprach ich und dein Grimm
[verlöscht sie nicht!

Brunhild: Schweig! Wie Flaumen in die Lüfte blas' ich
[deiner Märchen Bau.

Kriemhild: Glauben willst du nicht dem Worte, rasend
[Weib, wohian, so schau!

Kennst du diese Doppelspange: Dir vom Gürtel kam sie
Bis der Held dich unterjochte — — —           [nie!

Die Jungfrauen: Wehe! Wehe!

Kriemhild: Kennst du sie?

Brunhild: Gaukelspiel der finstern Mächte!

Kriemhild: Antwort gib!

Brunhild:                          Wie Rabenflug
Schwirrt es düster mir vor Augen. Aber nein! Es ist
Du entwandest sie!                          [ein Trug

Kriemhild: Du wagst es?

Brunhild: Räuberin!

Sigrun:                          Laßt ab vom Streit!
Dort vom Schlosse naht der König.

Kriemhild:          Wohl! Er kommt zur rechten Zeit.

„Das soll mir einmal einer nachmachen von diesen Dichter=
lingen und modernen Schmierfinken, die unser Theater schän=
den!" unterbrach der Dichter seine Vorlesung. „Das ist echt
dramatisch. Nicht zum Einschlafen langweilig wie das Stab=
gereime eines Richard Wagners, bei dem einem übel werden
kann wie Gunther seinem Weibe in seiner verblasenen Götter=
dämmerung! Vermutlich weil sie das endlose Vorspiel der
drei Nornen auf dem Walkürenfelsen mitanhören mußte.
Die ganze hehre Edda ist uns durch diesen unsittlichen
Sudelmusikanten verzerrt und in den Kot gezogen worden.

Auch meine Szene ist gewagt, ich geb' es zu. Aber der gewaltige Dichter des Nibelungenliedes hat sie nun einmal überliefert. Und ich glaube, daß ich nicht gestrauchelt noch ausgeglitten bin, wie es leider einem Hebbel an solchen schlüpfrigen Stellen zuweilen widerfahren ist. Selbst den Gürtel, den er, dem Liede folgend, die rasende Kriemhild der Nebenbuhlerin vor dem Münster zeigen läßt, hab' ich als als anstößig vermieden und geb' ihr nur seine Doppelspange. Was auch nur im kleinsten über die Grenzen des Sittlichen hinausschweift, ist nicht mehr ,schön' nach den ewigen Grundbegriffen der Ästhetik. Irret euch nicht, ihr herumvagierenden Ritter der Moderne! Gott läßt sich nicht spotten. Hab' ich nicht Recht, meine Lieben?"

Sein kleines Auditorium, das wie gewöhnlich aus seiner einzigen Tochter Marie, ihrem Manne, dem soliden Rechtsanwalt Doktor Fehling, und seiner rührend um ihn besorgten Nichte Bertha bestand, beteuerten mit Kopfnicken, Brummen und Zärtlichkeiten die Richtigkeit seiner Behauptungen und Befürchtungen. „Item, ich fahre fort", kündigte der Alte jetzt als sein eigener Heroldsruf mit erhobener Stimme an: „Gunther tritt auf im königlichen Schmucke.

Gunther: Welch ein Zwist! Wer ist's, der frevelnd
         [unsrer Hofburg Frieden brach?
Brunhild: Schütze, räche mich mein Gatte, räche deines
         [Weibes Schmach!
Gunther: Was geschah?

**Brunhild** (weist auf Kriemhild): Es spricht die Stolze —
meine Lippe bebt vor Scham,
Daß nicht deine Kraft, daß Siegfried mir zur Nacht den
Gürtel nahm.

**Gunther:** Wort des Unheils! Wehe!

**Sigrun:** Wehe, daß du diesen Zwist begannst!

**Brunhild:** Brich die Lästrung! Richte! Räche!

**Kriemhild:** Straf' mich Lügen, so du kannst!

**Brunhild:** Ha! Du schweigst? Du zögerst? Rede! Bei
War es Siegfried? [der Hölle Pforten, sprich!
(Gunther schweigt)

**Die Jungfrauen:** Wehe! Wehe!

**Kriemhild:** Sein Verstummen richtet dich.

Der Dichter hatte seine Stimme, so sehr er konnte, entfaltet.
Wie Theater=Donnerrollen dröhnte es durch die niedrige
Lübecker Wohnstube. Aber plötzlich brach er ab und heftete
seine funkelnden blauen Augen angstvoll ins Leere. Die
Krankheit, die ihn allnächtlich um die elste Stunde wie
ein stygischer Schatten heimzusuchen pflegte, trat heischend
hinter ihn und nahm ihm die Kraft, weiter zu deklamieren.
Nur ein paar Bekräftigungen seiner selbst ließ er, den das
Glück überall, nur nicht auf dem Theater angelächelt
hatte, noch gegen die Dämonen der Zweifelsucht los:
„Was! das ist dialektisch gebaut! Ein Äschylus würde sein
Ergötzen daran haben. Traun! In der Form steh' ich hinter
keinem zurück. Wie knapp Rede und Gegenrede aufein=
ander folgen! Meist nur in einem Vers! ‚Stichomythie‘
nannten das die Griechen. Schade, daß ich nicht mein

eigener Kommentator sein kann! Ich könnte mehr aus
meinen Werken herauslesén als Bulthaupt von Bremen
und dieser naseweise Freytag. Ja, ja! man muß scharf
zusehen bei mir, meine Herren Kritiker! Die Stelle, die
ich euch vorlas, bedeutet die Peripetie des Dramas, den
vorgeschriebenen Wendepunkt im Schicksal der Heldin, das
von nun an der Katastrophe zueilt. Ihr könnt euch den
Aufbau meiner Stücke an einer Pyramide klarmachen."
Er zeichnete mit zitternder Hand eine solche Figur in die
Luft. „Seht ihr! Das war die Spitze, zu der ich meine
Brunhild führte. Jetzt gehts bergab mit ihr. ‚Αὖτις
ἔπειτα πέδονδε κυλίνδετο λᾶας ἀναιδής‘, wie Allvater
Homer singt, was unser plumper alter Voß, vergröbernd
wie immer mit: ‚Hurtig wie Donnergepolter entrollte der
tückische Marmor‘ übersetzt hat. Ich hätte ihm gerne die
Hand führen mögen bei manchen Versen des Joniers, meinem
Nachbarn, dem etwas grobschichtigen Alten von Eutin.
Hab ich's euch recht gemacht mit meinem Vorlesen? Ich
sag' euch, die Ziegler selbst ist zu matt an dieser Stelle,
die freilich die Kraft einer Göttin verlangt. Wahrlich!
stellt das nicht alles in den Schatten, womit sich dieser
wabernde, wollustwühlende, wahnwitzige Wagner an den
Nibelungen versündigt hat?"
Die Nichte gab heimlich über seinem Kopf den beiden
andern das Zeichen zum Aufbruch. Allzu große Aufregung
verschlimmerte die nächtlichen Leiden des Onkels. Das
wußte sie aus peinlicher Erfahrung. Tochter und Schwiegersohn verabschiedeten sich denn auch unter den üblichen

Beifallsbestätigungen. „Nun? Bin ich wieder einmal zu heftig gewesen, mein Nichtchen?" meinte der greise Dichter, als sie beide allein waren, schelmisch lächelnd. „Hab' ich diesen Wagner wieder ad posteriora vorgenommen? Schon recht, Mimosa pudica! Reich' mir nur die Büchse her. Ich verurteile mich selbst zu dem üblichen Strafschilling."
Er ließ, noch immer neckisch, eine Mark in die von der Nichte ihm vorgehaltene Sparbüchse fallen. Es war dies das Strafgeld, das er für jede in Gegenwart von Damen gemachte gewagte Äußerung in seinem Hause einge=
führt hatte. „Da ist mein Obolus", fügte er hinzu, und sein Gesicht bekam plötzlich einen sinnenden Ausdruck, als wäre ihm bei dem harten Fall des Geldstückes zu Bewußtsein gekommen, wie bald er so dem Charon das letzte Fährgeld über den Totenstrom zahlen müßte.

„Umsonst entziehn dem blutigen Mars wir uns,
    Dem Wogensturz der heulenden Adria,
    Umsonst zur Herbstzeit ängstlich meiden
    Wir den verderblichen Hauch des Südwinds.
    Wir sehn trotzdem durchs Dunkel den stockenden
      Kocyt einst schweifen — — — —"

wie sein geliebter Horaz, dessen fünfzig schönste Oden er übersetzt hatte, seinem Postumus klagt.
Die Nichte hatte behutsam die gestrickte Decke von den Kuien des Onkels fortgezogen, der sich nun, von ihr ge=
stützt, ächzend aus dem weichen Plüschstuhl erhob. „Eheu fugaces, Postume, Postume labuntur anni!" sprach er, nachdenklich die langsam verblühenden Wangen der Nichte

tätschelnd. Sie wandte sich etwas frierend von seiner kalten Hand zum Mahagoni=Büfett, einen silbernen Tee= löffel aus dem Dutzendkästchen für den Grog des Onkels zu holen, der ihm vor der Nachtruhe an sein Bett gebracht werden mußte.

Langsam ging der greise Poet seinem Schlafzimmer zu. Vor dem lebensgroßen Ölbild seiner verstorbenen Frau Ada Geibel, geborenen Trummer, blieb er wie jeden Abend zu einer kurzen Andacht stehen. Im Reifrock der Mode von 1850 aus blauem Taft mit breiten Volants hing sie dort, wie ein Engel schon über ihm schwebend im Reichtum ihrer Locken, die, wenn sie losgeschürzt waren, wie ein schwarzer Wasserfall ihr bis an die Knie gereicht hatten. Sie schaute mit ihren braunen Rätselaugen an ihm vorüber in das Himmelreich, in das sie ihm vorangegangen war. Nur drei Jahre war sie sein gewesen. Aber er war ihr treu geblieben, er, der Pastorensohn. Über die Jahrzehnte hinaus, die sie jetzt von ihm trennten. „Anders wie jener französierte Heine, der aus seinem Herzen einen Rangier= bahnhof gemacht hat!" knurrte er in seinen geschweiften Knebelbart. Sein Fuß stieß an die Laute, die an die Palmen und Blattpflanzen vor ihrem Bilde gelehnt war. Sie klang wie das gebrochene Herz der Sappho auf Mytilene auf Lesbos. Seine müden Augen, die einst in seiner Jugend, da er noch Hauslehrer in Athen gewesen war, Marathons Ebene und das Felsengestade von Sala= mis und das goldrostige Marmorgebälk der Akropolis geschaut hatten, blieben an dem Ölgemälde Oswald

Achenbachs: „Ein Abend in Sorrent" haften, das neben der Tür zu seinem Schlafgemach hing. „Sonderbar! Daß ich niemals in Rom war!" sagte er, halb zur Nichte gewandt. Und eine Feuerbachsche Sehnsucht nach dem Land voll Sonnenschein glomm in ihm auf. Aber er korrigierte sich alsbald: „Freilich fürwahr, wer die Antike aus erster Hand genossen hat, mag sie nicht mehr als Kopie aufgetischt bekommen." Die gemütvollen Straßenlampen der Marzipanstadt blinzelten ihrem Hofpoeten bestätigend durch das Fenster zu. Er schickte sich an, sich zur Ruhe zu begeben, soweit das schmerzvolle Darmleiden, das er seit seinem Aufenthalt in Griechenland hatte und das ihn regelmäßig außer den Mittags- und Abendstunden wie der Geier den Prometheus heimsuchte, sie ihm vergönnte. „Gute Nacht, Nichtchen!"

Aber sie hatte noch ein Anliegen: „Fräulein Froböse möchte wissen, wie dir der erste Aufzug ihres Trauerspiels gefallen hätte, und ob sie es weiterdichten sollte."

„Richtig", sagte er, schon in der Türe zu seinem Schlafzimmer stehend, und begann lächelnd, wie er es oft in jüngeren Jahren im Lübecker Ratskeller getan hatte, aus dem Stegreif in Versen zu sprechen:

> „Beinah hätt' ichs schier vergessen,
> Deine Freundin zu erfreuen,
> Morgen werd' ich es bereuen —"

Doch er war zu müde noch einen Reim zu suchen. Er dachte zitternd, daß bald der Tod ihn mit dem Wort „Zypressen" finden und Dichter wie Gedicht damit zudecken würde. „Gott wird's füglich fertig machen!" sprach er unter einem halben Gähnen. „Gott wird alles fertig machen, sag' ihr das, was von uns hier nicht vollendet und nicht gut gemacht worden ist. Alles, bis auf Bismarcks Werk!" Er lüftete leise sein Samtkäppchen ihm zu Ehren, er, der Herold des neuen deutschen Kaiserreiches. „Denn das ist vortrefflich geraten und bedarf keiner Verbesserung! Ehre sei Gott in der Höhe! Gute Nacht!

Du magst mir noch etwas auf der Laute vorspielen, wie der Knabe dem Szipio vor seinem Zelt in meiner herrlichen ,Sophonisbe'. Ich werde dabei, soweit mein Darm es zu= läßt, von Griechenland träumen."

# Wilhelm Busch

Eine Silhouette von ihm, zu seinen Lebzeiten geschnitten.

Wiedensahl, das Dörfchen, in dem Wilhelm Busch geboren und gestorben ist, ist ein Flecken in der Provinz
Hannover mit einer Handvoll Häusern, die friedlich da-
stehen, rote Ziegeldächer als Hüte über den Kopf gestülpt
oder dicke, moosbedeckte Strohkappen schief aufgesetzt. Ein
Bächlein fließt um das Dorf herum, auf dem im Sommer
und im Winter, wenn es nicht, um sich nicht zu erkälten,
eine Eisdecke übergezogen hat, die Enten und Gänse fröhlich ohne Unterschied des Geschlechtes zusammen baden.
Fette Wiesen und herrliche dunkle Tannenwälder umrahmen
das Bild. Den Dampf und die Elektrizität kennt diese jenseits der Eisenbahn gelegene Idylle noch nicht. Und als
es geschah, daß zum erstenmal ein Automobil wild die
Gegend durchfauchte, schrien die Bauern: „Der Düvel ist
gekommen und will den Wilhelm Busch holen." Man
wäscht sich dort an der Pumpe, man liest die Zeitungen
von vorgestern, und Musik nennt man dort, wenn der Vieh-
knecht abends ins Horn trötet, daß die Kühe von der
Weide heimkehren sollen. Gleichwohl läßt es sich im Sommer,
wenn die Wiesen dick voller Blumen stehen und in der
Sonne strahlen wie ein Pfauenschwanz, und wenn die
Vögel alle zusammen musizieren, ohne je aus dem Takt
zu kommen, dort ebensogut leben wie in Berlin. Und
selbst im Winter, wenn an den Fenstern die weißen Eisblumen blühen und es draußen friert, daß die Steine

heulen, und man drinnen bei Rheinwein oder wenn's zu
kalt wird, bei altem Nordhäuser sich tröstet, kann man
das Dasein dort ebensogut ertragen wie in Rom oder in
Florenz. So dachte auch Wilhelm Busch, als er am 15. April
1832 in Wiedensahl zur Welt kam:

> „Kaum, eh' man sich's recht bedacht,
> Schlupp! Ist man zur Welt gebracht."

Sein Vater war der Krämer des Dorfes, der schwarze
Seife, Talglichter, Salz, Karamellen, Streichhölzchen und
Bindfaden verkaufte. Und sein Weib half ihm tapfer da=
bei. Die Großmutter nahm sich des Kleinen an, da die
Eltern, wie gesagt, Besseres und mehr zu tun hatten,
als Kinder zu weiden und groß zu ziehen. Die Alte, die,
wie die Leute über siebenzig Jahre gewöhnlich, nicht mehr
viel schlafen konnte, stand mit Herrn Busch jun. in der
Frühe auf, schob ihm ein Stück Pumpernickel in den Mund,
damit seine Zähne sich amüsieren konnten, und steckte das
Herdfeuer an. „Besonders im Winter", erzählt Busch ein=
mal, „kam es mir wonnig geheimnisvoll vor, so früh am
Tage schon selbstbewußt in dieser Welt zu sein, wenn rings=
umher noch alles still und tot und dunkel war. Dann
saßen wir zwei, bis das Wasser kochte, im engen Lichtbe=
zirk der pompejanisch geformten zinnernen Lampe, sie
spinnend, ich spielend oder später aus dem Gesangbuch
schöne Morgenlieder lesend." Als der Junge größer ge=
worden war und etwas werden mußte, schickte man ihn,
während die Großalte sich indessen zu ihren Müttern ver=

sammelte, auf die Hochschule nach Hannover. Aber es erging Busch wie allen wählerischen Leuten, er konnte und
konnte den Beruf nicht finden, der auf dieser Welt für ihn
paßte. Und schon war er nahe daran, sich mangels Beschäftigung aufzuhängen, als ihn ein Freund mit den
Worten: „Maler kannst du immer noch werden!" an die
Akademie nach Düsseldorf wies. Hier saß er ein Jahr
im Antikensaal ab und wollte gerade vor Langeweile sterben,
als ihm einfiel, daß man, wenn man den Rhein hinunter-
fuhr, nach den Niederlanden kommen müßte. Er machte
sich daher auf. Und hier von den Bildern von Brouwer,
Teniers, Franz Hals und anderen bekam er wohl die erste
Anregung zu seinem späteren Schaffen. „Ihre göttliche
Leichtigkeit der Darstellung malerischer Einfälle, ihre Un-
befangenheit eines guten Gewissens, welches nichts zu ver-
tuschen braucht, haben für immer meine Liebe und Bewunderung gewonnen", gesteht er selbst.

Als letzten Studienort hat er sich dann München erwählt,
wo er allerdings mehr im Künstlerverein als in der Akademie saß, und wo die „Fliegenden Blätter" das erste Bild
und die ersten Verse von ihm brachten. Dann gings wieder
für immer der Heimat zu. Über Düsseldorf. Dort führte man
ihn, der damals ob seines trockenen Humors in Malerkreisen
schon allgemein gefeiert wurde, jubelnd in den Malerverein
„Malkasten", in der Hoffnung, daß dieser Märchenprinz
aus Genieland dieses verschlafene Dornröschen wachküssen
würde. Aber man war bitter enttäuscht von ihm; kein
Spaß entschlüpfte inmitten der porzellanenen Honoratioren

seinem Munde. Endlich stand er auf und klopfte ans Glas:
Alles fuhr auf. „Wilhelm Busch wird reden", und hundert
neugierige Augen sahen ihm auf den Mund, in Erwar=
tung, was da herauskommen würde: „Kellner! Noch einen
Schoppen Mosel!" sagte er und schwieg damit definitiv.

Am andern Morgen fuhr er in die Einsamkeit nach Wieden=
sahl und schrieb und malte dort ganz allein, „ohne wem
was zu sagen", wie er sich ausdrückte, alle seine schönen
Bildergeschichten auf. Und als es ihm genug schien, schwieg
er so beharrlich, wie damals im Düsseldorfer „Malkasten",
und lebte friedlich in Wiedensahl bis auf den heutigen
Tag, auf keine andere Unterhaltung angewiesen als auf
Bücher, Bauern und das Jägerlatein des Försters am
Abend in der Waldschenke. Er hat sich niemals feiern lassen,
und während andere berühmte Jubelgreise sich zu ihrem
siebenzigsten Geburtstag unter Tränen anreden lassen oder
im Kreise der lieben Ihren sitzen, tiefgerührt den Enkel
auf dem Schoß, bis dieser, ohne Respekt vor jenem Tag,
sich unmanierlich benimmt, floh Wilhelm Busch damals
allein in die einsamen Tannenwälder, die Gott sei Dank
noch nicht das Reden gelernt haben. Früher las er viel
im Darwin und Schopenhauer, und abends, wenn die
Leute in den Großstädten Offenbach oder Blumenthal an=
hören, oder sich darüber freuen, daß einer seiltanzen kann,
ohne sich die Beine zu zerbrechen, dann holte er sich Shake=
speare und las sich bei der Lampe darin so glücklich, als
wenn er im Frack in der ersten Loge der Oper gesessen
hätte.

Heutzutage, wo die Augen schon matter geworden sind, spielt er lieber mit den Kindern herum oder sieht im Sommer den Bienen zu, die ihm noch interessanter sind als eine Reichstagswahl, und raucht dabei Tabak, soviel er passen kann, und hüllt sich wie Zeus in blaue Wolken ein. Und über kurz oder lang wird er eines nicht schönen Tages sterben, wenn es einmal acht Tage hintereinander in grauen Streifen geregnet hat, oder das Bier im Faß erfriert, und man rechte Lust auf das Grab bekommt, wo man nicht mehr naß und kalt wird, und länger als acht Stunden hintereinander schlafen kann, ohne von irgendeiner verfluchten Pflicht geweckt zu werden. Und seiner Schwester Sohn, der Pfarrer in Wiedensahl ist, wird ihn zur Ruhe bringen und über seiner Gruft folgende Predigt halten: „Hier ruht in Gott und in Erde Wilhelm Busch, ein lachender Philosoph, der letzte große Humorist, den wir Deutsche hatten. Denn die bis dato nach ihm kamen, verdienen leider nicht den Namen. Amen!"

# Homer

Der preußische Oberlehrer Traugott Semmelbart war gerade im Begriffe, den Schülern seiner Oberprima die Schönheiten und Schwierigkeiten der ionischen Sprachformen am siebenten Gesang der Ilias, der vom Streit um die Leiche des Patroklus handelt, zu beweisen und zu erläutern. Sie waren eben an der Stelle, wo es den griechischen Helden gelingt, den nackten Leichnam, dem Hektor die herrliche goldene Rüstung Achills von den Schultern gerissen hatte, fortzuschleifen, und wo ihr Dichter sie den Trauermarsch zum Zelte des Achills antreten läßt. „Der Vers 722 war falsch skandiert! — Außerdem haben Sie später den Konjunktivus Aoristi mit dem Imperativ verwechselt und in Vers 730 den Genitiv Singularis mit dem Dativ Pluralis. Noch einmal die ganze Stelle von vorne!"

Also war des Oberlehrers Zensur ausgefallen, und der Oberprimaner begann von neuem an den ionischen Versen Homers herumzubohren, zu sägen und zu hobeln. Die Sonne Homers aber, die draußen schien, schaute diesem fast noch mühevolleren Streite um die versifizierte Leiche des Patroklus lächelnd durch die Fenstergitter zu und leuchtete gerade auf die Stirne des an der Spitze der Klasse kämpfenden Oberlehrers. Und siehe, unter ihrem Strahl geschah etwas Wunderbares, etwas, was sich die alten Griechen nur unter der Einwirkung oder durch das Dazwischenkommen irgendeines Gottes hätten erklären können. Traugott

Semmelbart unterbrach plötzlich seinen Schüler, klappte das Buch zu, stieg auf sein Katheder und hielt hinter seiner Brille unvermutet eine Ansprache:

„Liebe Schüler! Wir plagen uns nun seit zwei Uhr über dem Optativ, den Synkopen, den Akzenten, den Endungen und dem ganzen Formenreichtum der griechischen Sprache nicht anders, wie Menelaus und die beiden Ajas gegen die Trojaner in Schweiß geraten sind. Es ist meine Pflicht, Ihnen an der Hand des Homer die griechische Sprache zu verlebendigen. Aber, nehmt's mir nicht übel, ich habe manchmal das schlechte Gewissen, als ginge der alte Homer dabei zu Tode. Vor lauter Nachdenken über alle die schwierigen Worte sehen Sie schließlich die Bilder nicht mehr, die dahinter stehen, und um derentwillen kennen wir Heutigen doch nur unsern Homer, dessen Sprache tot ist gleich der Akropolis. So lassen Sie mich Ihnen denn in dieser Stunde einen einzigen Rat für Ihr ganzes Leben erteilen. Der lautet: Vergessen Sie den Homer nach der Schule nicht! Dies griechische Buch, was Sie da in Händen halten, das mögen Sie meinetwegen als Studenten schon verkaufen, um Bier oder Tabak daraus zu machen. Das bißchen Jonische, das ich Ihnen eindrillen kann, verlieren Sie ohnedies nach dem dritten Semester. Denn ich möchte den sehen, der, wenn er nicht wie ich Altphilologe geworden ist, mir nach zehn Jahren noch einen einzigen Vers aus der Ilias oder der Odyssee ohne Wörterlexikon übersetzen könnte!

Nein, nicht um des Griechischen willen sollen Sie unsern

Homer mir nicht vergessen. Dieser Honig ist nur für die
letzten Feinschmecker bereitet. Sondern um seiner Kunst
willen sollten Sie später, wenn Sie nicht mehr an der
Schulbank kleben, den Homer in dem körnigen Deutsch
des klugen Vater Voß immer von neuem genießen. Denn
sein ist die Kraft und der Reichtum und die Herrlichkeit
in Ewigkeit, und solange es Menschen gibt, die dichten
müssen, wird Homer der erste praeceptor poetarum bleiben.
Goethe nahm seine ,Odyssen‘ noch als Fremdenführer mit
nach Italien und las, als er um Siziliens felsige Küste
herumfuhr, die Abenteuer des klugen Dulders mit dem
Zyklopen Polyphem. Er wußte, daß der alte Homer, der
Schöpfer der ganzen griechischen Kultur, die Fibel ist, vor
die man die Dichter setzen soll, ehe sie eine Nähnadel zu
beschreiben anfangen.

Denn — und dieses können Menschen unter dreißig Jahren
noch nicht würdigen — seine Kunst, Menschen und Gegen=
stände zu schildern, ist bis zum Ende der Welt meisterhaft.
Unter blauem Himmel hat er alles gemalt, was es gibt,
Segelschiffe, Pferdegespanne, Schilde, Waffen, Meierhöfe,
Mauern, Kleider, Webstühle, Flüsse, Meere und Berge.
Man muß nur daran denken, wie er die Dinge, die er
beschreibt, zusammensetzt: Einen Helden im Kriegskleid
läßt er sich vor uns gürten und Stück für Stück ankleiden,
da steht er. Ein Schiff im Wind auf dem Meer läßt er
vor uns im Hafen langsam aufbauen, da fährt es. Einen
Hund, der uns interessieren soll, läßt er vor uns aufleben
von seinem ersten Tage an bis zu seinem letzten, daß wir

wie auf ‚du und du‘ mit ihm stehen und traurig werden
wie beim Tode des alten Attinghausen, wenn er verlassen
und vergessen auf dem Miste liegt und beim Anblick seines
nach zwanzig Jahren heimkehrenden Herrn, des Odysseus,
den kein Mensch erkennt, schwach mit dem Schwanz wedelt
und dann vor Erschütterung stirbt.

Niemals aber kommt es vor, daß sich Homer an seinen
Gegenstand verliert, weil er der naivste und darum der
größte Dichter ist, den die fünf Erdteile besitzen. Nicht
kalt steht er bei seinen Geschöpfen. Mit allumfassender
Liebe sieht er alles an, den strahlenden göttlichen Helden
Achill, wie die kriechende, sterbliche Schildkröte auf dem
Sande davor. Und so wird alles warm für uns unter
seiner Hand, das Größte wie das Kleinste. Darum vielleicht dachten sich ihn die Griechen blind, weil er nichts
und niemanden bevorzugt und keinem andere Farben mit-
gibt, als er im Spiegel hat.

Wie aber sind die Menschen, die er geschaffen hat? Es
wäre leicht, nur das Schlechte an ihnen aufzuzählen: So
wäre sein Agamemnon geizig und feig, der Achill jähzornig
und neidisch, Ajas dumm und furchtsam und die Helena
schwach und sinnlich zu nennen. Ja selbst sein Himmel
wimmelt von menschlichen Leidenschaften völlig unter-
worfenen Göttern, und sein Zeus ist ein schlimmerer Sünder,
als sich das Mittelalter den Teufel vorstellte. Und wenn
man seinen Olymp mit Luzians und Offenbachs Augen
anschaut, wird im Nu eine Parodie daraus. Und doch sieht
man seine Geschöpfe darum, weil er sie nicht verschönt und

weiß oder schwarz angestrichen hat, heute noch atmen und
mit den Augen rollen, seine Heroen und Götter und Frauen,
wie man von den Bildwerken der Antike sagt, daß sie
nachts in den Museen aufwachen und miteinander griechisch
reden. Homers Himmel kennt keine Heiligen und seine
Erde keine Idealgestalten als Menschen, die leben, wie
sie sind, ohne Scham und ohne Reue, einzig nur das
griechische Gewissen kennend: ‚Erkenne dich selbst und
halte dein Maß!‘

Alles dieses aber zu fassen, zu verstehen und zu würdigen,
reicht das Gehirn von Achtzehnjährigen noch nicht völlig
aus. Und darum, liebe Schüler, ich beschwöre euch" —
und hierbei klang des Oberlehrers Stimme so einschmei=
chelnd und verführerisch, wie die Harfe im Palast des Odysseus
zum Schlemmermahl der Freier oder die Laute der Sirenen,
die den heimsegelnden Helden süßer als Vogellieder ver=
locken wollen —: „Vergeßt den Homer nicht im Leben
und lest bisweilen in ihm, ihr mögt als Supernumerare,
Schriftsteller, Pastöre, Ingenieure oder Offiziere endigen!
Laßt euch von ihm begleiten bis ins vierte und ins achte
Jahrzehnt eures Lebens! Und wenn ihr an eurem Todes=
tage sagen könnt: ‚Er ist mein bester Freund gewesen‘,
werdet ihr reich ins Grab hinuntergehen."

Der Oberlehrer Traugott Semmelbart hielt auf einmal
erschrocken im Reden still. Seine Bäckchen waren vor
Begeisterung ganz rot geworden, wie die Schatten der
Unterwelt, als sie wieder Blut getrunken. Er sah auf
einmal die Augen seines Primus höhnisch überlegen auf

fich ruhen und fühlte dunkel, daß die Bande der Ordnung in seiner Oberprima in Verwirrung geraten würden, wenn er nicht schnell wieder die gewohnten Zügel in die Hand nähme. Mit einem lauten Seufzer, ähnlich dem eines Halbgottes, der zurück zur Erde kehren muß, wandte er sich von seinem erhabenen Olymp zur griechischen Grammatik, stieg vom Katheder hinab und sagte traurig: „Also, noch einmal, Brösicke! Von Vers 722:

ὣς ἔφαθ'. οἱ δ'ἄρα νεκρὸν ἀπὸ χθονὸς ἀγκάζοντο."

# Cervantes

Wem heute ein Zahn weh tut oder der Magen schmerzt,
der läßt sich Metall in den Mund oder Pillen in den
Magen legen. Oder wer in der Nacht aufwacht und
Herzklopfen verspürt, der rennt am andern Tag in der
Frühe zum Doktor, zieht sich aus, läßt sich beklopfen
und behorchen, und später massieren, elektrisieren oder gar
hypnotisieren. So von zehn Spezialärzten begleitet, lebt
der moderne Mensch sein Leben dahin. Wird er kränker,
so legt er seinen Leib in warme Bäder hinein, und wird
er sehr krank, so stiftet er sich einem Sanatorium und
läßt ein paar Wochen lang geduldig allen heilsamen
Hokuspokus mit sich geschehen. So war es vor dreihun=
dert Jahren, da Shakespeare und Cervantes lebten, noch
nicht. Man fragte nach dem Leben des einzelnen nicht
viel und noch weniger nach seiner Gesundheit. Wer
sterben sollte und der Roßkur des Daseins nicht mehr ge=
wachsen war, den ließ man ohne viel Arzneien und ohne
lateinische Worte sterben.

Hier ist ein Brief von dem Dichter des Don Quixote aus
dem Jahre 1578, der beweist, wie wenig man sich um
das Wohlergehen, ja das Vorhandensein eines einzelnen
Menschen bekümmerte, der noch dazu der größte Genius
werden sollte, den Spanien der Welt zu vergeben hat.
Der Brief des Cervantes ist aus Algier datiert, wo der
Dichter damals als Gefangener des Deys Hassan Aga
lebte, sofern man das Dasein eines Wurmes „Leben"

nennt, und ist an seinen Bruder Rodrigo gerichtet. Dieser Rodrigo war mitsamt seinen Bruder auf der Fahrt von Sizilien nach Spanien von algerischen Piraten gefangengenommen worden, war aber durch ein Lösegeld, das die gute Mutter Cervantes' zusammengebettelt hatte, aus der Sklaverei losgekauft und befand sich nun, Zigaretten rauchend und nichtstuend, wieder am Manzanares. Der Brief des Cervantes an diesen glücklichen Bruder lautet nun folgendermaßen:

„Ach, mein teurer Rodrigo, mir ist es eselsschlecht ergangen, seitdem Du dieses Gestade verlassen hast. Mit einem ‚Ach!' beginne ich wie diesen Brief so alle meine Tage. Denke Dir, ich habe einen noch greulicheren Herrn gefunden, als der erste war. ‚Der lügt wieder einmal!' wirst Du Dir denken, ‚denn das ist schlechterdings nicht möglich.' Aber ich schwöre Dir bei meiner linken Hand, die ich, wie Du und die Welt weiß, in der glorreichen Schlacht bei Lepanto wider die Türken verlor, und die nun im Himmel droben auf mich wartet, daß dem wahrlich so ist. War schon mein erster Tyrann grausamer als Pontius Pilatus, so war er ein kupierter Hammel gegen den jetzigen. Dieser, der kein anderer als der Dey von Algier selber ist, ist so tückisch, daß der Teufel selbst nicht mit ihm zu Mittag speisen würde. Sein Haus ist mit Ohren und Nasen tapeziert, die er den Gefangenen bei den geringfügigsten Anlässen abschneiden läßt, und man sagt, er könne abends nicht einschlafen, ehe er nicht mindestens zwei Christen sich zu Tode heulen gehört hätte.

Jüngst hatte er mich zu zweitausend Stockschlägen ver=
urteilt. Aber beim zweiten Schlag mußten sie aufhören,
denn beim dritten wäre ich gestorben vor Wut, daß sie
einen Hidalgo zu schlagen wagen. Sie schonen mich aber,
weil sie hoffen, noch mehr Lösegeld als Ohrenschmaus
von mir herauszuschlagen.

Du kannst Dir ausmalen, was ich unter einer solchen Bestie
durchzumachen habe. Tagsüber mag es noch hingehen,
denn man muß arbeiten, bis man nichts mehr denkt und
fühlt, es sei selbst, daß einem eine Kanone über die Hühner=
augen führe. Auch denke ich, wenn ich neben den anderen
Sklaven auf der Galeere mit Ketten angeschmiedet dasitze,
wohl an Kolumbus, der auch Ketten tragen mußte, und
es vielleicht noch schlimmer hatte als ich, und der nun doch
in der Seligkeit sitzt und lacht. Aber des Nachts weiß ich
mir oft nicht zu raten und zu helfen vor Qualen und
Schmerzen. In ein graues Wollentuch gewickelt, werde
ich nicht anders denn wie in mein Grab nebst zween anderen
in eine leere Zisterne hineingelassen. Die Heiden decken ein
Brett und ein paar Steine darüber,. daß wir nicht ent=
wischen, und nun hocken wir drei uns schlafen, nachdem
wir vorher zur Madonna gebetet haben. Die Finsternis
und der üble Geruch möchten noch angehen, wiewohl die
Hölle, wo sie am tiefsten ist, nicht schlimmer duften kann,
als der Rauchfang, in dem man uns verfaulen läßt. Das
Greulichste aber von allem ist das Ungeziefer, das wir
armen Schächer mit unserm letzten bißchen Blut ernähren
müssen. Du erinnerst Dich dieser Menschenfresser sicher=

lich noch aus Deinen türkischen Tagen, Bruderherz. Aber
sie treiben es itzo toller als jemals. Morgens, wenn ich
mich aus meinem grauen Leichentuch herausschäle, glaube
ich stets wieder die Schlacht von Lepanto, in der ich wie
Du und die Welt weiß, die linke Hand verlor, mitge=
macht zu haben, so voll Blut ist alles.

Kurzum, ich glaube, daß ich, dies alles zusammengerech=
net, nicht mehr lange zu leben haben werde. Halb sterbe
ich vor Elend und halb vor Mitleid, denn der Jammer
um mich herum sticht mich oft mehr als alle Flöhe zu=
sammen. Vollends seit dem letzten Fluchtversuch, der uns
durch den Verrat eines Judas mißlang — der Teufel möge
ihm darum dermaleinst jeden Tag den Leib aufsägen und
heißes Blei hineinträufeln! — sind alle Christen hier ver=
zweifelt, und jeden Abend muß ich wie ein Proviant=
meister meinen Mut unter uns austeilen, bis ich schließ=
lich selbst keinen mehr habe.

Darum bei den Schutzheiligen unserer Familie beschwöre
ich Euch, Rodrigo, ruhet nicht eher, Ihr hättet mich denn
aus dieser Mausefalle befreit, dariu man nur die Schalen
von allem zu essen bekommt, dieweil der Satan seine
Heiden uns vor Augen die Früchte selbst schnabulieren
läßt. Ich habe kaum fünf Zähne mehr im Munde, und
diese fünf stehen alle so verzwickt voneinander, daß ich
meine ganze Mathematik zusammennehmen muß, um
eine Rinde altes Brot kleinzukriegen.

Male also der Mutter mein Los in rabenschwarzen Far=
ben und sage ihr, wenn sie keine Rabenmutter sein wolle,

so möge sie das Lösegeld für mich zusammenbringen, ganz einerlei wie. Sie soll irgendeinem Adligen bei Hofe weis= machen, daß seine Mutter eine Nichte des Onkels vom Schwager meines Vaters war, oder daß, wie dies wahr ist, das Blut des Geschlechts der Habsburger, aus dem der König — Gott segne ihn! — selbst entstammt, in uns fließt, und daß es unrecht sei, daß ein Nachfahre solchen erlauchten Hauses mit diesem Blute die algerischen Flöhe füttern müsse.

Wahrlich, ich sage Dir, mir ist oft zumute, als sei ich zu Besserem geboren, als hier mich verschimmeln zu sehen, und ich verspüre bisweilen einen unendlichen Hunger da= nach, meinen Namen durch die Gassen von Madrid schreien zu hören. Wenn ich wieder frei bin — ich meine, da ich dieses schreibe —, und erst die Vögel spanisch singen höre, will ich lachen, wie noch niemals einer gelacht hat, denn ich weiß, daß es kein Mensch und kein Tier auf der ganzen Welt schlechter haben kann, als ich es ge= habt habe."

Als der Mann, der diesen verzweifelten Brief geschrieben haben würde, wenn er Schreibpapier gehabt hätte, heim= gekehrt und fünfundfünfzig Jahre alt geworden war, schrieb er mit seiner einen Hand und seinem ganzen Herzen das Leben und die Taten des edlen Don Quixote auf und wurde damit berühmter als alle Spanier, die vor ihm und nach ihm gelebt haben. Dieser Don Quixote, der nirgends als in dem Kopf des Cervantes gehaust hat, ist der große Witz, den eine neue Zeit auf das Mittelalter gemacht hat.

In diesem Roman wird die ganze alte Empfindungswelt mit ihren Troubadourliedern, Schäferromanen und ihrem Rüstungsgeklapper von der Natürlichkeit zu Tode gekißelt. Darum sollte man im Geiste stets Cervantes' Bild neben das des Kolumbus hängen, weil er, wie jener, die alte Welt verlassend, eine neue Welt entdeckte. Denn er war der erste Dichter, der sich über das Heldentum und die Liebe, dieses Grundeigentum aller Poeten, lustig machte und sißt als Primus auf der Bank der Spötter, auf der wir heute Shaw und Wedekind gefeiert sehen. Er hatte in seiner göttlichen Naivität keine Ahnung von seiner übermenschlichen Bedeutung, und sah, als er sein Werk vollendet hatte, zu seinem Erstaunen, wieviel sich hinein- denken ließ, und wie über seinen Helden nicht nur gelacht, sondern mehr noch geweint werden konnte. Wir aber wollen seine Bilder nicht durch Begriffe verwischen, sondern sie ansehen und anhören, wie große Visionen eines, der mit einem heiteren und einem nassen Auge eine tote Zeit zu Grabe trägt.

Bei dem Don Quixote des Cervantes kam noch hinzu, was der Dichter freilich nicht ahnen konnte, daß er damit ein Selbstbildnis der spanischen Nation aufzeichnete, wie es kein Volk der Erde sonst besißt. Denn der Anfang eines neuen Spaniens, den man mit der Entdeckung Ame- rikas gemacht wähnte, war nur der Beginn eines trau- rigen Abc, das heute schon bis W hinunterbuchstabiert ist. So teilte sich die Abendröte eines sterbenden Landes auch diesem Romane seines komischen Helden mit, und

als wir weiland Spanien mit großen Worten und lecken
Schiffen in den unglücklichen Kampf um Kuba aussegeln
sahen, glaubten wir nicht anders, als daß wir noch einmal den Auszug des unseligen Don Quixote erlebt hätten.

# William Shakespeare

Es kann an einem schönen Sommertag des Jahres 1612 gewesen sein, als der Komet Shakespeare, ein Mann von siebenundvierzig Jahren, in seine Heimatstadt, nach Stratford zurückkehrte. Er war fast fünfundzwanzig Jahre lang in der Fremde gewesen, in London, wo er als Schauspieler und späterer Theaterleiter ein Vermögen erworben und seinen guten Ruf verloren hatte. Wie der Abdruck seines Gewerbes an der Hand des Färbers, so klebte die Schmach seines verachteten Gewerbes an ihm. Während die fünfundzwanzig Jahre mit Sonnenschein und Regen, mit Donner und Blitz und Ungewitter über seine Seele gezogen waren und in diesem Spiegel Gestalten wie Cäsar, Hamlet und König Lear hineingeschaut hatten, war es in Stratford ganz wie früher geblieben.

Dort floß noch das Flüßchen, in dem er als Knabe gebadet hatte, wie ein silberner Fisch im Morgenlicht dem Meere zu. Da grünten die Wiesen, und Kühe rupften das Gras. Und am Abend, wenn die Nebel steigen, würden wieder die Elfen kommen und tanzen und Oberon und Titania Hochzeit feiern, wie er es einstmals aus jungen träumenden Augen belauscht hatte. Dort war der Abhang, auf dem er immer gelegen hatte, die Chronik in der Hand, aus der ihm Richard III. und Falstaff und Heinrich IV. erschienen waren. Dort blühte die Hecke wieder, hinter der er zuerst geweint hatte, und hinten rauschte der dunkelgrüne Busch, in dem er gewildert und das Gruseln gelernt hatte.

Ging man ein wenig höher, so kam man auf eine öde
Halde, wo ihm einstmals am Abend die Hexen begegnet
waren — er sah sie noch ganz deutlich vor sich —, wie
sie kichernd und heulend giftige Kräuter sammelten.  Dort
stand noch das Rathaus, düster und verwittert und stolz
auf sein Alter, in dem er zum erstenmal Menschen in
bunten Trachten Verse sprechen hörte und bei sich dachte,
wieviel herrlicher dies sei, als toten Kälbern das Fell
über die Ohren zu ziehen und Handschuhe daraus zu machen,
ein Gewerbe, das er damals betreiben mußte.

Drüben lag seines Vaters Haus, das jetzt — man könnte
stolz darüber werden! — sein eigenes geworden war.  Das
Dach war schon oft ausgebessert und geflickt wie ein alter
Schuh, und die hintere Seite zeigte Sprünge und Runzeln
und Risse.  Aber die vordere Seite hatte der alte Shakespeare von dem Gelde seines Sohnes neu herrichten lassen
und in kindischer Freude über den Wohlstand des Sohnes
mit dem nämlichen Holz, das der Stadtschultheiß an seinem
Hanse hatte, bekleiden lassen.  Das war die letzte Freude
des Vaters gewesen, der über die Gelder, die der Sohn
ihm von London schickte, fast sein letztes bißchen Verstand
verloren hätte. —

Dort stand die Kirche noch, in der man ihn getauft und
getraut hatte, oft hatte er beides in den ersten wilden
Londoner Jahren vergessen.  Die Glocken klangen noch
wie früher, nur etwas häufiger und etwas frommer.  Denn
Stratford war puritanisch und orthodox geworden, und
man predigte von den Kanzeln gegen die, die am Sonntag

die Leute von den „Versammlungen zu den Heiligen" zu den
„Teufelsversammlungen" ins Theater lockten. Und wenn
jetzt die Schauspieler in den Ferien vor die Tore von Strat=
ford kamen, zogen die puritanischen Ratsherren mit den
steifen Mühlsteinhalskrausen hinaus und boten ihnen Geld,
daß sie wieder abzögen und ihre Lämmer verschonten.
Wie würden Marlowe und Greene und alle die tollen
Gesellen seiner Jugend, die Stürmer und Dränger Alt=
englands gebrüllt haben, wenn sie dies noch vernommen
hätten! Er hörte fast in seinem Ohr die Witze, die sie
darüber reißen würden: „Kommt! Laßt uns Stratford be=
lagern! Heutzutage verdient man mehr, wenn man nicht
spielt, als früher, wenn man sich heiser schrie."

> „Wo sind jene? Sagt es mir,
> Die vor wenig Jahren
> Eben also, gleich wie wir,
> Jung und fröhlich waren?
> Ihre Leiber deckt der Sand,
> Sie sind in ein auder Land,
> Ans dieser Welt gefahren."

Er blickte zum Kirchhof hinüber, wo die Krenze und
weißen Steine stumm über den Toten Wache standen,
und mußte ihrer aller, die er gekannt hatte, gedenken.
Dort lag auch sein einziger Sohn Hamlet begraben, der
als Knabe, elf Jahre alt, gestorben war. Die Zypresse
auf seinem Grabe — so groß würde er jetzt sein! —
schaute eben über die niedrige Kirchhofsmauer herüber
ihn traurig an.

Auf den Straßen aber spielten die Kinder seiner Schul-
freunde mit dem Ball, und keiner kannte ihn, und keinen
kannte er. Und er wußte nur, wenn er jetzt die Straße
entlang weiterginge bis zu seinem kleinen Hause und den
Riegel aufdrückte und gebückt in die niedrige Stube hinein-
träte, daß dort eine alte Frau, seine eigene Frau, strickend
oder spinnend am Herde säße. Sie würde ihn sonder viel
Freude begrüßen, als sei er fünf Stunden und nicht fünfundzwanzig Jahre fort gewesen, und dann würde sie
darüber keifen und schelten, daß des Nachbars Katze an
der Milch gewesen und — alles in einem Atem! — daß
ihrer beider Tochter Judith nun fast dreißig Jahre alt sei
und noch immer keinen Mann erwischt hätte.

Er mußte lächeln, wenn er daran dachte und auch daran,
daß man ihm heute abend eine Bibel an das Bett legen
würde, und daß ihm am andern Morgen früh nicht wie
sonst irgendein Kamerad an die Tür trommeln könnte
mit den Worten: „He, William, fauler Hund! Sollen wir
heute ohne dich probieren?", sondern daß vermutlich ein
alter dicker Bürger zu ihm kommen würde, um mit ihm
zu beraten, ob nicht sein Sohn Thomas und Shakespeares besagte Tochter Judith ein ehrbares Paar aus-
machen könnten, wenn er dem Mädchen eine schöne Aus-
steuer geben wollte.

Er hatte nicht mehr viel Zeit zum Leben übrig, das wußte
er. Nur so viel, um sein Vermögen zu ordnen, sich ein
Grab zu kaufen und eine Inschrift dafür zu dichten. Er
war sterbensmüde und hatte mit den Menschen, unter

denen er herumging, nur den Klang der Sprache noch gemeinsam. Wie ein Riese unter dem Zwergenvolk, oder ein alter Adler, der nicht mehr fliegen will, unter Sperlingen, würde er nun abends in der Schenke unter Stratfords Bürgern sitzen und zuhören, wie teuer in diesem Jahr das Korn sein würde, und wieviel Eier die Hühner am Tage gelegt hätten.

Hinter ihm lag eine Welt voll Bildern, wie sie niemand vor ihm noch nach ihm gesehen hat. Eine Fülle von gesteigerten Gestalten hatte von ihm den Prometheusfunken des Lebens empfangen, und wenn er die Augen schloß, schwirrte und toste die Luft um ihn her von Wesen, die von ihm Blut getrunken hatten. Es schwindelte ihn, und er mußte sich an das Geländer der Brücke lehnen, die über den lieblichen, vielgewundenen Avon führte.

Und es war ihm, als rauschte unter ihm sein ganzes buntes Leben, das arme Leben eines Schauspielers und das reiche eines Dichters, mit seinen vielen Schmerzen und seinen wenigen Freuden vorüber. Und dann war ihm, als zöge er selber nun das goldene Tor der Träume und Märchen hinter sich zu und schritt langsam durch die Welt der Kleinheit dem Grabe zu, in jenes unentdeckte Land, von des Bezirk kein Wanderer wiederkehrt. Und er sprach noch einmal die Abschiedsworte Prosperos aus dem „Sturm", sein eigenes Lebewohl an die Bühne und an die Kunst, vor sich hin:

> „Ihr Elfen von den Hügeln, Bächen, Hainen
> Und ihr, die ihr am Strand spurlosen Fußes

Den ebbenden Neptunus jagt, und flieht,
Wann er zurückkehrt; halbe Zwerge, die ihr
Bei Mondschein grüne, saure Ringlein macht,
Wovon das Schaf nicht frißt; die ihr zur Kurzweil
Die nächt'gen Pilze bildet und am Klang
Der Abendglock' euch freut, mit deren Hilfe
— Seid ihr gleich schwache Fäntchen — ich am Mittag
Die Sonn' umhüllt, aufrührer'sche Wind' entboten,
Die grüne See mit der azurnen Wölbung
In lauten Kampf gesetzt, den furchtbar'n Donner
Mit Feu'r bewehrt. Grüfte auf mein Geheiß
Erweckten ihre Toten, sprangen auf
Und ließen sie heraus, durch meiner Kunst
Gewalt'gen Zwang. Doch dieses grause Zaubern
Schwör' ich hier ab. Und hab' ich erst, wie jetzt
Ich's tue, himmlische Musik gefordert,
Zu wandeln ihre Sinne wie die luft'ge
Magie vermag: So brech' ich meinen Stab,
Begrab' ihn manche Klafter in die Erde,
Und tiefer, als ein Senkblei je erforscht,
Will ich mein Buch ertränken."

# Martin Luther

Seit fast vier Jahrhunderten spaltet der Name Martin
Luther wie ein Axtschlag Deutschland und seine Bewohner
in zwei Parteien. Noch heute wird jener Mann in unseren
Schuleu links den evangelisch getauften Kindern als der
Befreier und wackere Gottsucher und Finder gepriesen,
und rechts den katholisch getauften als Deutschlands
größter Schaden und als Erzketzer und Sendbote des
Satans geschildert. Wahr ist und bleibt, daß Luthers Werk
unser Land in die grimmigste Not und dem völligen Zu-
sammenbruch nahegebracht und unser Volk vielleicht
für immer, wenn wir nicht die Kraft finden, uns aus
diesem Zwiespalt emporzureißen, seiner Kultureinheit be-
raubt hat. Das alte Lied, das man wider Luther seinerzeit
auf den Gassen sang, hat sich bis auf unsere Tage wahr
erwiesen:

> „Manch' Burg verwüst in deutschen Laudeu,
> Die vor den Türken wohl wär b'standen.
> Das ist das Evangelion,
> Daß wir von Luther gelernet hon,
> Der euch hat bracht in alle Not,
> Daß wir den Feind uns sein zum Spott.
> Hätt' Luther nie kein Buch geschrieben,
> Deutschland wär' wohl in Fried geblieben."

Seine Tat, sein Protestantismus, hat einmal bewirkt,
daß der deutsche Katholizismus sich seinerseits zur Wehr

setzen mußte und darum bis in unser Jahrhundert hinein
einen Fanatismus gezeitigt hat, wie er in keinem anderen
Lande der Welt mehr zu finden ist. Der Deutsche, der zum
erstenmal heute über und durch den Gotthard reist, ist ganz
erstaunt, drüben in Italien kaum eine Zentrumspartei zu
finden, und hört voll Erstaunen die Leute dort viel mehr
von ihrem König als vom Papste reden. Die unselige Ver=
mischung von Religion und Politik, die unserm Volk im
Marke sitzt, kennt der Italiener, der doch unter den Augen
des Papstes lebt, nicht mehr. Bei uns spielt die Frage:
„Ist er katholisch oder evangelisch?" leider noch in fast
allen Beziehungen eine Hauptrolle, und man hat vergessen,
daß der vornehme geistige Deutsche erst da anfängt, wo
diese Fragen aufhören. Ich entsinne mich aus der Schule,
daß uns Evangelischen in der Religionsstunde oft mit einer
überlegenen Ironie gegen die andere Seite gezeigt wurde,
daß Deutschlands große Männer und Künstler, wie Goethe,
Schiller, Kant, selbst Friedrich der Große, lauter Prote=
stanten gewesen waren, so daß man sich schon ganz stolz
im Besitz dieser übrigens in bezug auf ihre evangelische
Religion höchst imaginären Größen vorkam. Bis man
erst jahrelang nach dem Religionsunterricht erstaunt ent=
deckte, daß Mozart, Beethoven und Eichendorff es ihrer=
seits nicht minder zustande gebracht hatten, große Künstler
und Katholiken gewesen zu sein. Der Streit zwischen
Protestanten und Katholiken über den Wert ihres Glau=
bens, der in solche Lächerlichkeiten hineingerät, ist bei uns
Deutschen zu unserm eigenen größten Schaden durch Luther

entfacht worden. Das ist wahr und muß, wenn von ihm die Rede ist, gesagt werden.

Aber es darf nicht vergessen werden, daß Martin Luther selber dies nicht vorhergesehen hat und nicht vorhersehen konnte. Er handelte aus einem göttlichen Impuls heraus zunächst für sich selber, als er die fünfundneunzig Thesen anschlug und gegen den auch von den heutigen Katholiken verurteilten Ablaßhandel in Deutschland Einspruch erhob. Das souveräne Individuum, der freie Christenmensch in ihm, empörte sich und stand auf: Pereat mundus fiat iustitia! „Und wenn die Welt voll Teufel wär', es soll uns doch gelingen." Ich glaube, daß, wenn man ihm an jenem Abend vor Allerheiligen, da er an der Schloßkirche zu Wittenberg seine Thesen annagelte, mit jedem Schlage Roms Herrschaft durchbohrend, die ganzen Greuel des Dreißigjährigen Krieges vor die Seele gebracht hätte, er hätte nicht anders haudeln können. Der Dämon eines Genies läßt sich durch keinerlei praktische Erwägungen lahmlegen, und wer alle Folgen bedenkt, der wird nie zu Taten kommen.

Darum dürfen wir Luther heute nicht mehr angreifen und beschimpfen, weil sein Werk unermeßlichen Schaden über Deutschland gebracht hat. Ebensowenig, wie man ihm vorwerfen kann, daß das Ablaßgeld, gegen das er, der Bauernsohn, tobte, in Rom von den Päpsten hauptsächlich für die Kunst verausgabt wurde und damit dem Edelsten, was es auf der Welt gibt, zugute kam. Dieses für Michelangelo und gegen Luther Partei nehmen, wie es

Nietzsche getan hat, ist töricht. Denn man konnte vom
Doktor Martinus trotz aller seiner Gelehrsamkeit nicht
verlangen, daß er die Dinge und das Welttheater schon
unter dem Gesichtswinkel von 1900 ansehen sollte. Für
ihn war seine Sache die wichtigste und heiligste von der
Welt, und sie an ihren teilweise schlimmen Folgen herab=
setzen, heißt jedem Genius die Flügel binden.

Übrigens hat Luther später, als er schrittweise angreifend
und erobernd gegen Rom vorging, wohl keinen Augen=
blick daran gezweifelt, daß er binnen kurzem das ganze
Deutschland zu seiner evangelischen Freiheit bekehren würde.
Das halbe Deutschland war zwanzig Jahre nach den
Thesen auf seiner Seite, mußte er drum nicht meinen,
daß nach vierzig Jahren auch die andere Hälfte seiner
Lehre zugefallen wäre? Darum verdreifacht er oft sein
sattsam bekanntes Schreien im Streit, dessen Molltöne
uns heute schon Ohrensausen machen, weil er bei sich
dachte: „Voran, Doktor Martin! Noch ein weniges, und
alle Teutschen, Mannen und Frauen, sind dein!"

Das war seine stärkste Eigenheit, die ihm die Herzen zu=
trug, der freudige Mut, mit dem er in jeden Kampf aus=
zog, jene dem Tod und Teufel trotzende Tugend des ger=
manischen Blutes, der zuliebe selbst der alte kleine Windhorst
später „Bravo!" gerufen hat, als Bismarck jene Worte
sprach: „Wir Deutschen fürchten Gott und sonst nichts auf
der Welt." Was Kaiser und Könige zittern gemacht hatte
und sie bettelnd nach Kanossa trieb, die Bannbulle des
Papstes, Luther verbrannte sie mit eigener Hand, wobei

er die Worte sprach: „Weil du den Heiligen des Herrn
betrübt haft, verzehre dich das ewige Feuer", und damit
sich als ein Mensch dem Menschen Papst als ebenbürtig
zur Seite stellte.

Diese innere Tapferkeit verließ ihn ebensowenig, als er,
hierüber zur Rechenschaft gerufen, den Weg Huffens
nach Worms zog und, von allen seinen wenigen Freunden
gewarnt, im starken Gefühl seines Rechts erklärte: „Ich
will nach Worms gehen, und wenn auch so viele Teufel
dort wären als Ziegel auf den Dächern." Und mehr noch
als seine weltberühmten Worte vor Karl V., dem mäch-
tigsten deutschen Kaiser, der je da war, beweist der schlichte
Vorgang nach dem Konzil seinen Mut, daß er nämlich,
wie Augenzeugen erzählen, beim Heraustreten aus der
letzten Sitzung die Hände mit gespreizten Fingern hoch
emporstreckte, wie die Deutschen beim Lanzenbrechen zum
Zeichen des Sieges zu tun pflegten, und dabei fröhlich
ausrief: „Ich bin hindurch, ich bin hindurch."

Um so mehr ist dieser moralische Mut an ihm zu be-
wundern, weil Luther, den man sich immer nach seinen
späteren Jahren mit einem Schmerbauch und gesunden
Knochen vorstellt, einen höchst anfälligen Körper hatte
und vielleicht der nervöseste unter allen genialen Männern
gewesen ist. Dank einer verprügelten steinharten Jugendzeit war er, der die Bannflüche von vier Päpsten aufrecht
ertrug, zeitlebens so schreckhaft, daß ihn ein rauschendes
Blatt zum Zittern brachte, und so erregbar, daß er taumelte,
als er zum erstenmal als Mönchspriester am Altar den

Kelch erhob. Hierzu kam bei ihm, eine Folge seiner Nerven-
schwäche und eines Steinleidens, eine häufige Schwermut
und Bitterkeit, mit der vor allen seine wackere Frau manchen harten Strauß zu kämpfen hatte. Diese seine Schwarz-
seherei, die sich überall den Teufel an die Wand malte,
war letzthin so stark, daß er einen Haufen lieber Menschen
um sich oder doch die Laute in der Hand haben mußte,
um nicht trübsinnig zu werden. Sein Haus, das alte schwarze
Kloster in Wittenberg, in dem er einst als Mönch gebetet
und gezweifelt, und das ihm nun sein Kurfürst zum ersten
evangelischen Pfarrhaus geschenkt hatte, war stets voll von
alten Tanten, Hauslehrern, Studenten, Kostgängern, Bitt-
stellern, Bettlern und geistigen Patienten. Und der Doktor
konnte am besten schreiben, wenn draußen unter seinem
Fenster seine ältesten mit Melanchthons Kindern um den
Birnbaum spielten, oder das jüngste seiner sechs im Lauf-
korb um seine Beine kroch oder an den Akten, Briefen,
Bittschriften und Beschwerden herumzupfte, mit denen in
seiner Stube alle Tische, Bänke, Stühle, Schemel und
Fensternischen bedeckt waren. Und das Schönste, was er
je gesagt hat, ist dies: „Es kann mir nichts Schlimmeres
in der Welt geschehen, als wenn mein Sohn Hensichen
böse auf mich ist."
Späterhin erst bei dem alternden Luther trat an die Stelle
jenes tapferen Drauflosgehens die berüchtigte, von seinen
Gegnern ihm immer wieder vorgeworfene Diplomatie oder
auf plump Deutsch „Bauernschlauheit". Aber was ist be-
greiflicher und gerechtfertigter, als daß ein Mann, den die

Hitze der Jugend verlassen hat, und der immer mehr ein=
sehen mußte, daß das Volk eine Herde ist, die dem Leit=
hammel folgt, und daß die Deutschen besonders gerne nach=
machen, was die Fürsten ihnen vormachen, sein Werk unter
den Schutz der Mächtigen zu stellen sucht! Sein Sach'
war ihm zu heilig und zu ernst, als daß er sie auf die Spitze
des Schwertes stellen wollte und ein kläglich Ende, wie
Sickingen, oder ein blutiges, wie Johann von Leyden,
finden mochte. Freilich, das Liebedienern um die Fürsten,
wie es nach ihm oft die evangelische Hofgeistlichkeit trieb,
war nicht in Martin Luthers Sinn. Der nannte einen
Fehler seines Herrn des Kurfürsten dreist ihm ins Gesicht
eine Dummheit. Und man muß seinen Handel mit dem
Landgrafen Philipp von Hessen, dem er, weil seine erste
Frau schwer krank war, eine zweite Ehe gestattete, erst
einmal genau durchlesen, ehe man ihn darum doppelzüngig
und fuchsschlau nennt. Jeder, der friedlich in seinem Bette
stirbt, ist in gewissem Sinn ein Kompromißmacher, aber
er liegt drum oft nicht weniger heldenhaft auf seinem
Rücken als der, der den Märtyrertod gestorben oder in
der Schlacht gefallen ist. So ist Luther, der uns, wenn
auch nicht unter eine Religion, so doch unter eine Sprache
gebracht hat, so ist Goethe, so Bismarck für Deutschlands
Befreiung gestorben.

Ein Heiliger war der Doktor Martin nicht und wollte es
nicht sein; einzig auf den Titel „Reformator" machte er
Anspruch und darf er Anspruch machen. Solange man
aber in Deutschland seinen Namen nicht, ohne ihn zu ver=

kleinern und zu verfluchen, oder ohne ihn andererseits mit
besonderer Feierlichkeit zu betonen, schlicht und einfach wie
den eines jeden großen Mannes nennt, solange wird es
keine Kultur bei uns geben. Solange wird es keine Lust
sein, unter Deutschen zu leben.

# Franziskus von Assisi

## Aus dem Sonnengesang des Heiligen.

„Gelobt sei, mein Gott, mit allen deinen Geschöpfen
Vornehmlich mit unserer Frau Schwester, der Sonne,
Die den Tag wirkt und uns leuchtet durch ihr Licht.
Und sie ist schön und strahlet mit großem Glanz,
Von dir, o Höchster, ist sie ein Sinnbild.
Gelobt sei, mein Gott durch unsere Brüder, den Mond
und die Sterne,
Am Himmel hast du sie gebildet so klar und funkelnd und
schön.
Gelobt sei, mein Gott, durch unsern Bruder, den Wind,
Und durch die Luft und die Wolken und jegliches Wetter.
Gelobt sei, mein Gott, durch unsern Bruder, das Wasser,
Das sehr nütz ist und demütig und köstlich und keusch.
Gelobt sei, mein Gott, durch unsern Bruder, das Feuer,
Durch das du die Nacht erhellst.
Und es ist schön und freudig und stark und gewaltig.
Gelobt sei, mein Gott, durch unsere Schwester, die Mutter
Erde.
Die uns versorgt und ernährt
Und viele Früchte ans Licht bringt und bunte Blumen und
Kräuter.
Gelobt sei, mein Gott, durch unsern Bruder, den leiblichen
Tod,
Dem kein lebender Mensch entrinnen kann."

13

Zwei Laienpriester aus der guten Stadt Prag in Boheim hatten sich Anno 1213 selbander auf die Beine gemacht, um nach Rom zu pilgern und alldort Seiner Heiligkeit, dem gewaltigen Papst Innocenz dem III., die Füße zu küssen und seinen Ablaß und apostolischen Segen zu empfahen. Sie hatten schon viele Wegemeilen hinter sich und dreimal ihre Sohlen schon völlig abgelaufen, als sie an einem lauen Maienabend in der Stadt Terni, noch fünf Tagereisen vor der ewigen Stadt, ankamen. Sie wandten sich an den Podesta des Ortes, wie man in Welschland den „Schulzen" heißt, und bekamen von ihm eine bescheidene Herberge hinter dem Dome angewiesen. Sie wuschen sich die staubige Landstraße von Spoleto nach Terni von ihren Gesichtern ab, verfluchten ganz heimlich, daß nur der Teufel es hörte, die ewigen Makkaroni, die man ihnen auftischte, tranken „aqua", bis sie einen Frosch im Magen zu haben glaubten und wandelten dann gemeinsam einträglich nebeneinander auf den Domplatz hinaus, um Gott zu dienen. Vor einem großen schwarzen Kruzifix aus Byzanz in einer finstern Nische am Dom warfen sie sich nieder und beteten wohl über eine Stunde lang zu dem Gott, der sie von dem goldentorigen Prag durch fremde Menschen und Städte hindurch glücklich bis auf dieses Pflaster geleitet hatte, und der ihnen nun bald seinen leibhaftigen Stellvertreter von Angesicht zu Angesicht zeigen würde. Als sie nun schon sehr lange auf den Knien gelegen hatten, begann der ältere von ihnen, der schon mit Friedrich Barbarossa im Heiligen Lande gewesen war, Kreuz-

schmerzen zu verspüren. Er stund also auf und fing an,
ein wenig im Schatten des Domes herumzugehen und den
Tauben auf dem Platz zuzusehen, als er auf einmal das
größte Wunder erblickte, was er von Prag bis Jerusalem
jemals erschauet hatte.

Es war nämlich ein Mann auf einem Eselein angeritten
gekommen, der eine braune Kutte gleich den Bettlern trug,
die unser Böhme wohl auf den Landstraßen von Perugia
gesehen hatte. Sein Gesicht war ganz bleich und abgezehrt,
und ein blonder Bart hing wirr daran, ohne nach einem
Bader zu fragen. Das Sonderbarste an ihm war aber
für den frommen Laienpriester aus Prag, daß er ganz wie
er eine Tonsur ins Haupthaar geschnitten hatte, also geist-
lich war gleich ihm. Ehe er sich noch darüber ausgewundert
hatte, fing — o himmlisches Entsetzen! — der braune Mann
auf dem Eselein laut und herrlich an zu singen, und nicht
etwa das „Kyrie Eleis", sondern ein weltlich Lied, das die
Sonne am Himmel und die Freude auf Erden pries, und
dessen Echo der Dom wie ein aufgewachter Riese vielfach
weitergab.

Der Böhme wollte sich voll sittlicher Empörung auf den
singenden Reiter Gottes stürzen: „Bruder! Was treibest
du da?" als plötzlich wie auf einen Befehl vom Himmel
alle Tauben vom Platz und vom Dach des Domes auf
den Mann in der Kutte herniederflatterten, ihn liebkosend
umflogen oder sich ihm, der sich ihrer nicht wehrte, auf
Haupt, Schultern und Arme setzten. Und auf einmal,
als hätte man erst diese Huldigung abwarten wollen,

fiel alles Volk, das auf dem Platze beisammen war, auf die Knie und rief: „Santo Francesco!" und dräugte sich an den Heiligen heran, um seine Hände oder wenigstens seine Kutte küssen zu können. Der aber ließ sich weder durch die Tauben noch durch die Menschen beirren, die ihn umflogen und umknieten, sondern fuhr fort, laut über den Platz hin mit zitternder Stimme zu singen und zu jubeln, bis ihm die hellen Tränen über die bleichen Wangen liefen.

Unser Böhme, der dieses ungewöhnliche Bild nicht allein kapieren konnte, lief zu seinem Gefährten zurück, der sich noch immer in seiner finsteren Ecke um Gott plagte und zerbetete, und griff ihn an die Schulter: „Steh auf! Komm mit, ißt sollst du den Antichristen sehen!" und wies ihm das seltsame Schauspiel. Der heilige Franz auf seinem Eselein hatte indessen zu singen aufgehört und sich daran gemacht, die Vögel mit ein paar Krusten Brot zu füttern, die er aus der Kutte zog, und die ihm selbst viel nötiger gewesen wären als den Tauben. Aber nichts auf der Welt kam der Wonne gleich, die ihm aufs Gesicht trat, wenn er schenken durfte oder trösten konnte. Ein paar Krüppel humpelten nun heran und flehten den Heiligen wimmernd an, mit ihnen ins Siechenhaus zu gehen, wo die Aussätzigen und Bresthaften seiner warteten.

„Lebet wohl, meine Brüder und Schwestern", sprach nun Franziskus zu dem Volk, das ihn auf dem Markte umdräugte. „Gegen Abend will ich wiederkehren und euch vom lieben Gott und von unserm Herrn Jesus predigen."

Dies sagte er aber nicht anders, wie eine Mutter ihren Kindern verspricht, vor dem Einschlafen ein paar Märchen zu erzählen. „Als ich auszog, Gott zu finden," fuhr er fort, „da wollte es mir zuerst nicht gelingen, meine Augen ohne Ekel auf einem Aussätzigen ruhen zu lassen. Nun kann ich sie mit der Hand streicheln, ohne daß es mich graut, und vor allen meinen Brüdern sind sie mir die nächsten geworden, denn sie bedürfen meiner am meisten. Gott hat sie geschaffen gleich uns, darum müssen sie wohl sein." Sprach's und ritt auf dem Eselein, dessen Zügel zu führen Männer und Frauen sich stritten, den Krüppeln nach zum Siechenhaus. Alles Volk aber wälzte sich schweigend hinterher.

Zu den beiden Böhmen, die staunend und sprachlos dem Zug wie einem Wundertier nachschauten, hatte sich un= versehens ihr Gastwirt gesellt. „Was! Den kennt ihr nicht," hub er an, „den heiligen Franziskum aus der Berg= stadt Assisi? Denkt euch, er heißt eigentlich Bernardone, und sein Vater lebt noch dort und ist ein reicher Tuch= händler. Und dieser Franziskus hat einstmals in Saus und Braus gelebt, und wo ein Fest war in Assisi, war Franzesko dabei und saß, ein Narrenzepter in der Hand, obenan. Aber eines Tages hat er dieses verlassen, die Feste, die Frauen und die Freuden, und hat alles, was er nicht schon verschenkt hatte, feierlich seinem Vater zurückgegeben, selbst das Hemd vom Leibe, also daß er nackend war vor allem Volke, und der Bischof ihn in seinen Mantel hüllen mußte. Fünfhunderttausend Lire

könnte er jederzeit wiederhaben, wenn er zum Vater heim=
kehrte, hat mir der Bruder erzählt, der jüngst noch mit
Tuchballen nach Rom reiste. Aber er hungert und bettelt
lieber und schläft auf den Kirchentreppen. Fünfhundert=
tausend Lire im Stiche zu lassen, denkt nur! Darum nenne
ich ihn stets heimlich einen „pazzo", einen Narren, wie
die andern ihn laut einen Heiligen heißen. Aber im
Grunde mögen pazzo und santo gar nicht so verschieden
voneinander sein!"
Unsere beiden Böhmen schienen wohl ein Gleiches zu denken,
sie betrachteten ihre stillen Bäuche, dachten an ihre kleine,
aber hübsche Pfründe daheim an der Moldau und schüttel=
ten verwundert die frommen Köpfe. Das also war der
Spielmann Gottes, von dem man schon in deutschen
Landen sprach, der die Armut über alle Dinge heilig pries,
der einem Bischof, der Stellen in seinem Sprengel ver=
kaufte, den Stab zerbrochen hatte, und der nicht mehr
und nicht weniger als der niederste von allen Brüdern
sein wollte, die er um sich versammelt hatte, und die gleich
ihm ihr Hab und Gut zuvor den Armen geben mußten!
Wollte er mit Jubilieren den Himmel auf Erden verdienen,
statt mit Fasten und Beten?
Ganz in Verwirrung gebracht, folgten die beiden biedern
Böhmen ihrem Gastwirt, der sie am Ärmel zupfte, in die
Herberge, wo ein neuangekommener Kanonikus aus Pa=
dua emsig vertieft über einer fetten Ente nebst Bratäpfeln
und Kastanien saß. „Störet euch an jenen Bettelbruder
nicht, meine böhmischen Brüder!" hub er an, sie zu be=

ruhigen, indem er vier geröstete Maronen mit einem Zug
Chianti hinunterspülte. „Essen und Trinken hält Leib und
Seele zusammen, und unser Herr Christus am Kreuze
sprach noch: ‚Mich dürstet!' Fasten ist gut, aber essen ist
besser. Kommt! Trinket mit mir auf alle Länder, darinnen
Wein wächset!"

Den beiden frommen Priestern aus Prag wurde jedoch
nicht behaglich bei diesem Schlemmermahl. Wie ganz
anders hatten die Augen des Heiligen vom Weine Gottes
geleuchtet, als die roten Äuglein dieses vom irdischen Moste
zwinkerten! So machten sie sich denn beide, nachdem sie
zum Schein ein paar Gläser mitgetrunken hatten, vom
Schenktisch fort und traten auf die Straße zurück. Der
Mond war inzwischen aufgegangen und warf Licht und
Schatten um den Dom. Als sie nun in ihre kleine Nische
gehen wollten, um vor dem Schlafen noch drei kurze
Vaterunser zu beten, sahen sie auf einmal des heiligen
Franziskus' Eselein unter dem Kruzifix stehen und ein Bünd=
lein Heu, das vor ihm auf der Straße lag, verspeisen.
Erschrocken blieben sie stehen, denn gleich daneben gewahrten
sie den Heiligen selbst im Schatten, wie er ein paar Blumen
in der Hand hielt, an denen er roch.

Es war aber eine schöne Jungfrau in Terni, die später
die Lieblingstochter der heiligen Klara, der Freundin des
Franziskus, wurde. Die dauerte es, daß der Heilige auf
bloßen Steinen schlafen sollte. Drum hatte sie in den
Winkel am Dom, wo jener zu ruhen pflegte, schöne rote
Rosen hingestreut, damit er auf ihnen sich bette. Als aber

Sankt Franziskus dieses bemerkte, sprach er: „Mit nichten! Das wäre nicht recht getan, ihr Schwestern Rosen, wenn ich auf euch schlummerte und euch zerdrückte. Ruhet drum hier neben mir und welkt, bis der Tau des neuen Morgens euch erweckt!" Also sprach der Heilige und bettete sich auf die Erde neben das Eselein und neben die Rosen, deren Duft ihn im Traum auf Seraphschwingen in den christlichen Olymp hinauftrug. Und ein paar verflogene Tauben nisteten über Nacht bei ihm in seiner Kutte und wärmten ihn. Die beiden Böhmen aber, die diesem zuhörten und zusahen, schlichen sich leise fort in ihre Herberge, und wie sie sich endlich anschauten, merkten sie, daß sie beide geweint hatten.

So lebte Franziskus, da er auf Erden wandelte, der sich allem und jedem hier verbrüdert und verschwistert fühlte, der alle Menschen lieben konnte, nur die Verleumder und Angeber nicht, der, seinen Sonnengesang anstimmend, den Tod in seiner Zelle erwartete und den die Kirche für heilig erklärt hat, ohne das Ideal, dem er lebte, verwirklichen zu können. Er steht vor allen Heiligen uns Deutschen am nächsten, und darum haben Franz Liszt und spätere Wagnerianer als bewußte Germanen laut auf ihn hingewiesen: „Kniet nieder! Denn hier ist Geist von unserm Geiste!", weil seine Lehre der Religion unserer Vorfahren vielfach verwandt ist, vor allem in seiner Verehrung für die Frauen und in der unbegrenzten Liebe zur Natur. Sein Leben hat sich um zwei Augenblicke bewegt, den einen, da er seine Habe fortgab, um arm wie Christus

zu werden, und den anderen, da er einsah, daß nicht alle
Menschen waren wie er, und daß Egoismus die Welt
regiert, und er darum in größter Verzweiflung seinen Vor=
sitz im Orden aufgab, um ein Einsamer zu werden. Vor
dieser konsequenten Treue gegen sein Ideal, das Urchristen=
tum, wirkt der Franziskus unserer Zeit, Leo Tolstoi, recht
wie ein Quacksalber gegen einen Arzt. Die Heilmittel, die
Franz von Assisi den Menschen, die ihn aufnahmen, brachte,
waren aber: Armut und Freude, indem er lehrte und nicht
anders lebte, in dem Glauben und der Glückseligkeit, für
die Lessing die Worte fand: „Der wahre Bettler ist doch
einzig und allein der wahre König."

# Dante

„Vor einigen Wochen", so lautet der Bericht eines ghibellinischen Ritters aus Ravenna zu Dantes Zeit an seinen Bruder in Verona, „ist hier ein höchst seltsamer Mensch angekommen. Sein Name ist Dante Alighieri, und er stammt aus einer vornehmen bürgerlichen Familie zu Florenz. Er soll alldort am Arno hohe Staatsämter innegehabt haben, bis er, der ein Demokrat war, von der Gegenpartei der Guelfen und Schwarzen, ohne irgendeinen anderen Grund als den, daß er nicht zu ihnen gehörte, aus Florenz verbannt wurde. Seit dem Tage irrt er heimatlos und schutzlos in Oberitalien von Stadt zu Stadt wie ein Vogel, dem man sein Nest zerstört hat. Eine Zeitlang hoffte er, daß der Römerzug des weiland deutschen Kaisers Heinrich VII. Anno Domini 1310 ihn in die Heimat zurückführen würde. Aber der plötzliche jähe Tod dieses Fürsten, dem man — ach, in welchen Zeiten leben wir! — in der Hostie Gift gegeben haben soll, hat Dante jede Hoffnung auf die Heimkehr geraubt. Und seitdem siecht er dahin an der bittersten menschlichen Krankheit, an dem Heimweh, dergestalt, daß man ihn oft im Grase liegen findet, seine Augen immer nach der Richtung hingewendet, wo Florenz, die herrliche Stadt, am Horizonte liegt. Und ich glaube, daß er an dieser Wunde verbluten muß. Ich habe mich, wie du siehst, an ihn gemacht; denn er ist ein großer Gelehrter und kennt alle Sterne bei ihren Namen. Er unterrichtet hier zu Ravenna die Jünglinge, und davon

lebt er. Er muß früher ein großes Leben geführt haben,
denn man sagt ihm nach, daß er 33000 Mark Schulden
in Florenz hinterlassen habe. Er war dort verheiratet und
hat mehrere Kinder gehabt. Aber seine Seele hat er schon
in seinem neunten Lebensjahre an ein achtjähriges Kind
in blutrotem Kleid zu Florenz verschenkt, die er Beatrice,
die Beseligende, nannte, und die, kaum erblüht, schon da-
hinstarb, als sei sie zu schade für diese Zeit. Ihr galten
seine ersten Reime und jenes sonderbare Sonett von Amor,
der ihm im Traum erschien:

,Froh schien er mir; ich sah mein Herz ihn tragen
In seiner Hand; und seine Arm' umschließen
Die Liebste, schlummernd, eingehüllt in Linnen.
Dann weckt' er sie, und ließ sie, die voll Zagen,
Demütiglich mein brennend Herz genießen.
Drauf sah ich, wie er weinend ging von hinnen.'

Es ist wirklich so, als ob diese Maid, bei deren Anblick
sein neues, inneres Leben begann, sein Herz verzehrt habe.
Denn er spricht noch heutigentags immer, sobald er allein
ist — und ich beschleiche ihn gern in solchen Augenbicken —
mit dieser seiner Beatrice, als sei sie noch am Lichte, und
neulich hörte ich, daß er eine ganze Nacht lang am Meere
ihren Namen ins Leere gerufen habe. Und wenn man
angesichts solcher Begebenheiten daran denkt, wie mehrere
florentinische Jäuglinge sein erstes Sonett von dem ver-
zehrten Herzen nach dortiger Sitte mit Versen beantworteten
und ihm den guten Rat gaben, er solle sich reichlich Hals
. und Gesicht waschen, so würde er schon wieder gesunden,

dann wird es einem klar, daß es auf Erden zweierlei
Sorten von Menschen gibt: die einen, die von Brot und
Wein, und die anderen, die von Liebe leben. Und unter dieser
letzteren Schar steht Dante vor allen andern.
Wie dieser Mann aussehe, fragst du mich? Er ist ganz
braun im Gesicht, hat eine Adlernase, glänzende Augen
und ein starkes Kinn, wie aus Erz gegossen. Aber er ist
sehr klein und geht gebückt, so daß manche von seiner Erscheinung enttäuscht sind, was ihn bitter kränken muß.
Sein Blick ist immer traurig, und nur einmal sah ich ihn
wehmütig lächeln, als ein paar Frauen ihm nachriefen:
,Sehet, das ist der Mann, der hinuntergefahren ist in die
Hölle.' Seine große Traurigkeit rührt aber davon, daß
er fast fünfzehn Jahre schon im Exile lebt und als freier
Republikaner, der er war, an die Tür der Tyrannen wie
ein Bettler pochen muß, und er, der vielleicht der größte
Mann Italiens ist, unter einer Schar Banditen und
heimatloser Geächteter leben muß. Ich habe mir ein paar
Verse von ihm aufgeschrieben, die ich nie lesen kann, ohne
daß mir die Lust zu weinen kommt. Er läßt darinnen
seinen Ahnherrn ihm die Verbannung folgendermaßen
prophezeien:

,Verlassen wirst du all die lieben Dinge,
Die dir am teuersten, und dieser Pfeil wird
Der erste sein von der Verbannung Bogen.
Du wirst dann merken, wie nach Salz es schmecket
Das fremde Brot, und welch ein harter Gang ist
Das Auf- und Niedersteigen fremder Treppen.

Und was am meisten dir am Herzen frißt,
    Wird die Gesellschaft sein, der bösen, blinden,
    Mit der du in dies Tal gefallen bist.'

Und noch eines von diesem eigenartigen Manne bleibt
mir zu erwähnen übrig: das ist jenes, daß er überaus
empfindlich ist gegen Schmerz und Freude, und die Farbe
auf seinem Antlitz, das Rot und Bleich, so schnell wechselt
wie der Himmel im April. Als er seine Beatrice das
erstemal sah, wurde er ohnmächtig und ward wie tot von
dannen getragen. Vor Begeisterung kann er glühen wie
ein Schmelzofen, daß man nicht anders denkt, seine Augen
brennten ab, und von Wut und Schmerz kann er zittern
wie im Fieber. Und dabei ist er doch stärker, als mancher,
der alle Tage im Sattel sitzt. Denn der Harnisch, in dem
Dante steckt, ist nicht von dieser Welt. Er hat ein großes
Gedicht geschrieben in unserer e i g e n e n italienischen Sprache,
in dem er, von dem frommen heidnischen Dichter Vergil
und dann von Beatrice geleitet, von der Hölle durchs Fege-
feuer zum Himmel schreitet, und der Saum seines Klei-
des umglänzt ihn dabei wie ein Heiligenschein. Von der
Schönheit der himmlischen Engelsmusik, die er vernommen hat, kann man nicht mit Menschenzungen reden.
Wie von silbernen Zinken und goldenen Pauken und
elfenbeinernen Harfen klingt sie aus seinen Versen an unser
Ohr. Eher noch kann ich dir von seiner Höllenfahrt erzählen, bei der einem Hören und Sehen vergeht, und man
sich angstvoll an sein Stückchen Leben klammert. Lieber
will ich nachts auf einer kahlen Planke über einen wilden

Wassersturz treiben, als sein ‚Inferno' ein zweites Mal
wiederlesen! Er hat in diesem Buche seines Liedes gleich=
sam eine Fackel genommen und unsere ganze morsche
Zeit in Brand gesteckt, daß nichts von ihr übrigbleibt
als Feuer und schwarzer Dampf und Rauch und Weh=
geschrei.

Wahrlich, was für ein Mann muß das sein, der ein
solches Jüngstes Gericht über seine Mitwelt zu halten
wagt!"

Dies ist ein Abbild Dantes, des größten Dichters des Mittel=
alters, der ein Gipfel des Katholizismus war, wie er niemals
wieder erreicht worden ist, und dem sein Nachkomme in der
Kunst, der zweite große Florentiner, Michelangelo, folgende
Verse aufs Grab geschrieben hat:

> „Wie groß er war, ist nimmer auszusagen,
> Zu hell den Blinden ward sein Licht entzündet . . .
> Er stieg hinunter zu des Irrtums Reichen,
> Uns zu belehren, dann empor zu Gotte.
> Der Himmel wehrt' ihm nicht die hohen Tore,
> Dem seine Vaterstadt die ihren zuschloß.
> Danklose Vaterstadt, die sich zum Schaden
> Ward seines Unglücks Amme. Recht bezeugt das,
> Wie Gott den Besten gibt die meisten Leiden.
> Steh hier für tausend Zeugnisse dies eine:
> Daß nie ein Gleicher so unwürd'gen Bann trug
> Wie nie ein größrer Mann als er erschienen!"

# Raffael

Der alte schöne Streit, wer größer gewesen sei, Raffael oder Michelangelo, ist unter uns heute von der intellektuellen Mehrheit zugunsten Michelangelos entschieden worden. Wir als pluralis maioritatis genommen, schätzen heute die Eigenart, das Absonderliche und Gewaltige, das Persönliche in der bildenden Kunst höher als die Harmonie, das Maßvolle und Gefügte, das Unpersönliche. Darum liegt uns Raffael der imitateur weniger als Michelangelo der créateur. Einer kultivierteren, geläuterten und geschmackvolleren Zeit wird Raffael, die Summe seines Jahrhunderts, wieder das Ideal sein, was er den ruhe- und bildungsbedürftigen Geistern aller Zeiten immer gewesen ist. Seine Kunst, die sich aus den Werken aller seiner Zeitgenossen und dem Wissen der ganzen Geschichte vor ihm vollgetrunken hat, wird dann wieder als ein Gipfel des guten Geschmacks gewürdigt werden.

Lange galt er der Welt lediglich als Madonnenmaler und sein Leben als das eines Heiligen. Noch die Nazarener in Deutschland verehrten ihn wie einen Seliggesprochenen und bemühten sich, die chronique scandaleuse seines Landsmannes und Biographen, des Vasari, zu widerlegen, daß Raffael infolge wilder Ausschweifungen schon mit siebenunddreißig Jahren gestorben sei. Man braucht sich nicht gleich für eins dieser Extreme, für den Heiligen oder den Wüstling, bei Raffael zu entscheiden und muß doch dem Märchen von dem holden frommen Jüngling, das bei

seinem Namen in den meisten Menschen aufsteigt, wider-
sprechen. Zunächst war Raffael, der größte Madonnenmaler, so wenig fromm im strengen christlichen Sinne,
wie es Mozart, der größte katholische Kirchenkomponist,
gewesen ist. Der Geist der Renaissance, der Jupiter und
Gottvater eines war, die Plato mit der gleichen Verehrung wie das Evangelium las, war in Raffael, der sich in
einem heidnischen Tempel bestatten ließ, mächtiger als in
den meisten seiner Zeitgenossen. Michelangelo betete und
quälte sich und rang mit seinen Engeln und seinen Teufeln,
und seine Sonette sind voll von Selbstanklagen, Vorwürfen und Gewissensbissen. Raffael tat seine Sünden wie
seine Freuden lachelnd und mit Schönheit und trug ihre
Folgen ebenso. Den edlen Gedanken, der in der Abso-
lution, der Gnade auf Erden, liegt, faßte seine kind-
liche Seele ganz. Wenn ihm Leo X. die Hand mit dem
Fischerring des Petrus auf den Scheitel gelegt hatte, fühlte
er sich gerechtfertigt und frei. Die beruhigende Macht,
die in dem „absolvo te" liegt, eine harmonische Natur wie
Raffael wußte sie zu nehmen wie zu geben. Darum hinterließ er keinen einzigen Feind, vermochte er keinem böse zu
sein oder zu grollen, selbst seinem einzigen Nebenbuhler
Michelangelo nicht, der ihn, wo er nur konnte, angegriffen
hat. Darum lautete seine Antwort auf dessen Äußerung,
alles, was Raffael in der Kunst leiste, das habe er von ihm
gelernt, vornehm und abweisend: er schätze sich glücklich,
zu einer Zeit, in der ein Michelangelo lebe, geboren zu
sein. Dies ist wie wenn einer mit der bloßen Hand einem

andern ins gezückte Schwert greift' und ihn so entwaff=
net. Aber dies tat er nicht aus dem Geist des Christen=
tums heraus: „Liebe deine Feinde!". Eine solche Ge=
mütskraft besitzt der Romane durchweg überhaupt nicht,
sondern aus der Vornehmheit des Aristokraten, des
Adelsmenschen in der Renaissance, des vollendeten Edel=
mannes, des „Cortegiano", der Pöbeleien aus dem Wege
geht und sie mit Geringschätzung bestraft oder mit einer
Höflichkeit forträumt. Vornehmheit ist überhaupt der
Grundzug im Wesen wie im Leben Raffaels gewesen.
Während Michelangelo, auch darin plebejisch, von einem
schiefen schielenden Diener sich aufwarten ließ und wie ein
Einsiedler nichts nach Küche und Keller fragte, umgab den
Raffael ein wahrer Hofstaat, hinterließ er einen Palast gleich
einem Fürsten. Beider Beispiel zeigt, wie wenig man einem
Künstler sein Leben vorschreiben kann und darf. Eine Schar
von Schülern weinte an Raffaels Sarg; als Michelangelo
starb, war man fast froh, daß der alte Riese endlich von
der Erde mußte.
Auch darin war Raffael ganz der vollkommen vornehme
Mann der Renaissance, daß er soviel als möglich zu wissen
suchte und, so oft er konnte, mit Gelehrten umging. Nach
Lionardo war er sicherlich der universalste Geist unter den
Künstlern seiner Zeit. Darin widerlegt er völlig die heute
wieder oft gepredigte Lehre, daß ein Maler ungebildet
sein müsse, daß das Wissen die Naivität vernichte. Dieser
Blödsinn, der aus Haß gegen die Akademien und das
Akademische entstanden ist, wird durch einen Blick auf

Raffael lächerlich gemacht. Naivität ist als ein Stück gött-
licher Jugendkraft eine Veranlagung, die einem Künstler
mitgegeben ist oder nicht, und die durch nichts, auch nicht
durch alle Gelehrsamkeit der Welt in ihm verändert werden
kann, eine Macht, die in einem Künstler, der sie hat, von
seiner Knabenzeit bis zu seinem höchsten Greisenalter wirksam
ist. Darum hätte der Raffael mit achtzig Jahren im Grunde
nichts anderes gemalt wie zur Zeit seines ersten großen
Bildes, des „Sposalizio", und der Vorwurf der Kritiker,
den sie gegen einen Künstler erheben: „er bleibt sich selbst
immer gleich", ist stets einer der größten Beweise für ihre
Dummheit und das Können des Künstlers gewesen. Die
Wissenschaft hat somit das naive Genie eines Raffael
nicht verderben können, der in der griechischen Philosophie
wie einst als Kind in der „dem Himmel nahen" Bergstadt
Urbino zu Hause war und die Wissenschaft der göttlichen
Dinge mit gleichem Ernst und Fleiß wie die Erkenntnis
der Ursachen sich zu erringen suchte. Daß er neben dieser
Gelehrsamkeit, die ihn zum Architekten an der Peterskirche
und zum Archäologen bei der Ausgrabung des antiken
Roms befähigte, einen Takt und eine Herzensbildung besaß, die gleichen Schritt mit seinem besten Geschmack hielt,
beweist das Zeugnis aller seiner Zeitgenossen. Freilich muß
man sich daran gewöhnen, so wie man ihn nicht „fromm"
im kirchlichen Sinne nennen darf, ihm die Eigenschaft der
„holden Kindlichkeit", mit der man früh verstorbene Künstlern gerne schmückt, nicht zu verleihen. Er war, wenn
auch kein Wüstling, doch einer der sinnlichsten Männer

der heißblütigen Renaissance. Als er die Villa Farnesina
mit jenen herrlichen göttlichen nackten Gestalten ausmalte,
die in einem Deckenfries die Geschichte von Amor und
Psyche in heidnischer Heiterkeit vor uns vorüberführen,
mußten seine Freunde eine Frau, von der er nicht getrennt
sein wollte, zu ihm auf die Gerüste bringen, so daß er
durch sie selbst nun bei der Arbeit festgehalten wurde. Es
ist einer der für uns Menschen erhabensten Gedanken,
daß das Antlitz der Madonna und Himmelsmutter, wie
sie Raffael gemalt hat und wie sie von Millionen Menschen
im Bilde verehrt wird, die Züge — seiner Geliebten wieder=
gibt. Nicht so, wie sie „wirklich" war, beim Herde oder
beim Schmause, zufällig, einen Augenblick lang, sondern
wie er sie sah, auch wenn sie nicht da war oder wenn er
mit geschlossenen Augen von ihr träumte. Dies Bild eines
Bildes malte er dann, oder wie er sich selbst in einem
Brief an einen Freund ausdrückt: „Ich bediene mich beim
Arbeiten einer gewissen Idee, die mir vorschwebt." Damit
ist er der Hort aller idealistischen, gegen die Kunst als
täuschende Nachahmung äußerer Erscheinung gestimmten
Meister geworden und muß folgemäßig einer dem Natu=
ralismus zugeneigteren Kunstperiode fremder erscheinen.
Aber in den Zeiten idealistisch gesinnter Künstler ist Raffael
das herrlichste Exempel für ihre Kunsttheorien. So war
er es in den Tagen Winckelmanns und Goethes wie zur
Zeit der religiös=romanischen Maler, der Nazarener und
neuerdings wieder unter dem Einfluß von Burckhardt und
Hermann Grimm. Namentlich die Nazarener, diese leiden=

schaftliche Sekte der deutschen christlichen Kunst, waren glühende Raffaelverehrer. „Wie könnte jemals", sprach Friedrich Overbeck, ihr Anführer in Rom, „eine Zeit kommen, wo dieser Meister der Farben und der Komposition nicht mit göttlichen Ehren bedacht würde? Wo nicht das Herz eines jeden Malers erzittert vor der himmlischen Harmonie und Würde und Ruhe dieses Meisters, dessen Bilder, wenn man sie lange betrachtet, in Wahrheit zu singen scheinen, als seien den Farben bei ihm Stimmen gegeben. Stets, solange Menschen malen, wird man ihn als den größten aller Künstler und den Lehrmeister eines jeden feiern, der nach ihm noch den Pinsel in die Hand zu nehmen wagt."

Als Overbeck diese Worte, seiner Ideale voll, in Rom hervorstieß, wußte er nicht, daß bereits in Paris die moderne Malerei begonnen hatte, daß dort schon neue Menschen lebten, die, wie Manet, vor einem Bilde von Raffael buchstäblich seekrank wurden. Er machte sich nicht klar, daß die Wertschätzung auch dieses seines Abgottes wie die eines jeden großen Künstlers von Zeitströmungen abhängig ist, die man so wenig wie das Wetter machen kann. Er konnte nicht glauben, daß alles, auch das größte Geistige einmal vergehen muß, und hatte doch ein Ereignis miterlebt, das ihn wie nichts andres dazu hätte bewegen müssen. Es war die Öffnung des Sarges von Raffael im Jahre 1833, die er in einem Briefe an seinen Freund Veit wie die Aufdeckung eines heiligen Grabes beschreibt. Es war am Kreuzerhöhungstage genau um Mittag, als man den Sarg öff-

nete. „Welch ein Schauer uns anwandelte," schreibt Over=
beck, „als zuerst die Überreste des teuern Meisters aufgedeckt
dalagen, das wirst du aus dem, was unfehlbar in dir selber
vorgeht, wenn du dies hörst, besser abnehmen können, als
ich es dir zu sagen vermöchte!" Das Skelett und vor allem
der Schädel waren noch gut erhalten. Die rechte Hand
Raffaels, die jene edlen Werke geschaffen hatte, wurde zur
Erinnerung in Gips abgeformt. Aber siehe da, nach dem
Abguß zerfiel sie vor den Augen der entsetzten Zuschauer
wie Staub, ein erschütternder Beweis für die Vergänglich=
keit alles Irdischen, das nie wieder kommt.

# Michelangelo in seinen Gedichten

Nicht des Künstlers Michelangelo soll hier gedacht werden, des Malers, der die Decke der Sixtinischen Kapelle mit seinen Gedanken erfüllte, die so groß sind, daß wir Menschen von heute uns darunter fürchten und frieren, des Bildhauers, der aus einem riesigen Marmorblock, den seine Zeitgenossen zerteilen wollten, in wenigen Wochen die Kolossalstatue des David herausschlug, der den zürnenden Moses schuf und die trauernde Mutter Gottes, die stumm vor Schmerz den toten Sohn in ihrem Schoße hält, und der die Bilder der Nacht und der Morgenröte aus ihrem steinernen Schlummer erweckte, auch nicht des Baumeisters, der die letzten welken Jahre seines neunzigjährigen Lebens der Baukunst und der Gelehrsamkeit weihte und die Kuppel zur Peterskirche in Rom wölbte, die der Wanderer stundenweit über die ganze Campagna leuchten sieht. Nein, wir wollen uns hier den unglücklichen einsamen Menschen vergegenwärtigen, der hinter diesen Werken gestanden, gelebt und gelitten hat, den Sterblichen, der den Strom des Göttlichen durch sich rauschen hörte und mit seinen Händen den rohen Stoff, Marmor oder Farbe, zu etwas Geistigem machte, der über sich selber hinausschuf und so zugrunde ging. Und diesen, den Menschen Michelangelo, muß man in seinen Gedichten suchen. Denn in ihnen hat er sich gegeben und verraten, wie er war, er, der seine eigene Seele sonst nur im Stein sich ausweinen oder im Bilde aufschreien lassen konnte. Einsam wie Beethoven, ungesellig wie Timon

von Athen, flüchtete er sich, wenn ihn die Wüste des Allein=
seins verschlingen wollte, in Verse hinein, sprach und reimte
er sich wie Friedrich der Große etwas vor, um nicht an
der Überfülle des eigenen Herzens ersticken zu müssen.
Während Lionardo da Vinci wie ein Grandseigneur von
Hof zu Hof zog, Raffael alle Welt durch seine Liebens=
würdigkeit entzückte und Tizian mit Kaisern zu Tische saß
und von Venedigs Frauen bis an sein Ende umschwärmt
wurde, hauste Michelangelo wie ein Zyklop, wie Polyphem
in seiner Höhle, tagelang nur von einem alten Weib oder
einem Tölpel von Bedienten, der ihm das Bett machte,
aufwusch und kochte, umgeben. Wie Beethoven seine Taub=
heit, so machte ihn seine Häßlichkeit menschenscheu: Als
Jüngling hatte ihm, als er im Atelier von Ghirlandajo in
Florenz studierte, ein Mitschüler, den er durch irgendein hartes
Urteil verletzt hatte, mit einem Stück Marmor die Nase zer=
schmettert. Das brachte einen Zug sklavenhafter, „malai=
ischer" Häßlichkeit in sein Gesicht und trieb ihn immer wie
einen Geächteten aus dem Kreise der Menschen, die einen
geselligen Tauschhandel trieben, fort.
Ob es ihn weiberfeindlich gemacht hat, wie man oft be=
haupten hört, man glaubt es nicht, wenn man in seinen
Sonetten liest. Ein Mensch, der die Nacht in ihrer herr=
lichen Nacktheit geformt hat, kann nicht blind für Frauen
gewesen sein. Eins seiner Sonette, das die Gewandung
einer Frau beschreibt, beginnt:

> „Der goldne Kranz, sieh, wie er voll Entzücken
> Das blonde Haar mit Blüten rings umfängt;

Es darf die Blume, die am tiefsten hängt,
Den ersten Kuß auf deine Stirne drücken."

und schließt mit den männlichen Versen:

„Doch größre Lust noch dieses Band genießt
Mit goldner Spitze, das am Mieder preßt
Die holde Brust, dir darf am Busen ruhen.
Der Gürtel schön verknüpft, der dich umschließt,
Mich dünkt, er spricht: Hier halt' ich ewig fest!
Was würden da erst meine Arme tuen?"

Eine Frau hat jedenfalls seinem Leben, als es schon zur
Neige ging, noch einen eigentümlichen Glanz verliehen,
das war die Gräfin Vittoria Colonna, eine Frau aus
einem der adeligsten Geschlechter Roms. Das Freundschafts=
verhältnis, das ihn mit dieser klugen Frau verband, die
selbst Dichterin war, und deren Naturell aufs engste mit
Kunst verwandt gewesen sein muß, war für die dama=
lige Zeit etwas äußerst Seltenes. Wie in allem war auch
hier Michelangelo wieder ganz anders als seine leichtlebigen
Zeitgenossen. Seine meisten und seine schönsten Sonette
hat er ihr gewidmet, wie jenes wundervolle Liebeslied, das
er ihr mit einem weißen Blatt übersandte:

„Bald rechts, bald links such' ich zum Heil die Wege,
Stets mit den Füßen wankend,
Und hin und wieder schwankend,
Ob Tugend ich erwähle oder Sünde;
So irrt auf jedem Stege,
Wer nicht den Himmel sieht, und stürzt in Schlünde
Daß ich den Ausweg finde,

Daß nicht des Irrtums Beute

Mein freier Geist bei meinem letzten Schritte;

Daß ich nicht ganz erblinde:

Drum, teure Herrin, breite

Dies weiße Blatt ich vor dich hin und bitte:

Den Weg zeig' meinem Tritte

Mit heil'ger Feder, du! Sag', sind die Reinen

Gott lieber als die Sünder, die da weinen?"

Mit welch schöner überirdischen Liebe muß er an dieser seltenen Frau gehangen haben, daß er die Beantwortung dieser Frage von ihr erbat. Sie war die einzige, mit der er sprechen und, was noch viel mehr bedeutet, mit der er schweigen konnte. Er, der sonst nie begriff, wie ein Künst=ler, der mitten in seinen Arbeiten stecke, Zeit und Gedanken hernehmen könne, um den Leuten die Langeweile zu ver=treiben, wurde Auge in Auge mit ihr zum Plauderer, der über seine Kunst und seine Natur sprechen konnte. Ordent=lich galant, maßlos galant wie ein Bär oder ein Riese wurde er vor ihr. Er hatte ihr einmal einige Bilder geschenkt, für die sie ihm mit ein paar Gedichten dankte, worauf er ihr gleich ein Sonett zurücksandte, das mit den Worten schließt :

„Ach! Welch ein Wucher, schenk' ich, schlau wie Diebe

Dir schlechte Bilder, daß ich dann empfange

Gestalten von dir, wahr und schön, als Spende."

„Turpissime pitture", „ganz jämmerliche Malereien", heißt es im Original. Denn auch dies war eine Charaktereigen=

schaft bei ihm, daß er niemals mit dem, was er geschaffen
hatte, zufrieden war, daß er sich nie genug tat und immer
hinter dem, was er wollte, mit seinem Vollenden zurück=
blieb. Und doch muß — er hätte sonst das Leben nicht er=
tragen können! — muß er, wie Shakespeare, der Schöpfer
des „Lear", goldene Momente in seinem Leben gehabt
haben, wo er fühlte, daß etwas Übermenschliches ihn durch=
rieselte, wo er das Rauschen von Flügeln, wie Heine es
beschreibt, über seinem Haupt gehört hat und wußte,
daß sein Name noch nach Jahrtausenden über Italien
erklingen würde.

In seinen Gedichten freilich findet sich keine Zeile, die von
diesem Glücks= und Größegefühl spricht. Außer Gelegenheits=
gedichten, Sonetten oder Madrigalen, die er zum Dank
für geschenkte Früchte, für Käse oder Wein seinen Freun=
den verehrte, ist es immer nur das dunkle Echo seiner
Leiden und seiner Sünden, das er in seinen Liedern wach=
ruft. Stets quälte er sich selbst oder litt als echter frommer
Katholik an schlechtem und schwachem Gewissen.

> „Von Kindheit an ward mir das Los gegeben,
> In trüber Dämmrung traurig hinzuleben."

sang er von sich oder:

> „Blind ist die Welt und nur Verrätern treu,
> Ich aber, Haß und Ehre gleich verachtend,
> Geh' still und einsam weiter meine Wege."

„Seinen eigenen Feind" hat er sich einmal in einer Strophe
genannt.

Auch an der Zeit, in die sein Leben gestellt war, hat er schwer
getragen. Im Mannesalter war es vor allem der Verlust
der republikanischen Freiheit für seine Vaterstadt Florenz,
an der er zärtlich wie an seiner Familie hing, der ihm ins
Herz schnitt und ihn vom Arno fort nach Rom ins Exil
trieb, bis er als Leiche im verhüllten Sarg in einer Früh=
lingsnacht wieder heimkehrte. Er hatte selbst die Befesti=
gungsarbeiten geleitet, als Florenz belagert wurde, war aber
dann im Augenblick der Entscheidung, von einer plötzlichen
Furcht und Ahnung befallen, ge f l o h e n — wieder ein Zeichen
für den Widerstreit des Willens, der diesen gequälten Geist
hin und her trieb. Später erst, als er die „Nacht" in Florenz
in der Gruftkirche der Mediceer schuf, senkte er seinen ganzen
Schmerz über die verlorene Freiheit in diesen Marmor
hinein, den er selbst dies Klaglied singen läßt:

„Lieb ist der Schlaf mir und mein steinern Leben,
Solange Schmach und Schande bei uns weilen:
Nichts sehn, nichts hören ist mein ganz Begehren.
Drum wecke mich nicht auf! Geh! Sprich nur leise."

Es ist keinem, auch Hermann Grimm nicht, seinem besten
Biographen unter uns, gelungen, die Wucht und Trauer
dieser Verse in deutsche Reime zu fassen. Später, als er
alt geworden, litt er vor allem unter der kunstfeindlichen
Strömung am päpstlichen Hofe in Rom. Eingeschüchtert
durch die Fortschritte der Reformation in Deutschland,
begann man die Kirche immer mehr zu entweltlichen, und
Michelangelo mußte es erleben, daß Papst Paul IV. die

nackten Figuren, die er im Jüngsten Gericht an die Wand
der Sixtina hingemalt hatte, von Stümperhänden mit
Kleidern bemalen ließ.

Neunzig Jahre war Michelangelo alt, als er starb. Ein
Freund aus Florenz fand den alten Mann, den „Greisen,
der faſt am andern Ufer angekommen", kurz vor ſeinem
Tode im ſtrömenden Regen allein auf der Straße. Wie ein
Geſpenſt lief er, der nicht mehr arbeiten konnte, unter den
Menſchen umher. „Nun muß ich ſterben," ſagte er herz=
ergreifend, „da ich eben anfange, die erſten Laute in meiner
Kunſt ſtammeln zu können!" Drei Tage darauf fand er
die Ruhe, nach der er ſich ſo lange geſehnt hatte. In der
Kirche Santa Croce in Florenz wurde er beſtattet, unweit
des Friedhofes, deſſen Tote er einſtmals in dem herrlichen
„Lied von der Vergänglichkeit", das in Hugo Wolfs Seele
zu Muſik geworden iſt, ſo beſungen hat:

> „Alles endet, was entſtehet.
> Alles, alles rings vergehet.
> Denn die Zeit flieht;
> Und die Sonne ſieht,
> Daß alles rings vergehet:
> Denken, Reden, Schmerz und Wonne.
> Und die wir zu Enkeln hatten
> Schwanden wie bei Tag die Schatten
> Wie ein Dunſt im Windeshauch.
> Menſchen waren wir ja auch,
> Froh und traurig, ſo wie ihr,

Und nun sind wir leblos hier,
Sind nur Erde, wie ihr sehet.
Alles endet, was entstehet,
Alles, alles rings vergehet."

# Boccaccio

Dieses ist der Bericht, den der Augustinermönch und Professor der Theologie Martino da Signa zu Florenz über das Leben und Schreiben des hochberühmten Giovanni Boccaccio seinem Bruder in Christo dem Kartäusermönch Ciani zu Siena übersandt hat:

„Du verlangst von mir, mein vielliebe Bruder im Herrn, daß ich dir und der Nachwelt eine Beschreibung von dem weltlichen Dasein unsers für und für verehrten Meisters Boccaccio geben soll, ähnlich derjenigen, die er selber von dem größten Sohne unserer Stadt Fiorenza, dem göttlichen Dante, aufgezeichnet hat, an der sich die kommenden saecula nicht minder als wir erfreuen werden. Denn, so schreibst du mit Recht, die Züge eines großen Mannes im Bilde zu erhalten, ist selber etwas Großes, und solche Beschäftigung ist ein adliges Tun. Aber wie vermöchte ich die Feder so leicht und gewandt zu führen, das Wesen dieses Dichters zu schildern, der zart wie eine Mücke über unsere Zeit hinflog und ihr das Blut aussaugte, um es kommenden Geschlechtern zuzubringen. Niemals würde es mir gelingen, ein würdiges Abbild seines Lebens, wie es heute vor uns liegt, aufzuzeichnen, wie solches jenen Heiden vor Christo, einem Plutarch oder Polybius wohl geglückt ist, die weniger fromm, aber auch weniger einfältig als wir gewesen sind, und die unser Meister Boccaccio darum so über alles geschätzt hat. Versuche darum nicht, mich zu einem Werk, das ich nicht leisten könnte, anzustacheln, auf daß ich nicht vor den späteren Zeiten dastehe wie Petrus, da er über den See von Genezareth gehen wollte, darinnen er beinahe versoffen wäre. Sondern vernimm aus diesem Schreiben nur das Wenige und Einfältigliche, das ich für deine Ohren allein von dem irdischen Dasein des Messer Boccaccio zu sagen weiß, vielleicht, daß du selber aus diesem Hanf, den ich dir reiche, Seide spinnen und eine wirkliche wahre Lebensbeschreibung des großen Mannes entwerfen könntest. Geboren ward unser Meister im Jahre des Heils 1313, zu einer Zeit also, da der König der Deutschen, Heinrich der VII., zum letztenmal versuchte, unser von den schwäbischen Kaisern, den Hohenstaufen, verwüstetes schönes Land unter Germanien zu bringen, und da der Herr der Christenheit, der selige Papst Clemens V., die Residenz St. Peters nach Avignon verlegte und damit die babylonische Gefangenschaft der Kirche begann. Wie sich um die Ehre, einen Homer der Welt geschenkt zu haben, sieben Städte in Griechenland wie Kinder um eine Brezel gezankt haben sollen, wissen bei Boccaccio die drei Städte Paris, Florenz und Certaldo im Gebiet von Siena nicht genau, in welcher von ihnen der Meister zuerst seine Augen aufgeschlagen hat. Ich weiß es auch nicht und hinterlasse die Entscheidung darüber als ein rechtes Fressen den gelehrten Männern, die nach mir kommen und die die Kirchenbücher und Archive danach durchstöbern mögen, bis sie geschliffene Gläser vor den Augen tragen müssen. Tatsache ist, daß er einmal irgendwo geboren worden ist, und daß er darum eine Mutter gehabt haben muß, wenngleich keiner sie kennt und er selbst sie nicht mehr kannte. Ob sie, mag sie nun eine hübsche Pariserin oder eine kluge Florentinerin gewesen sein, von Lorbeeren geträumt hat, da sie mit ihm schwanger ging, gleich der Mutter Dantes, das vermöchte nur ihr Beichtvater zu sagen. Und der ist lange tot wie sie. Einige Feinde unseres Meisters, sonderlich die, die sich ihr Gewissen an den anzüglichen Stellen in seinen Schriften wund und blau stoßen, meinen zwar, seine Mutter habe geträumt, sie läge unter einem Eichenbaum auf einer grünen Wiese neben einem klaren Quelle und habe dort einen Sohn geboren. Der habe sich eine Weile von den Eicheln genährt, die vom Baume herniederfielen, und sich plötzlich, so schien es ihr, in ein Schwein verwandelt. Das Tier sei dann grunzend in den Quell gestiegen und habe mit seinem Rüssel die Erde aufgewühlt, also daß ein Morast aus der Quelle geworden sei, der die ganze Wiese überschwemmt hätte. Alles dies deuten sie sinngemäß auf Boccaccio, einzig aus Wut darüber, daß er einen sittenlosen Mönch einen Schelmen heißt und eine nichtsnutzige Frauensperson ein Nickel. Wie es aber in Wahrheit um seine Frömmigkeit bestellt war, das weißt du, Bruder, der du ihm oft die Beichte abgenommen hast, besser als alle die, die Dreck am Stecken haben und damit nach ihm schlagen, nun er sich nicht mehr wehren und ihnen eine Nase drehen kann, über die noch in sechshundert Jahren die Menschen lachen würden.

Mit seinem Vater muß unser junger Boccaccio nicht gut gestanden haben, denn wo er seiner erwähnt, da geschieht

es mit den Worten wie ‚ein fühlloser trübsinniger Greis‘
oder ‚ein roher, stets nur auf Gewinn bedachter Geizhals‘.
Ausdrücke, über die man als unehrwürdige und unkind=
liche wahrlich mit ihm gram sein müsse, wenn anders man
nicht bedächte, wie ein junger lebensfrischer Mensch, der
Horaz und Ovid seine Kameraden nennen durfte, einen
alten mürrischen Filz lieben sollte, der ihn über sechs Jahre
lang zwang, kaufmännische Rechenkunst zu treiben, einzig
aus dem Grunde, weil er sein Vater war. Und obgleich
ein jeder Mensch dem jungen Boccaccio an den Augen
ansah, daß er hinter dem Zahltisch Verse machte und
abends im Bett Dante las, statt Zinseszinsen auszurechnen,
so ruhte doch dieser sein nur auf das Geld erpichter Vater
nicht damit, aus dem Sohn ein goldenes Kalb machen zu
wollen. ‚Wenn du mehr zum Gelehrten taugst als zum
Kommercemachen,‘ sagte er zum Sohn, als der von seinem
Lehrmeister ihm als zu dumm zum Kaufmann wieder zu=
geschickt worden war, ‚so sollst du mir das Rechtsstudium
ergreifen und die päpstlichen Gesetzsammlungen, das heilige
kanonische Recht, statt deines gottvermaledeiten Dante aus=
wendig lernen. Denn der Mensch ist auf der Welt da,
um Gold zu machen, wie die Henne, um Eier auszubrüten.
Und wer nicht das Vermögen seines Vaters zum minde=
sten verdoppelt, der ist ein Lumpenhund, ein Tagedieb, ein
Schmarotzer, ein Taugegarnichts gewesen.‘
Mit diesen Zärtlichkeiten jagte der Alte unsern göttlichen
Dichter in sechs weitere Sklavenjahre hinein, in denen
Boccaccio sich vergeblich bemühte, die dicta Gratiani und

die Dekretalen Gregors IX. in sein Gehirn unterzustopfen,
das die Poesien aller Zeiten und Völker bereits in sich
hereingeschmuggelt hatte. So daß er seit jenen Jahren einen
wahren Haß gegen alles Juristische in sich verspürte, und
wenn er eines Advokaten oder Notars ansichtig wurde, zu
zittern begann, gleichwie ein Pferd, das von ferne ein Kamel
herankommen sieht.

Kein Wunder war es demnach fast, daß unser Dichter,
der von seinem Vater, wenn es eben anging, so weit weg
lebte, wie Neapel von Florenz liegt, nicht mehr als fünf
Tränen herausdrücken konnte, als ihm ein Bote die Nachricht brachte, daß dieser Vater an der Pest dahingegangen
sei. Denn nun konnte er die Rechtsgelahrtheit mit gutem
Gewissen denen überlassen, die besser damit fertig wurden
als er. Er fuhr — es verdreußt mich, dieses von ihm zu
vermelden — mit einer gewissen stillen Heiterkeit nach
Florenz zurück und summte bisweilen Liedchen vor sich hin,
die zu seiner schwarzen Trauerkleidung paßten wie eine
Gitarre in einer Kirche. Und doch, wer von uns sünd-
haften Menschen hätte ihm darob lange böse sein können!
Denn siehe, das Leben lag nun vor ihm so lustig und frei
wie der dritte Tag des Dekameron: Er konnte jetzt dichten
und singen von früh bis spät und selbst in der Nacht auf-
stehen und aus einem falschen Reim einen guten machen,
denn am nächsten Tage hatte er ja nichts anderes, schlech-
teres zu tun. Er konnte ein Haus führen und einen Schmerbauch tragen — er nannte sich selber damals vor dem
Spiegel ‚ein keines Faß.‘ Er konnte im Sommer in

Certaldo Blumen zum Kranze und Worte zu Gedichten
winden. Er konnte seinen Freund und Meister Petrarka
zu sich laden, so oft er wollte und jener es ihm gewährte,
und konnte mit ihm wochenlang über die großen Sänger
und Männer des Altertums disputieren, eine Beschäfti=
gung, die sie etwas vermessentlich „Humanismus' tauften,
nicht anders als ob die Christenmenschen seither bis auf
sie im Zustand der wilden Säue gelebt hätten!
Sein Glück vollkommen zu machen, war unser Boccaccio
nicht verheiratet, denn die Liebe seiner Fiammetta war nur ein
Flämmchen und kein Kochofen geworden. Und wie sein Freund
und Meister Petrarka die herrliche Laura nur wenige Male
gesehen hatte, um sie dann unaufhörlich besingen zu können,
so erging es auch unserm Dichter mit seiner Fiammetta, welche
bekanntlich als Tochter König Roberts von Neapel ein
Kind der Liebe war, was einige ja auch von unserm Boccaccio
selber behaupten. Feststeht, daß Fiammetta schon ver=
heiratet und Mutter war, als der Dichter am Ostersonn=
abend des Jahres 1338 in der San Lorenzokirche bei der
Frühmesse zum ersten Male die schöne Neapolitanerin in
grünem Kleide erblickte.
So sehr aber trug unser Poet ihr Bild in seinem Herzen,
daß er erst, als viele Jahre hinter diesem Blick lagen,
noch einmal sein Herz an ein Weibsbild, eine schöne und
reiche Witwe zu Florenz, verlor. Diese aber, die drei
andere Männer im Sinne hatte, sah nicht das Feuer des
Prometheus in seinen Augen, sondern nur den Gran=Sasso
seines Bauches, und wies seine Werbung mit spitzen und

garstigen Reden ab. Ein Ofen, der keinen Abzug hat, der qualmt und raucht, bis allen die Augen laufen, und so unser Meister auch nach dieser Niederlage: Er schrieb jene Schmähschrift gegen die Weiber, genannt „Corbaccio", in der er selber wie ein wütender, alles zerhackender Rabe auf das Geschlecht der Frauen, dem doch auch seine gepriesene Fiammetta angehörte, losfuhr und sie allesamt beschimpft hat, daß man es, wenn man dies Buch gelesen, leicht mit tausend Xantippen aufnehmen könnte, so viele häßliche Worte und Gründe hat er einem damit gegen sie in den Mund gegeben. Recht wie ein Herodes unter die Kinder fällt unser Boccaccio hier zwischen die Frauen, und er hat sich für diese eine, die ihn nicht nahm, an ihnen allen gerächt als ein persischer Wüterich, der das Meer mit Ruten schlagen ließ. Und die Frauen müssen doch wohl da sein, wenngleich — darin hat er recht! — ohne sie viel weniger Sünden auf der Welt wären.

Von dem Alter des Meister Boccaccio kann ich dir, Bruder Ciani, weniger berichten. Und weißt du selbst ja auch mehr davon als ich. Denn du warst doch der wackere Soldat unserer Kirche, der du auf Geheiß deines Ordensmeisters Pietro de Petroni von Siena dich aufmachtest, um nach der Weisung dieses deines verstorbenen Oberen den fast fünfzigjährigen Boccaccio zur Buße und zur Umkehr von seinem sittenlosen Lebenswandel zu ermahnen. Du selbst hast es mir oft erzählt, wie er da unter der Wucht deiner Predigten zusammenschmolz wie eine Kerze, wenn der Wind über sie fährt, wie er weinte wie ein

Kind, wenn er seiner lockeren Schriften und dann der
Hölle gedachte, wie er in sich ging und es als Gottes
Strafgericht hinnahm, daß seine drei Kinder, die er außer
christlicher Ehe in die Welt gesetzt hatte, alle längst vor
ihm dahingegangen waren. ‚Mein Töchterchen Violante
ist gestorben,‘ schrieb er mir damals, ‚sie war fünfeinhalb
Jahr alt. Von Kindern, die in diesem Alter sterben,
glauben wir, daß sie Engel werden.‘ Du weißt es, mein
Bruder, besser noch als ich, daß er seinen Frieden mit der
Erde und dem Himmel gemacht hatte, als er selbst zwei-
undsechzigjährig zu Certaldo von Gott abberufen wurde.
Du weißt, daß er mit jenen losen Geschichtchen von uns
Mönchen oder Äbten oder Priestern nur diejenigen unserer
Klerisei am Hemd gezupft hat, die es nicht besser verdient haben.
Denn in unserer Zeit liegt die Geistlichkeit oft im argen, und
manch einer von uns scheint mehr die Zotologie als die Theologie studiert zu haben, so daß es hohe Zeit ist, daß einer einmal
kommt, diesen Augiasstall auszufegen und unsere Kirche an
Haupt und Gliedern zu reformieren. Derowegen wollen wir
unserm Boccacio nicht über das Grab hinaus zürnen, der in seinen zehn Tagen des ‚Dekameron‘ eine Welt aufgebaut hat, die
nicht anders ist als die, die unser Herrgott in sechs Tagen geschaffen hat, das ist voller Farben und Schatten, voller Freuden
und Schmerzen und voller Tugenden und Schlechtigkeiten,
alles durcheinander vermenget bis zum jüngsten Tage.
So: Mehr weiß ich dir nicht weder zum Ruhme noch
zum Tadel des Meister Boccaccio zu berichten. Wer es
besser kann, der mache es besser!"

# Giordano Bruno

Dem einstigen Dominikanermönch, jetzigem Gefangenen des ehrwürdigen päpstlichen Inquisitionsgerichtes Giordano Bruno war soeben das Todesurteil verkündet worden. Am andern Morgen in der Frühe sollte er auf dem Blumenmarkt zu Rom als Ketzer lebendig verbrannt werden. „Gelobt sei Gott!", das war das einzige, was der Bote des Gerichts aus dem Munde des Gefangenen auf seine düstere Botschaft hin gehört hatte. Nun lag Bruno wieder allein in seinem Kerker auf einem Bündel stinkenden Strohes, die Hand, an der die Kette war, unter seinen Rücken gebogen, die andere vor Frost in den langen Bart gekrampft, und hielt seine weiße Stirne in das Mond= licht, das durch das Gitterfenster kam, hinein, als hätte es ihn wärmen können. Nichts hörte man als das Klirren oder Schleifen der Kette, wenn er sich bewegte; einmal kam eine Ratte aus einem Loch in der Wand spaziert, lief ruhig an den Gefesselten heran, schaute ihm traurig zu, nahm einen Strohhalm mit und lief wieder zu ihren Kindern zurück, um ihnen ein grausiges Märchen von den Menschen zu erzählen. Stundenlang lag Bruno so da, schaute offenen Auges in den Mond und sprach mit sich selber. Und sein Leben wurde ihm in dieser letzten Nacht zu Bil= dern, die ihm die Abenteuer eines fremden Menschen zu sein deuchten: Er sah sich als Kind auf dem einsamen Gehöft seines armen Vaters bei Nola mit Steinen spielen, da kein Geld da war, ihm Spielzeug kaufen zu können.

Er entsann sich noch der Nächte, wenn fern aus dem
Dunkel ein roter Schein bis in seine Kammer geleuchtet
und der Vater ihm erklärt hatte, daß zwischen Nola und
Neapel, wo der Oheim wohnte, ein Berg wachse, der
Feuer speie und bei Tag qualme wie ein Kamin, und daß
der Teufel darin wohne.

Und dann sah er sich zu Neapel selbst als sechzehnjähriger
Novize, wie ihn das Kloster des heiligen Dominikus auf=
nahm, und er zuerst „Bruder Giordano" genannt wurde.
Dreizehn Jahre hatte er dort gelebt, erst immer in der
Sakristei, drei Viertel des Tages verkniend und verbetend,
und dann die letzte Zeit immer in der Bibliothek über
Folianten und Büchern aus allen Ländern gebeugt. Die
graue Zelle kam ihm wieder vor die Augen, drin er ge=
fastet und gebetet und allen Kasteiungen zum Trotz böse
Träume gehabt hatte; ein gelbes geschnitztes Kruzifix hatte
als einziger Schmuck an der Wand gehangen, da er alle
Heiligenbilder und selbst das der Madonna verschenkt hatte,
um ganz allein mit seinem Gotte zu sein.

Er fühlte noch auf seinem Haupte die Kälte der Schere,
mit der man ihm die nun längst überwachsene Tonsur
in die braunen Haare geschnitten hatte, und fror noch beim
Erinnern daran. Er hörte sich wieder als Priester die
Messe lesen und die Beichte abnehmen bis zu dem Tage,
da er wie ein Tier aus einer Falle im Dunkeln aus
Neapel geflohen war und ziellos in der Welt umher=
ziehen mußte.

Was hatte er denn Böses getan? Er hatte im Erasmus

von Rotterdam und andern deutschen Büchern gelesen,
sich von einem Bruder, der am Hof Karls V. gelebt, von
Luther erzählen lassen und hatte ein paar Gedanken als
Gedichte aufgeschrieben. „Wenn Ihr das verwünschte Schreiben sein lassen wolltet!" hatte ihm der gute Prior immer
in der Beichte vorgehalten. „In der Tinte steckt der Teufel
wie Gott im Weine. Ihr braucht nur an beiden zu lecken,
so merkt Ihr es. Ein Mönch muß ein Huhn sein, das
seine eigenen Eier selbst aufißt."

„So wenig Ihr dem Strom gebieten könnt: ‚Fließe nicht
mehr!' und wie Ihr die Vögel nicht am Singen, noch die
Blumen am Blühen hindern könnt, es sei denn, Ihr
macht ihrer Daseinsform ein Ende, so wenig könnt Ihr
und kann ich dem Weltgeist, der aus mir klinget, den
Mund verstopfen, ehrwürdiger Vater!" war Brunos
Antwort gewesen.

Und dann waren die Jahre in der kalten Fremde gekommen,
wo kein Lorbeer wuchs und keine Pinien sich breiteten,
wo die Menschen im Winter Felle wie die Tiere tragen
mußten, und wo man selbst die Marmorsteinbilder um-
hüllen mußte, daß sie nicht vor Frost zersprangen. Wieviel Kälte hatte er, der Neapolitaner, in den finstern
Nebelländern ausstehen müssen! Er sah sich wieder in
Paris am Hofe des Königs und an der Universität dort
Vorlesungen über die Unendlichkeit der Welt halten,
wie ein Storch auf einem Beine stehend, während die ihm
feindlichen Professoren die Zuhörer zum Grunzen, Brummen,
Heulen, Brüllen und Winseln aufreizten, bis Bruno

ironisch sagte: „Fühlt ihr nun, welch ein tragischer Gedanke das ist, zu wissen, daß auf andern Sternen ähnliche Bestien leben?"

Und nach London träumte er sich wieder hin, wo er die glücklichste Zeit seines Daseins im Hause des französischen Gesandten verbrachte, der ihm in einem Dachstübchen Quarantäne gewährt hatte. Dort den geliebten Gestirnen zehn Meter näher, hatte Bruno seine höchsten Gedanken zu Papier gebracht, und die Stadt, in der damals Shakespeare lebte, war ihm trotz ihrer schwarzen Straßen, ihrem Kaufmannsgesicht und ihrem Biergeruch fest ans Herz gewachsen, weil er hier wie ein Vogel im Norden erst das Singen gelernt und seine schönsten Sonette gedichtet hatte.

Aber die Entrüstung der gelehrten Ochsen zu Oxford verscheuchte ihn auch von dort. Die Steine, die ihm die englischen Philosophen nachwarfen, fielen alle ins Meer, das sie wütend ob der Dummheit der Menschen verschlang. Der Schatten Luthers lockte Bruno nach Wittenberg, wo er zwei Jahre lang an der Universität den schweren deutschen Köpfen vergeblich das Fliegen beizubringen suchte. Nur Hamlet, den Dänenprinzen, soll er auf dem Gewissen gehabt haben.

Überall war er nur ein Fremdling, ein Vorübergehender, mehr in der Luft als auf der Erde zu Hause. Einige reckten wohl die Köpfe nach ihm in die Höhe, aber die meisten kümmerten sich so blutwenig um ihn, wie die Bauern, die den Acker pflügen, um die Kraniche zu ihren

Häupten. Er hatte sein Vaterland und sein Volk verloren, und keiner um ihn war da, der seine Sprache verstand. Ahasver, der ewige Jude, findet überall doch die Seinigen, die er erkennt und die ihm von Abraham her verwandt sind, aber Bruno fand in der Fremde und in seiner Zeit keinen einzigen, der ihm ähnlich war. Wollte er sich unterhalten, so mußte er nur große Tote, wie Luther und Kopernikus, aus ihren Gräbern emporziehen und mit ihnen Dialoge führen.

Man will ihn oft in warmen Sommernächten auf den Stufen der Schloßkirche zu Wittenberg, an die Luther seine Thesen anschlug, weinend sitzen gesehen haben wie einstmals Alexander den Großen auf dem Grabhügel des Achilles. Und wie jener diesen Heros um seinen Sänger beneidet hatte, so beklagte sich Bruno bei der Nacht, daß ihm ein Volk fehle, das seinen Ruhm wie den Luthers der Welt verkünde. Zur evangelischen Landeskirche, zu der Luthers Religion geworden war, überzutreten, daran hat er nicht eine Sekunde gedacht. Er hat das bis heute ver= gessene Wort von der „Deformation" gebildet und, wie nach ihm Schiller, geglaubt, daß man, um religiös zu sein, nicht eine Religion bekennen müsse.

Das Gefühl der Verlassenheit und dieses heimatlose Leben ins Leere hinaus, das sein Kopf und sein Herz, die in ihm gleich stark waren, führen mußten, hatten ihn schließlich nach Italien zurückgetrieben. Die Sehnsucht nach dem Volk, das die Sprache redete, die er schrieb, lockte ihn mit zauberhafter Macht über die Alpen. Wie das irrende

Schiff, das am Magnetberg zerschellt, zog es ihn, der im
unendlichen Kosmos herumtrieb, in die gefährliche Heimat
zurück. „Wie dumm!" pflegen die klugen Leute hierbei zu
sagen, aber die noch klügeren fügen hinzu: „Wie traurig
und wie notwendig!"

In der Heimat geriet er in das Netz der Inquisition. Er
ward festgenommen und lag nun sieben Jahre lang in
Rom im Kerker, um seine Lehren zu widerrufen. Aber
wie konnte er widerrufen, was er doch wußte, daß die
Erde nicht die Welt sei und daß unendlich viele Sterne
über uns brennen, und der Boden, aus dem wir wachsen,
nur ein winziges Teilchen des Alls ist, und daß unsere
Erde schon Milliarden Jahre vor Christi Geburt gelebt
hat! Seine einzige Sünde war die, daß seine beiden Augen
schon so weit sahen wie die Fernrohre Anno 1910 und so
hielt er denn in jener letzten Nacht vor seinem Tode, ohne
ein Quentlein Reue zu verspüren, noch einmal Zwiesprache
mit den Sternen, die durch sein Kerkerfenster schauten, und
die er alle bei ihren Namen kannte wie die Menschen ihre
Kinder.

Als der letzte erloschen war, kam der Kerkermeister, löste
ihn wie ein Tier von seiner Kette, und Bruno wurde zum
Scheiterhaufen geschleppt und fand den Tod des Phönix,
nach dem er sich in seinen schönen Liedern gesehnt hatte.
Seine Asche aber zerstäubte als eine Saat, die in kommen=
den Jahrhunderten emporwuchs.

Denn genau dreihundert Jahre nach jenem Tage, da Bruno
ohne ein Wort des Widerrufs, ohne einen Laut des

Schmerzes seinen Leib der Flamme preisgab, stand auf
dem nämlichen Platze in Rom eine gewaltige Menschen-
menge, das junge Italien, und jubelte dem eben auf der
Stätte seines Scheiterhaufens enthüllten Denkmal Brunos
zu. Der Unterrichtsminister, ein dicker Herr im Frack, hielt
eine glänzende Lobesrede auf diesen einzigen Philosophen
Italiens. Die Sonne aber wurde bei all dem Lärm neugierig, blickte durch die Februarwolken hindurch und las
die Inschrift auf dem Monument: „Dem Giordano Bruno
das von ihm vorausgeschaute Jahrhundert hier, wo der
Scheiterhaufen gebrannt hat", sah sich die Menschen an,
und verbarg sich weinend wieder hinter dem Gewölk.

# Zur Würdigung Molières

„Es gibt nur ein Genie unter
uns, Majestät; es ist Molière."
Boileau zu Ludwig dem XIV.

Goethe hat sich zwei gleichgroße kritische Verdienste erworben: Er hat die Augen seiner Mitwelt auf den damals
wenig beachteten Rembrandt gelenkt, und er hat die über-
ragende Bedeutung Molières, dieses größten Galliers, erkannt. „Ich kenne und liebe Molière seit meiner Jugend",
hat er einmal zu Eckermann gesagt, „und habe während
meines ganzen Lebens von ihm gelernt. Es ist nicht bloß
das vollendete künstlerische Verfahren, was mich an ihm
entzückt, sondern vorzüglich auch das liebenswürdige Naturell, das hochgebildete Innere des Dichters. Ich lese von
Molière alle Jahre einige Stücke, so wie ich auch von
Zeit zu Zeit die Kupfer nach den großen italienischen
Meistern betrachte. Denn wir keinen Menschen sind nicht
fähig, die Größe solcher Dinge in uns zu bewahren, und
wir müssen daher von Zeit zu Zeit immer dahin zurück-
kehren, um solche Eindrücke in uns aufzufrischen".
Man achte wohl auf dieses „wir keinen Menschen", mit
welchem Gefühl an Goethe vor dem Werke Molières
stand, um die ganze Größe jenes Künstlers zu erfassen.
Diese ungeheure Anerkenntnis Goethes sollte für immer
alle Gegner und Kritiker Molières zum Schweigen bringen.
Freilich läßt sich gegen ihn wie gegen alles Menschliche
mancherlei sagen und einwenden, und von diesem billigen

Vorteil hat man gerade gegen Molière gerne Gebrauch gemacht, ja tut es, weil man ihn zumeist schlecht darge= stellt sieht, noch heute vielfach. So könnte man, wenn man einseitig genug wäre, dies zu wollen, gegen ihn sagen, daß er seine Fabel nicht zu erfinden und nicht aus= zuführen weiß, das, was Aristoteles doch als das erste Erfordernis für den dramatischen Dichter bezeichnet. Oder man könnte, wenn man einfältig genug wäre, dies zu können, von ihm behaupten, daß seine Stoffe zu alltäg= lich, zu platt und hausbacken wären, daß er sich nicht wie Shakespeare in seinen Komödien über die tatsächliche Wirk= lichkeit erheben konnte, und daß er nie aus seiner bürger= lichen Welt von Wucherern, Quacksalbern, Kupplerinnen, Tölpeln und anderem Gelichter herausgekommen sei. Es ist wahr, Shakespeare hat die Menschen viel überlegener angeschaut und erreicht dadurch, daß er fast einem jeden seiner komischen Charaktere seinen tragischen Schatten mitgegeben hat, bei denen, die Verständnis dafür haben, viel tiefere Wirkungen. Der Hintergrund, auf den Molière seine Figuren stellt, ist lediglich der der menschlichen Torheit oder der menschlichen Schwäche. Er macht sich über seine Geschöpfe nur lustig und hat wohl, als er sie schuf, oft Tränen über sie gelacht, aber nur selten Tränen um sie geweint. Man erinnere sich nur, wie verschieden die beiden Dichter den Dünkel behandelt haben, der eine an der Figur des Malvolio, der andere an der des Herrn Jourdain, des adeligen Bürgermannes, um sich die Mal= weise der beiden klarzumachen. Nicht aber, als ob

Molière seine Menschen nur einseitig, nur typisch behandelt hätte, wie superkluge Leute oft heutzutage behaupten, als ob er seine Menschen auf einen Leisten gezwängt hätte, dergestalt, daß der eine bei ihm nur geizig, der andere nur eingebildet und ein dritter nur hypochondrisch gewesen sei. Nichts ist verkehrter als dieses. Weil er seine Charaktere auf einen Hauptgrundzug brachte, wußte er doch ebensogut schon wie wir, wie vielgestaltig eines jeden Seele und Sinnesart ist. Wenn er einen Geizhals, wie dies sich eben verhält, fortwährend nur von seinem Gelde, d. h. eigentlich von seiner Armut reden läßt, so vergißt er doch nicht, ihm eine Reihe ganz anderer Eigenschaften mit auf seinen traurigen Weg zu geben, als da sind: Eitelkeit, Sinnlichkeit u. a. m. Daß ein Hypochonder drei Viertel des Tages damit verbringt, sich den Puls zu fühlen, zu den Ärzten zu laufen und über seine Verdauung zu reden, ist eben eine Einseitigkeit dieses Menschen, nicht eine des Künstlers, der aus ihm eine Komödie macht. Von diesem landläufigen Vorwurf gegen Molière, daß er nur Typen, keine Menschen geschaffen habe, sollte man diesen Dichter endlich einmal freisprechen und den Mikrokosmus seiner Gestalten nicht immer durch sinnlose Vergleiche mit Shakespeares Welt trüben. Man achte nur einmal auf die Kunst, mit der Molière die Handlung von innen heraus bloß durch seine Menschen treiben läßt, um zu begreifen, wie lebendig diese sind. Er braucht seine Fabel oft kaum, er pfropft sie manchmal, weil sie nun einmal nach Aristoteles' und Freund Boileaus Ansicht nicht fehlen

darf, dem Schluß seiner Stücke auf, wie z. B. im „Tar=
tüff" oder im „Geizhals." Im übrigen läßt er seine Szenen
ohne Zutat ganz einfach von seinen Menschen aufwickeln
und spielen, wie jene von Goethe meiſtgerühmte im „Ma=
lade imaginaire" zwiſchen dem Kranken und ſeiner kleinen
Tochter Louiſon, „in der mehr praktiſche Lehren für den
Dramatiker enthalten ſind als in ſämtlichen Theorien",
oder im „Geizhals" die Szene zwiſchen Harpagon und
der Kupplerin. In der Weiſe, wie ſich hier ſeine Figuren
enthüllen oder ſich verſtecken, um ſich von neuem zu offen=
baren, und wie ſo das Drama lediglich von den Charak=
teren, die ſich aufdecken und bloßſtellen, weitergetrieben
wird, in dieſem iſt Molière ein vollendeter Meiſter. Er
vermag einen menſchlichen Charakter im Nu in vielerlei
Facetten glänzen zu laſſen, hin und her zu wenden und
von hundert Seiten zu zeigen. Namentlich für die kleinen
Liſten und Verſchlagenheiten des Menſchen, für dieſe ganze
linke Seite unſerer Seele, hat er ſeine Ohren und tiefes
Verſtändnis gehabt. Das alte Schulwort: „Racine ſchildert
die Menſchen, wie ſie ſein ſollten, Molière ſchildert ſie,
wie ſie ſind", hat dies treffend ausgedrückt. Alle läßt er
wie in der Natur von ihrem Egoismus in Bewegung
ſetzen, mag der auf Orden und Titel und Anſehen oder
auf Wohlbehagen und ein Weibchen oder mag er ſchließ=
lich auf Einſamkeitsverlangen, wie im „Misanthrope" gehen.
Selbſt ſeine Götter, Jupiter wie Merkurius im „Amphi=
tryo", treibt nichts Heroiſches, nein nur Allzumenſchliches
auf die Erde. Und dabei — das trägt ihn über alle Zeiten

fort — moralisiert Molière niemals, es sei denn, daß er
durch einen dritten, den „raisoneur" des französischen
Theaters, seinen „Helden" einmal die Wahrheit sagen läßt.
Sonst hat er die Menschen viel zu lieb, um sie selber
auszuschelten zu können: selbst den scheinheiligen Tartüff,
den er von allen Kreaturen Gottes wohl am meisten ge=
haßt hat, mag er zum Schluß nicht beschimpfen. „Es
muß auch solche Känze geben", mit dieser Weisheit, mit
der der harmlose Spießbürger seine ungewöhnlichen Mit=
menschen erträgt, entläßt er die Geschöpfe, die er geschaffen.
Ihn, den Gallier, quälte die Menagerie von Menschen,
die er wachgerufen, mit ihren „Tiergesichtern" noch nicht
wie den Germanen Henrik Ibsen. Er lachte nur über die
komischen Gesellen, Männlein und Weiblein, die er ein=
fach nach dem Leben abgezeichnet hatte, ohne eine Kari=
katur aus ihnen zu machen. Darum war und ist es so
ungeheuer schwer, Molière darzustellen, weil die meisten
Schauspieler sich selten damit genug tun können, „die Be=
scheidenheit der Natur", wie Molière sie wiedergibt, vor=
zuführen, sondern gerne der lieben Wirkung halber etwas
hinzufügen. Dann kommen Kotzebuesche Kerle und Bene=
dixsche Frauenzimmer, kurzum Theater, aber keine Men=
schen von Fleisch und Blut, mit Tugenden und Lastern
zum Vorschein. Vor solchen Fratzen muß dann der Ge=
bildete zum Buch flüchten, um Molière wieder verstehen und
lieben zu können. Und je mehr man sich mit ihm be=
schäftigt, um so größer wird er uns. Kein Künstler hat,
ohne sich wie unsere Naturalisten in Kleinigkeiten und Neben=

sächlichkeiten zu verlieren, die Menschheit so trefflich nach=
geahmt wie er, mag immer auch der Humor, mit dem er
dies tut, nur von dieser Welt sein. Es gibt ganz wenig
Szenen bei ihm, wo sein Humor etwas von jener Welt
hat, von dem Dämonischen, das, uns unbewußt, uns re=
giert und unsere Taten tun läßt. Ich denke dabei vor
allem an die einzige Szene im „Geizhalse", eine Szene,
die sich neben den stärksten Shakespeares sehen lassen
kann: Es ist die, wo der Geizhals nach dem Diebstahl
seiner Kassette auf die Bühne stürzt, wie ein Wahnsinniger
nach dem Diebe schreiend, bis er schließlich — eines der
tiefsten Symbole auf der Bühne! — sich selbst am Ärmel
und am Kragen packt, als habe er sich selbst bestohlen. Der
Dichter verwischt hier mit Absicht die Grenze zwischen
Spiel und Leben, er überspringt die Rampe und läßt den
Geizhals auf der sinnlosen Jagd nach seinem Gelde ins
Publikum hineinreden. Oder man denke an den Schluß=
akt des oft zu gering geschätzten „bürgerlichen Edelmanns"
mit seinem grotesken Größenwahnsinn in der türkischen
Maskerade!
Moralisiert auch Molière niemals, so spricht doch eine
Lieblingstendenz von ihm aus vielen seiner Werke, es
ist die Neigung zur Natürlichkeit, die Hochschätzung der
Natur wider alles Gekünstelte, Unnatürliche und Verlogene.
So führt er in den „Gezierten" und in den „Gelehrten
Frauen" Kampf gegen das affektierte Wesen der Franen
und läßt die Natürlichkeit, die Naivität triumphieren. So
bekriegt er im „Arzt wider Willen", und erbitterter im

„Eingebildeten Kranken" — man sieht übrigens, wie gerne er ein Thema variiert! — die Kurpfuscherei und preist die Naturheilmethode. So gibt er im „Misanthrope", einem kleinen Volksliedchen, den Preis über fast alle Sonette und Madrigale, die seine Zeit hervorgebracht hat.

Dieser Abscheu vor aller Unnatur und diese Lobpreisung alles Echten und Ungemachten kam aus dem großen Herzen dieses Menschen, dem „hochgebildeten Innern", wie Goethe sagte, dieses Künstlers, der gleich unserm Lessing ein reines Herz und eine seltene Vornehmheit besaß. Der angesichts des Todes seiner Frau, die ihn betrogen hatte, weinend verzieh mit den wehmütigen Worten: „Du hast nichts dafür gekonnt", der als Theaterdirektor todkrank sich nicht schonen wollte, um seine Arbeiter nicht brotlos zu machen, und der auf der Bühne gestorben ist, nachdem er seine Rolle unter dem Jubel des nichtsahnenden Publikums bis zu Ende gespielt hatte.

# Emile Zola

Es war im Dezember des Jahres 1861, als ein junger
Mensch von einundzwanzig Jahren, bei dessen späterem
plötzlichen Tode die ganze gebildete Welt Trauer an=
legte, Emile Zola, spät abends im Dunkel die achtzehn
Stiegen seiner Behausung im Quartier Latin zu Paris
herunterkroch. Er trug über seinem Hemd als einziges Be=
kleidungsstück einen ehemals schwarzen, jetzt rostig=grünen
Überzieher und an den bloßen Füßen ein Paar zwölfmal
geflickter, mit Bindfaden zusammengehaltener Filzpantoffeln.
Er blinzelte scheu und erschrocken mit den Augen, als die Gas=
laternen ihn und seine traurige Gestalt in der schäbigen Schale
betrachteten, schlug, zitternd am ganzen Leibe, den Kragen
in die Höhe und bog dann schnell in eine der finsteren
Seitengassen hinein, die ihn und sein Elend verbarg.
Er rannte mehr, als er ging, um nicht zu sehr zu frieren,
die hohen Häuser entlang bis zur Seine herunter, die in
Nebel und Nacht gehüllt schläfrig mitten durch Paris
floß. Dort am Fluß lag eine Bäckerei in einem feuchten
Souterrain, wo es noch drei altbackene Brötchen für einen
Sou gab.
Der junge Zola konnte vor Zähneklappern nicht sprechen,
er schob nur ängstlich das Geldstück, das ihm in der Hand
heiß geworden war, durchs Gitter, nahm sein Brot und
rannte spornstreichs an den hohen, düsteren Häusern vorüber
zurück. Er hatte seit drei Tagen nichts mehr zu kauen ge=
habt. Doch, vorgestern war es ihm gelungen, unter einem

alten, dicken Schmöker, den er listig in der Dachtraufe als
Falle aufgestellt hatte, einen Spatzen zu fangen. Den hatte
er an einer Gardinenstange über einem bißchen Holz, das
er aus dem Fußboden gebrochen hatte, geröstet. Aber das
arme Tier war so klein gewesen, daß er nach drei Stunden
wieder hungriger wurde als zuvor. So verschlang er denn
das eine Brötchen schon bei dem Aufstieg zu seiner himmel=
hohen Wohnung.

Oben in der Dachkammer, wo er hauste, lag seine Freundin,
die nach Pariser Frauenart Leid und Lust mit ihm teilte,
im Bett und lachte ihn an, als er mit seinen Brötchen
hereintrat. Hier unter dem Dach war es fast noch kälter
als draußen am Fluß. Der Wind heulte ganze Symphonien
über Paris.

Außer dem Bett und einem Ofen, der aber kälter war als
Grönland, stand einem nichts in der kahlen Kammer im
Wege. Nur in einer Ecke lag noch ein alter Seehundskoffer,
der auch Tisch sein konnte und mußte, wenn man ihn in
die Höhe stellte. Dieser Koffer aber war das Allerheiligste
in dem ganzen nackten Raume. Denn in ihm verwahrte der
junge Zola seine größten Schätze, mächtige Manuskript=
bogen, auf denen lange Verse geschrieben standen, die sich
am Schlusse reimen mußten. Mit diesen Reimen, die das
Los und das Leben der Menschen besangen, Menschheits=
phantasien waren, hatte der Jüngling dermaleinst ge=
hofft, Paris und die Welt zu erobern, als er noch als
Gymnasiast in der Provence mit gleichgestimmten Freunden
die blauen Tage verschwärmt hatte.

Nach und nach war die Enttäuschung über ihn gekommen.
Der Tod seines Vaters und die völlige Verarmung seiner
Mutter trieben ihn aus dem sonnigen Südfrankreich mitten
im Winter in das düstere Paris, wo es magere Stipendien
und noch magere Freitische gab. Jäh rüttelte ihn dann das
Leben aus dem Traum der Jugend auf: Er fiel zweimal
kurz hintereinander durch das Examen. Die paar Bekannten
seiner Mutter, die ihm bis dahin geholfen hatten, gaben
ihn damit auf. Und nun trieb der junge Zola wie ein
Schiffbrüchiger mit seinem Seehundskoffer und den langen,
schon etwas vergilbten Versen seiner Jugend in das Zi-
geunerleben der Großstadt hinein.

Ganz langsam gingen ihm die Kinderaugen auf und fielen
die Träume um ihn herunter ab, wie die faul gewordenen
Tapeten in seiner Dachkammer.

Und wie er an jenem Abend sich in der kahlen, feuchten
Stube wie im Sarge seiner Jugend umblickte, wurde ihm
mit einem Male klar, daß die Millionen von Menschen
in der Stadt unter ihm, von deren Edelsinn und Nächsten-
liebe er geträumt hatte, lauter Egoisten waren, und daß
die Gesellschaft sich um den einzelnen nicht kümmert, sondern
ihn einfach verbraucht, und daß unsere Zeit keine Besonder-
heiten duldet, und daß die Liebe, dieses überschwengliche
Wort, diese höchste Erwartung aller jungen Seelen, schließlich nichts weiter bedeutet als zwei Menschen, die Appetit
aufeinander haben und voneinander lassen, wenn sie einander satt bekommen haben.

So wurde aus dem jungen Zola, der im Mondschein Reime

schmiedete, unter seinem Kopfkissen Hugos Gedichte hatte, mit seiner Liebsten Veilchen pflückte und mit offenen Augen träumte und durchs Leben nachtwandelte, der Mann Zola, der Verfasser von „Germinal", der Freund Flauberts, der Hausbesitzer und reiche Schriftsteller, der das Aussehen eines Bankbeamten hatte, der erklärte, daß ein Dichter ein Arbeiter sei wie alle anderen, der nicht mehr betete, weil er zu oft vergeblich gebetet hatte, der statt an Gott nur mehr an Hunger und an Liebe glaubte, der Reklame für sich machte und machen ließ, und Romane in Lieferungen schrieb, der im Winter mitten unter reichgewordenen Spießbürgern wohnte, der alle Phrasen haßte und alle Dinge bei ihrem Namen nannte, der den Maschinen ihre Seele ablauschte, der den Naturalismus für die einzig mögliche Kunstform erklärte, und der an Kohlengas gestorben ist.

So wurde der Künstler Emile Zola, der das große Epos der Bürgerfamilien Rougon-Macquart schrieb und mit Riesenlettern sein „J'accuse" an den Himmel des alten Frankreich unter Napoleon III. hinschrieb, das an den Folgen der Ausschweifung und des Leichtsinns Anno 1870 zusammenbrach und einen jämmerlichen Tod wie Nana starb. Mit dem sinnlichen Temperament eines Rubens und dem sittlichen Ernst des Tacitus malte er die traurige Geschichte und Zeit jenes schwächlichen Monarchen in überlebensgroßen Bildern ab. Keine verfallende Zeit hat einen größeren Schilderer und Richter gefunden. Wer diesen Dichter aber, wie dies einst geschah und heute noch oft geschieht, einen Mann ohne Scham und Anstand nennt, der begeht da

mit ein Majestätsverbrechen an der Würde der Mensch=
heit, die in Zolas Hand nicht weniger sicher als in der
Schillers gelegen hat. Unerbittlich wie Minos in der Unter=
welt hat er alle jene kranken und faulen Seelen, die aus
dem Sumpf des zweiten Kaiserreichs heraufgewachsen waren,
in den Tartarus zurückgeschleudert. Es gibt selten etwas
Größeres und Gräßlicheres in der Kunst, als die Bilder, die
Zola von dem Untergange jenes Frankreichs entworfen
hat. Seit Michelangelos „Jüngstem Gericht" war kaum
Ähnliches da, und keiner außer Zola hat uns Lebende
so über den Totenstrom gefahren, der zwischen uns und
unsern Ahnen flutet.

Aber damit nicht müde, so wenig wie Herkules, da er den
Stall des Augias gereinigt hatte, begann Zola in seinen
letzten Jahren an Stelle des weggefegten Schutts die
Fundamente zu einer neuen Zeit zu legen. Schon die große
Romanreihe der Geschichte der „Rougon=Macquart" kingt
aus mit einem weichen Akkord, schließt mit jenem wunder=
vollen Bilde von dem keinen Kinde, dem einzigen, ersten,
gesunden Sprossen aus jener Generation von Säufern und
Wüstlingen, das mit seinen Händchen nach der Sonne und
den Sternen greift. Und der Sechzigjährige begann seine
vier Evangelien zu schreiben, die er, der sich in seinen Ro=
manen „Lourdes" und „Rome" als der erbittertste Gegner der
herrschenden Kirche erklärt hatte, als moderne lebensfrohe
Ideale aufstellte. Sie heißen: Fruchtbarkeit, Arbeit, Wahr=
heit und Gerechtigkeit. In ihnen bricht sein starker Opti=
mismus triumphierend durch. Über alle Hemmnisse preist

er den Sieg des Lebens, hofft er auf den friedlichen Fortschritt
der Wissenschaft und der Menschheit, die sich schon ihren
Planeten unterworfen hat und Raum und Zeit täglich mehr
überwindet. Er war der erste, der uns lehrte, daß man
beim Dahinsausen eines Zuges durch die Nacht ebenso
vor Bewunderung erzittern kann, wie beim Eintritt in
einen Tempel, und er fand für das Gefühl: „Nichts ist
gewaltiger als der Mensch", neue herrliche Worte.
Da riß ihn mitten aus der Arbeit an seinem Roman „Arbeit"
der jähe schreckliche Tod hinweg. Man darf wohl sagen,
daß der Verlust dieses Mannes für Frankreich kein ge-
ringerer war, als der der Schlacht von Sedan. Denn das
große Reformationswerk, das Zola begonnen hatte, war
noch unvollendet, und es steht dahin, ob ein gleich starker
und mutiger Genius es jenseits des Rheines wieder aufnehmen wird. Darum kann Frankreich das Andenken
dieses gewaltigen Künstlers und Reformators nicht genug
ehren, und wenn es selbst seine Leiche statt in das Pantheon
neben die Gebeine Napoleons des Ersten bringen
würde.

# Graf Gobineau

Kopfhoch, wie zur Zeit, da er lebte, ragt er noch heute aus dem Bayreuther Menschenkreis um den elbischen Zwergriefen Richard Wagner hervor: Dieser normännische Edelmann, der, wenn man will, ein Dilettant war in allen Künsten, die er trieb, aber als solcher anregender gewirkt hat als manche, die aus ihrem keinen Glase trinken und ewig die eine gleiche Scholle bearbeiten. Er war einer von den Mittlern, wie sie Goethe liebte, ein Universalgenie aus der Familie der Herodote, der Plinius, der Barthélemy, der Pückler-Muskau. Er war ein Sammler und ein Reisender, wie es wenige gegeben hat, dieser letzte alte französische Aristokrat, der seinen Stammbaum auf einen sagenhaften Yarl Ottar und bis ins neunte Jahrhundert zurückführen konnte, und den das blaue Wikingerblut, das in ihm kreiste, nie lange an einem Fleck rasten und rosten ließ. Die Erinnerungen und Reisefrüchte, die er aus Kephalonia, aus Naxos, aus Neufundland oder anders woher mit nach Hanse brachte, brauchten nicht an der Grenze verzollt zu werden, und kein Milliardär konnte sie ihm durch Überbieten streitig machen. Es waren exotische Novellen oder Volkslieder oder alte Keilinschriften oder fremde Heldengedichte oder Sprichwörter, die er eingehandelt hatte, lauter geistige Kostbarkeiten und Seltenheiten, deren ungeheueren Wert nur die Kenner und Liebhaber zu schätzen wußten. Für sich selbst bedürfnislos wie ein Derwisch opferte er alles, was er besaß oder verdiente, für die fremden spirituellen Güter, die er in seinem Kopf mit von dannen trug und die er dann in seinem geliebten Französisch nacherzählt vor den Augen der zivilisierten Welt auspackte. So verband er als einer der ersten in der modernen Zeit wieder den Orient mit dem Okzident durch sein menschliches Gehirn, diesen glühendsten Fokus, der auf dieser Erde brennt.

Er war kein solch großer Dichter und Könner, daß er seine Sache ganz auf die Kunst stellen konnte und wollte. Er mochte als Dilettant, der er in des Wortes bester Bedeutung war, sich gar nicht wie die Poeten rings um ihn auf ein bestimmtes Gebiet verweisen und spezialisieren lassen. Sein liebster Titel, den er gern unter alle seine offiziellen Benennungen auf seine Visitenkarte zu schreiben pflegte, hieß: „Ein Weltweiser", und das Attribut, das er am meisten scheute, war das, einseitig zu sein. Darum war er mit Lust Diplomat, weil es hier gerade auf Vielseitigkeit ankam, und weil diese Art „Kunst" keine festbestimmte und von Regeln abhängige war. Es ließ ihn bei einer einzigen Kunst gar nicht ruhen. Gleich dem von ihm höchst verehrten Leonardo malte er, bildhauerte und dichtete er und scharmierte am liebsten mit allen neun Musen zugleich. Bezeichnend für ihn ist, daß er selten an einem einzigen Werke arbeitete, sondern meistens drei oder vier in Angriff hatte. War er orientalisch gestimmt, so übersetzte er ein persisches Heldengedicht, stand er in Renaissancegedanken auf, so fuhr er in der Arbeit an diesem Werke fort, hatte er die Nacht von Marmor geträumt, so machte er sich frühmorgens an seine Statuen und meißelte an einer „Walküre" oder einem „Buddha" herum. Oder war er schließlich ganz nüchtern aus dem Bett gestanden und kam ihm beim Waschen und Kämmen keine einzige Impression, so setzte er sich an seine fachwissenschaftlichen Studien und sprang auf sein Steckenpferd, die „Rassentheorie", in der er behauptete, daß die Kultur Europas von Germanen geschaffen, und daß die ganze Aristokratie aller europäischen Völker aus dieser blonden Rasse entsprossen sei. Dieser, sein Lieblingsgedanke, den er hegte und pflegte und für den er sein Leben lang Beweise sammelte, hat ihn dann auch mit Richard Wagner zusammengebracht, der in ihm freudig einen seiner Bestätiger entdeckte.

Gobineau lebte, als Wagner ihn fand, seiner Kunst, besser gesagt, seinen Künsten in Rom. Er war früher Gesandter der französischen Republik gewesen, bis er auf einmal, vielleicht, weil er sein Vaterland zu aristokratisch vertrat, brüsk von seiner Regierung entlassen wurde. Bis dahin hatte er, ein altadliger französischer Edelmann, der durch die Republik eigentlich heimatlos geworden war, unstet wie Peter Schlemihl von Land zu Land gelebt: Gestern als Attaché in Persien, das Jahr drauf als Bevollmächtigter in Neufundland, dann als Gesandter in Athen, in Rio de Janeiro und wieder ein paar Jahre später in Stockholm. Ein bitteres Gefühl der Entfremdung hielt ihn soviel als möglich von Frankreich fern. Was sollte er dort, wo ein nach Zwiebeln riechender Parvenü wie Gambetta, der Fisch und Kartoffeln mit dem Messer aß,

das große Wort und die Regierung führte. „Das Wort
Vaterland bedeutet heute nichts mehr als das ausschließliche
Bestreben, Geld zu verdienen", aus diesen seinen Worten
spricht ein großer Schmerz und eine noch größere Verach=
tung. Sein Stammschloß, das seine Ahnen erbaut und
jahrhundertelang bewohnt hatten, verkaufte er an irgend=
einen reichgewordenen französischen Herrn Mennier oder
Jourdain und löste so die letzte, äußerlich gewordene Be=
ziehung, die ihn mit dem Lande seiner Väter verband.
Ein treuer, brauner Diener, ein Syrier, Honoré genannt,
der Fleisch am Spieß braten und der Kaffee türkisch kochen
konnte, sowie ein paar Perserteppiche begleiteten den hei=
matlosen französischen Grafen auf allen seinen Fahrten
von Norden nach Süden. Und so gleichsam zwischen
zwei Schnellzügen auf der Reise in Turin, in der näm=
lichen Stadt, in der Nietzsche ein paar Jahre später seinen
großen Geist aufgab, ist Gobineau in einem kalten Hotel=
bett einsam in der Fremde gestorben.
Von sämtlichen Werken, die er den Gebildeten aller Völker
als Vermächtnis hinterlassen hat, ist seine Dichtung über die
„Renaissance" wohl das wertvollste, sicherlich das schönste.
Die meisten, die uns durch die gewaltigste neuere Zeit
unsers Geschlechtes, die wir kennen, hindurchführen, ziehen
uns durch jene Welt wie durch ein Museum an Bildern
und toten Steinen vorüber. Gobineau hat, ohne viel Eigenes
hinzuzutun, jene Riesen im Guten wie im Bösen selber
zu uns sprechen lassen. Gerade das ist das Treffliche an
seinen Szenen, daß er nur schildert, nicht richtet, etwa gar

noch aus Rücksichten eines im 19. Jahrhundert, nicht im Cinquecento Geborenen. Ohne gelehrten Kommentar läßt er die Menschen und Übermenschen jener Zeit vor uns leben und sterben: Savonarola oder Karl den V. oder Cesare Borgia oder Julius den II., dem jenes tragische Geschick fiel, erst als Greis zum Herrn über Rom und über die Seelen zu werden. Des Tacitus bekanntes Erst- gebot für den Geschichtschreiber ist hier erfüllt. Nicht eine Zeile im Text noch im Vorwort verrät uns den eigenen Standpunkt des Schilderers, der die Berichte der Chro- niken sowie Briefe und Aufzeichnungen und Anekdoten aus dem cinquecento wie einst die Daten und Urkunden zu seiner Persergeschichte in Iran gesammelt hat, und sie nun in Dialogen lebendig zusammenreiht. Nichts von Abscheu oder moralischer Entrüstung über seinen Vorwurf ist aus diesen Szenen herauszulesen, und es ist kaum einem Historiographen gelungen, die Gestalten der Vergangenheit so getreu und klar in seinen Zauberspiegel einzufangen. Bei keinem seiner an- deren Werke hat der Künstler Gobineau so schön dem Gelehr- ten beistehen und sein Wissen um die Dinge durch die seltene Gabe der Einfühlung in frühere Zeiten erwärmen können.

So schenken die Szenen Gobineaus uns ein Bild im Hoch- relief von der „Renaissance", das so wahr ist, wie es über- haupt ein Bildnis und Gleichnis sein kann, und wer an der Hand dieses Dichters jene Zeit, wie einst Dante an der Hand Vergils die Hölle, durchschritten hat, dem wird jedes andere Bild nur flüchtige Wassermalerei bedeuten gegen diese Erlebnisse.

# Maupassant

So war der Mensch Maupassant: Ein gut gewachsener, breitbrüstiger, muskulöser Kerl mit schönem, starkem braunen Haar, einem gewöhnlichen Schnurrbart und ein Paar großen ernsten Augen. Nichts fiel auf in seinem Gesicht, das dutzendweise vorkam und vorkommt, und hätte sein Name nicht einen so großen literarischen Schatten hinter ihm hergeworfen, kein Mensch hätte sich auf der Straße nach ihm umgeblickt. Seine braunrote Hautfarbe sagte einem, daß dies ein Sportsmann sei, und den kräftigen Armen sah man an, daß er tage- und nächtelang mit seinem Ruderboot auf der Seine verbracht hatte. Das war die schönste Zeit seines Lebens, als er noch im Marineministerium herumfaulenzte, als er noch nicht „schreiben" konnte und an den Fingern nur Schwielen von der Ruderstange, nicht von der Feder hatte, und mit lustigen Freunden und Freundinnen zwischen sechzehn und dreißig die Umgegend von Paris auf dem Fluß von Charenton bis Argenteuil fröhlich machte. „Wir waren meist zu fünf Strauchdieben", erzählt er später selbst mit der Wehmut und dem Stolz, die einem im Alter überkommt, wenn man von seiner verflogenen Jugend spricht. „Ich erinnere mich an so seltsame Abenteuer, so unwahrscheinliche Späße, daß sie heute niemand glauben würde. Man lebt heute so nicht mehr, selbst nicht auf der Seine, denn die tolle Phantasie, die uns beständig in Atem hielt, ist in den gegenwärtigen Seelen erloschen. Wir fünf besaßen einen einzigen Kahn, den

wir mit großer Mühe erstanden hatten, und in dem wir gelacht
haben, gelacht haben, wie wir nie wieder lachen werden."
Das verlernte er immer mehr, das Lachen, mit jedem Tag,
da er älter und reicher wurde. Aus dem jungen Burschen,
bei dessen Liebesabenteuern ernste Männer wie Flaubert
und Zola vom bloßen Zuhören Seitenstiche vor Lachen bekamen, kroch ein wohlbeleibter, ernster, blasierter Mann
heraus, dem die Havannazigarre traurig wie ein Wurm
im Munde hing, der „für keinen Groschen Poesie" hatte,
und aus dem das Lachen kurz und vertrocknet klang, wie
aus einem, der den Witz schon kennt, dem er zuhören muß.
Sein Geld machte ihm nicht die Freude, die er von ihm
erhofft hatte. Er war als Schriftsteller ein größerer Ge-
schäftsmann als Beaumarchais. „Ich schreibe keine Zeile
unter einem Franc", war seine Losung, und wenn er von
Verlegern sprach, geschah es nie, ohne ein „diese Hunde!"
hinzuzufügen, und sein größter Ehrgeiz war, möglichst viele
von ihnen zugrunde zu richten. Als Normanne schätzte
er das Geld und konnte besser rechnen als drei Juden.
So hatte er es in wenigen Jahren zu einem bedeutenden
Vermögen gebracht; konnte sich eine Segeljacht, zwei
Häuser, eines in der Normandie und ein anderes in Cannes
und vierzehn Frauen in Paris halten. Konnte seiner Mutter
Brillanten zu Weihnachten schenken und seinem Vater, der
stets mindestens dreißig Meilen von ihr entfernt war,
Zigarren schicken, wie sie die Königin von England nicht
teurer rauchte, und hätte mit alldem glücklich sein können
gleich Fortunatus mit seinem Glückssäckel.

Aber sein Reichtum machte ihn ebensowenig fröhlich wie
Schopenhauer und weiland König Midas: die Ärzte und
seine Fettsucht verdarben ihm den Appetit, indem sie ihm,
dem Feinschmecker und Vieleffer, eine strenge Diät auser=
legten. Das Rosenwasser, in dem er, ein Liebhaber von
Wohlgerüchen, täglich badete, roch er schließlich gar nicht
mehr. Von den Frauen war er übersättigt, sein Ruhm
machte ihm auf die Dauer keinen Spaß mehr, und die
Arbeit, die Zola jung erhielt, machte Maupassant, der
stets sehr schnell und mit zwölf Atmosphären Druck schrieb
und schaffte, nur nervös. Dazu kam ein vermutlich schon
ererbter Hang zur Melancholie, der von Jahr zu Jahr
wuchs und ihn immer mehr überschattete. Aus ihm ent=
stand seine große Verehrung für Schopenhauer, in dessen
Pessimismus er die ihm passende Weltanschauung fand,
aus ihm seine Liebe zur Einsamkeit und zur Schweigsamkeit,
sein Menschenhaß und seine Lieblingsbeschäftigung, den
Spießbürger, ohne „Pardon!" zu sagen, auf die Zehen
zu treten. So erschien er in den letzten Jahren seines
kranken Lebens als der dekadente Sproß eines französischen
Adelsgeschlechtes nach der Revolution, dessen brutale
Herreninstinkte sich statt in Hofintrigen oder gefährlichen
Liebesabenteuern oder Feldzügen damit befriedigen mußten,
Verleger um Geld zu pressen oder dem Herrn Meier und
Schulze das schmutzige Hemd aus der Hose zu ziehen oder
sich über die schiefgetretenen Absätze des Fräulein Soundso
zu mokieren: als der blasierte, sich ewig langweilende, ver=
lebte, reiche junge Herr, für den alles, was über der Materie

war, Phrase hieß und abgedroschen war, wie er an Maria
Bashkirtseff schrieb, und gegen den Lord Byron wie ein
Naturbursche wirkt. So traf ihn sein Geschick, das noch
viel grausiger war als das von Oskar Wilde. Am Tisch
seiner Mutter in Nizza brach der Irrsinn in ihm aus, und
Ibsens „Gespenster" wurden lebendig. Er hatte noch die
geistige Kraft zu einem Selbstmordversuch, aber die Dummheit seiner Diener verhinderte dies. Nach anderthalbjäh-
riger Passionszeit starb er in der Zwangsjacke im Irren-
haus bei Paris. Seine letzten Worte kurz vor dem Tode
— und man muß hierbei unwillkürlich an Goethes letzte
vernehmlichen Worte: „Mehr Licht!" denken — waren:
„Finster, ach wie finster!" Kein Geistlicher hat ihn begleitet. Zola, der Mutige, hielt an seinem Grabe die
Leichenrede.

So aber war der Dichter Maupassant, der in diesem
Menschen hauste: ein Schüler Flauberts, ohne jede Ten-
denz das Leben erfassend und beschreibend, wie es ist, nackt
und nüchtern, nicht beschönigend, nicht verhäßlichend. Das
Entsetzen über den Naturalismus hatte sich schon in Frankreich gelegt, als Maupassant zu schreiben anfing, so daß
er es nicht mehr nötig hatte, ein Programm aufzustellen
und zu verteidigen, was seiner Kunst nur zugute kam.
Er war der größte Meister im Erzählen, den die Neuzeit
kennt, und seine Lust zu fabulieren ist unerschöpflich gewesen. Vor allem im Beschreiben der Natur, die er mit
dem scharfen Auge des Jägers aufs Korn nahm, ist er
groß. Wenn er eine Landschaft betrachtete, die er schildern

wollte, kniff er gern, ganz wie ein Jäger, ein Auge zu und brachte sie dann in ein paar Strichen, ein schreibender Impressionist, aufs Papier. Ein Stück Natur, an dem Flaubert und Zola noch drei Seiten vollmalten, zeichnete er in drei Zeilen, daß man es sah, roch, hörte und schmeckte. Vor allem die Normandie, seine Heimat, mit ihren Apfel=bäumen und ihrer kräftigen salzigen Seeluft, und die Ri=viera, seine Nervenweide, mit ihren Palmen und ihrem lauen, sinnlichen Duft, traf er wie ein Photograph, und manche seiner Bilder daher wirken, wenn man sie liest, mit der Anschaulichkeit von Ansichtskarten. Unter den Menschen, die aus der Kamera seines Gehirns heraus=kommen, gelingen ihm die harmlosen Bürger und stumpf=sinnigen Bauern am besten, und von den Frauen die mon=dänen, leichtfüßigen, parfümierten. „Du mußt den Kerl, den du beschreiben willst, an seiner Nase packen und hin und her biegen, bis du ihn in dir hast", hatte ihn einst Flaubert gelehrt. Maupassant befolgte diese Regel so gut, daß man seine Menschen oft atmen zu hören glaubt. Gern allerdings versetzt er seinen Bürgern, wenn er fertig mit ihnen ist, zum Schluß mit seiner vornehmen Künstlerhand noch ein paar Maulschellen, wie Policinell alle Puppen herunterhaut, ehe sie in den Kasten kommen. Am sichersten ist Maupassant in der Wahl seiner Farben und Beiwörter. Während die Parnassiens zu seiner Zeit oft tage= und nächtelang nach einem passenden Adjektivum wie nach einem verlorenen Kragenknöpfchen herumsuchten, fand er ohne Federlesen schnell das richtige Epitheton. Wie er denn

überhaupt ungeheuer rasch im Produzieren war und in
zehn Jahren neunundzwanzig Bände zusammengeschrieben
hat. Er hatte ebensolange dazu gebraucht, sich unter
Flauberts täglichem Einfluß auf seinen Beruf vorzubereiten,
und wenn er darum später die andern ganz langsam an
ihren Büchern herumbauen und die Worte vorsichtig wie
ein Apotheker prüfen und abwiegen sah, dann klimperte
er wohl stolz mit seinen Goldstücken, blies den Rauch aus
seiner kurzen Pfeife und sagte: „Seht ihr wohl, das kommt
davon, daß ich mein Handwerk erst gelernt habe."
Wenn er bei den Frauen, die er schildert, mehr das Sinn=
liche an diesen merkwürdigen Wesen betont, wie dies
übrigens die Franzosen von jeher getan haben, so geschah
dies keineswegs aus Frauenhaß, und Nietzsche hatte unrecht,
wenn er ihn darum so klug wie die Kirchenväter nannte,
die bekanntlich die Frauen noch als Bestien und nicht als
Menschen ansahen. Gerade aus den letzten Werken seines
Lebens, aus den Romanen „Fort comme la mort" und
„Notre cœur" klingt eine so tiefe Verehrung für die Frau
als die natürliche Gefährtin des Mannes seit dem Para=
diese heraus, eine so edle und zarte Art der Hingabe an
das andere Geschlecht, daß man sich verwundern muß, wie
man diesen Künstler jemals neben Strindberg als Frauen=
feind hat nennen können. Freilich — und hier rundet sich
Maupassants nüchterner und darum grausamer Pessimis=
mus—wird auch die Liebe nach seinem Bekenntnis keinen
von der Einsamkeit befreien, in der ein jeder von uns lebt,
leidet und stirbt. Diese trostlose Einsicht von dem Allein=

sein des einzelnen, von dem Gefühl, daß wir alle einsame Feuer sind, kehrt stets als Refrain bei diesem Dichter wieder. Vor diesen großen, grauen Hintergrund sind fast alle seine Kreaturen gestellt, und vor ihm opfert ihr Schöpfer sie dem Leben oder dem Tode mit dem furchtlosen, verzweifelten, traurigen Mitleid des Pessimisten, indem er ihnen als einzigen Trost vor dem Ergrauen das große Wort des Buddhismus zuraunt: „Geh an der Welt vorüber, sie ist nichts!"

# Lord Byron

In der Morgenstunde des ersten Dezembers 1900 erschien
unter den ersten verdammten Seelen Oskar Wilde vor der
Hölle. Er legitimierte sich als Verfasser der „Saiome",
worauf man ihn ohne weiteres einließ und ihm eine bestimmte Zelle anwies. Er erkundigte sich sogleich bei dem
Teufel, dem er zur besonderen Bedienung und Folterung
überwiesen war, wann man in der Hölle Besuche mache
oder empfange, und erfuhr zu seiner Freude, daß dies wie
oben auf der Erde zwischen zwölf und ein Uhr oder abends
um fünf Uhr geschehe und gestattet sei. Der Dichter
lächelte dankbar gerührt, gab dem Teufelchen das letzte
Frankstück, das er bei sich hatte, und erklärte, daß er zunächst seinen bewunderten Lord Byron besuchen möchte,
und fragte, ob es weit zu ihm zu gehen sei. Worauf ihm
der Bescheid zuteil wurde: „O nein, Sire, hier eben um
die linke Ecke herum. Seine Lordschaft haben sich aus
musikalischen Neigungen in der Nähe des deutschen Viertels
angesiedelt!"

„Well!" bemerkte Wilde und machte sich, nachdem er eine
Stunde lang die nun einmal notwendigen Folterungen
ausgehalten hatte, an die Toilette. Er schnitt sich die etwas
zu lang gewachsenen Fingernägel und polierte sie, so gut
es mit Stiefelwichse ging, die man ihm als Pomade hin-
gestellt hatte. Zu einem Bade im Styx schien es ihm etwas kalt zu sein, und so verwendete er denn eine Stunde
lang dazu, seine Krawatte zu binden, das einzige Be-

kleidungsstück, das man ihm vergönnt hatte. Denn jeder darf dort unten nur das Stück von seinem ganzen Habit tragen, das ihm am liebsten ist. Als die Höllenuhr zwölf schlug, machte er sich auf den Weg, nahm, um sich anmelden zu können, die schwarze Visitenkarte vorn von der Türe seiner Zelle, auf der mit seinem Blut geschrieben rot sein Name stand, und trat auf die endlos lange, schmale, finstere Gasse hinaus.

Als er so von Tür zu Tür herumtappte, begegnete ihm zu seinem Glücke Charon, der um diese Stunde den von dem ewigen Bellen und Anderketteliegen halb tollen Zerberus spazieren führen mußte. Der geleitete ihn brummend um die Ecke linkerhand, wobei der Zerberus, wie dies bei Hunden üblich, stehenblieb, vor die Behausung seiner Lordschaft, die um ein bedeutendes geräumiger war als die Zellen der Nachbarschaft. Auch hatte sie ein keines, schwarzes Fenster nach der Straße zu, durch das Wilde vorsichtig hineinguckte, um sich zunächst über die Situation klarzuwerden.

Zu seinem Erstaunen entdeckte er, daß schon ein Besuch bei Byron war, und als er näher hineinguckte, sah er, daß es kein anderer als Shelley war, der dort, bloß mit einem Strohhut angetan, bei dem Lord, der seinerseits, vermutlich um seinen Klumpfuß zu verdecken, nur hohe, braune Stulpstiefel trug, zu Gaste war. Die beiden saßen mit übereinandergeschlagenen, knöchernen Beinen sich an einem Tisch aus Ebenholz gegenüber. Shelley rauchte aus einer Pfeife roten Qualm, und Byron selbst trank aus einer riesigen Flasche Feuerwasser. Sie waren mitten in einem Gespräch, und Wilde, der dies seltsame Bild nicht aufstören wollte, hörte draußen, unter dem Fenster geduckt, wie Lord Byron mit etwas heiser gewordener Stimme seinem Freunde erklärte:

„Du magst sagen, was du willst, Percy, die Engländer sind die knotigsten Kerle, die Gott oben herumlaufen läßt. Sie haben uns beide, weiß der Teufel, so gepiesackt, daß mir der Aufenthalt hier, ohne die blödsinnige Hitze, fast wie ein Sanatorium vorkäme. Und was machen sie mit allem ihrem Gelde, das sie der ganzen Welt abnehmen, sag' mir doch! Seife, Maschinen und gute Kleider. Das ist ihre ganze Kultur.

Es kommt noch so weit, daß ich mich vor Horaz und Tibull, diesen römischen Griechen und Halbdichtern, schämen muß. Neulich sagte mir schon Ovid im Klub ganz anzüglich: ‚Ihr seid jetzt schon reicher, als wir jemals gewesen sind.‘ Ich dachte an Manchester und konnte nichts erwidern. Wir verkommen, mein Freund, auf unseren Millionen, und schließlich bleibt nur noch Shakespeare von uns übrig, wie Hannibal von Karthago.

Unterbrich mich nicht! Die Kunst gilt ihnen keinen Sixpence mehr. Maler werden zu Anstreichern und Dichter zu Journalisten in London gemacht. Ich hatte mich vor den Aristokraten um meine ganze Lordschaft gebracht, als ich mein erstes Gedicht fertig hatte. ‚Aber dafür sind doch Schullehrer da‘, sagte mir meine Mutter ganz ent= rüstet, und ich war wie von selbst zu den Whigs

geworfen. Jeder Tory sah mich seitdem wie einen Seil=
tänzer an.

Als ich mein erstes Drama, es war der ‚Manfred‘,
herausgab, warnte mich der Herzog von Devonshire:
‚O, armer Mann, denken Sie an Ihre unsterbliche Seele,
ehe Sie Souffleur werden!‘ Es war am nämlichen
Tage, als mir Goethe aus Deutschland schrieb: ‚Ich rechne
es mir zur Ehre an, mit Ihnen in brieflichem Verkehr zu
stehen. Ihre dramatischen Versuche werden im Lande
Shakespeares sicherlich die große Anerkennung finden, die
sie verdienen.‘

Jawohl, Herr Geheimrat, keine Schmiere hat sich drum
bekümmert! Sieh dir doch ihr Theater an, Percy, zum
Donnerwetter, wiewohl das Fluchen hier unten verboten
ist, ehe du mich unterbrichst! Weißt du, was das Neueste
auf englischen Bühnen ist? Dreifach verschiedenes Sonnen=
licht, bunte Fräcke und echte Schneeflocken, die oben auf
dem Schnürboden in einer Gefriermaschine hergestellt wer=
den. Als jüngst Hamlet dort in halbem Mondlicht, um=
schneit, auf der Terrasse zu Helsingör erschien, rief man zum
Schluß den Schnee statt des Hamlets heraus. Und als
der Prinz gestorben war, lag er da, den Körper im Schatten,
das Antlitz blau und die Hände rot beleuchtet, die Augen zur
Decke gerichtet. Das andere war Schweigen. Im Hinter=
grunde hörte man sich Shakespeare dreimal knarrend im
Grabe umdrehen.

Alle ihre neuen Stücke sind um der Kostüme oder der
Requisiten willen geschrieben, die darin getragen oder schnell

wie faule Wechsel herumgereicht werden. Die Wegweiser
nach Griechenland sind abgehauen worden, und wer heute
in London fürs Theater schreibt, der muß zuvor zwei Jahre
lang zu einem Taschenspieler in die Lehre gehen. Die
Poeten in England werden samt und sonders zu Spitzbuben, die sich vom Verblüffen nähren. Auch den irischen,
leider etwas byronisierenden Duckmäuser haben sie dazu
gemacht, der da draußen hinter dem Fenster steht, und
der sich einsperren ließ, statt ihnen davonzulaufen."
Damit stieß Lord Byron mit seinem Klumpfuß die Türe
auf und zog den erschrockenen Wilde an seiner Krawatte
in die schwarze Kammer herein.

„Nichts für ungut, mein Bester!" fuhr seine Lordschaft fort,
„ich erkannte Sie schon lange an dem roten Schatten, den
Sie drüben auf die Behausung meines Freundes Garrick
warfen. Es freut mich, daß Sie endlich zu uns herunter-
gekommen sind. Hier, Perry, hast du den jungen Athener
aus Dublin, dessen ‚Salome‘ ich dir zum vorigen ersten
April geschenkt habe. Ein nicht unübles Buch, wenngleich
es mir ein wenig zu stark parfümiert ist und nach Paris
riecht wie eine Sumpfente.

Nehmen Sie Platz! Rauchen Sie oder trinken Sie?
Es wird Ihnen sicherlich bei uns gefallen, wiewohl
Sie — eine schlechte Wirkung vom Zuchthaus her! —
eine gewisse Neigung zum Pietismus in der Nase haben.

Ich werde Sie heute abend zum Klub der Gemütlosen
abholen. Sie finden ein paar reizende Menschen dort:
Béranger, Heine, Aristophanes, Poë, Goldoni u. a. Die

Gesellschaft ist völlig international. Wir erzählen uns Fragmente aus unserm Leben. Mein Freund Schumann macht Musik dazu. Leider ist das Lachen dort, wie überall hier unten in der Hölle, verboten.

Wenn Sie Shakespeare sehen wollen — gewöhnlich die erste Kuriosität für alle neu angekommenen Engländer —, so machen wir den keinen Umweg über die Asphodelos=wiesen, an dem Kessel der schlechten Mütter vorüber, in dem meine Mutter zu sieden den Jammer hat, während mein Vater auf dem Eis für die Jähzornigen ablagert. Shakespeare macht zwischen dem blühenden Schierling allabendlich mit Homer und Li=Tai=Pe seinen Spaziergang, da ihm die Gesellschaft des Sophokles wegen des ewigen Fach=simpelns, in das sie beide wider Willen stets hineingerieten, unerträglich geworden war.

Ich kann Sie leider nicht zum Diner begleiten, bei dem jeder Feinschmecker dazu verurteilt ist, die ihm nicht zu=sagenden Speisen zu verzehren, da ich Ludwig dem II., dem Bayernkönig — you know him! — versprochen habe, ihm den siebzehnten Gesang meines ‚Don Juan‘ vorzu=lesen. den ich hier im Inferno geschrieben habe, und in dem ich die neuesten Engländer, made in Germany, Spieß=ruten laufen lasse. Seine höllische Herrlichkeit, der Satan selbst, haben mir zu Ehren in der Maske des „Kain‘ gleichfalls sein Erscheinen in Aussicht gestellt. Wenn Sie erst, wie ich heute, 75 Jahre in der Hölle gehaust und ihre Konventionen vergessen haben, werde ich Sie mit zu diesen intimen Zirkeln nehmen.“

Damit reichte der Lord seinem verlorenen bürgerlichen Bruder die Hand, borte Shelley freundschaftlich zur Türe hinaus und begann — darin bestand seine harte tägliche Pönitenz —, aus seinen Werken die mißlungenen Verse, die er nun nicht mehr ändern konnte, herauszusuchen und wehmütig zu betrachten.

# Oskar Wilde

Wer im Februar des Jahres 1892 um die Mittagszeit auf dem Embanquement an der Themse in London auf und ab spazierte, der konnte fast täglich beobachten, wie ein höchst elegant gekleideter Herr in einem herrlichen Seal= pelzmantel, eine Sonnenblume oder eine Pfauenfeder in der Hand tragend, gegen zwei Uhr vom Lunch aus einem der vornehmen Hotels am Strande dort heraustrat.

Er machte ein paar Schritte auf der Promenade, schaute aus seinen großen, glaskugelartigen Augen zerstreut oder phlegmatisch ein wenig dem Leben auf der Themse zu oder blickte dem Rauch seiner Zigarette nach, drehte seine von grünen und blauen Steinen funkelnden Ringe zurecht, pfiff schließlich einem Cab, drückte dem Bummler, der ihm den Schlag öffnete, einen Schilling in die Hand und rollte von dannen in den Hydepark oder irgendwohin, wo die große Welt sich amüsierte.

Dieser Mann im Sealpelzmantel mit der Sonnenblume und den bunten Ringen und der Zigarette und den großen, glaskugelartigen Augen war Oskar Wilde, der damals im Zenit seines Ruhmes stand und sich den „König des Lebens" nannte, der 300000 Schilling im Jahre einnahm, die er bis auf den letzten Heller für sich und seine Lebens= führung verbrauchte.

Von Hydepark fuhr er dann zum Tee zu irgendeiner Gräfin oder Fürstin, die ihn — er war damals das Orakel des guten Geschmacks für die ganze Aristokratie Londons —

über holländisches Porzellan oder altfranzösische Gobelins
oder japanische Holzschnitte oder sonstige geldverschlingende
Passionen um Rat fragte. Bisweilen traf er dort auch
zufällig seine Gattin mit dem einen oder anderen seiner
beiden Söhne. Man redete ein paar Worte zusammen:
„Sie auch hier, Madame?" — „Du wirst ja ein hübscher
Bengel, my boy!" und Oskar fuhr, sich mit einer ge=
schickten Wendung einen „guten Abgang" machend, von
dannen. Zu einem Diner bei Lord Douglas oder Comte
d'Orsay oder Fürst Metternich oder zu einem der vor=
nehmen Klubs im Pall Mall, wo der Prinz von Wales
verkehrte, und wo Wilde seinen Geist und sein Geld, beide
unerschöpflich, an die vornehme Welt verspielte.
Oder es gab eine Premiere für ihn an jenem Abend, ach,
ja richtig, „Lady Windermeres Fächer!" wurde heute im
St. James=Theater aufgeführt. Und er fuhr hin in dem
Gehrock Londons, mokierte sich hinter den Kulissen über
die guten, beschränkten Leute, die da vorne vor Lachen tobten
und Beifall brüllten, und trat schließlich vor den Vorhang,
eine grüne Nelke im Knopfloch, die brennende Zigarette
in der Hand und sagte so blasiert als nur möglich: „Ich
konstatiere mit Vergnügen, daß das Stück dem Publikum
zu gefallen scheint."
Oder er fuhr mit ein paar Freunden oder noch lieber ganz
allein in einem eigens zu diesem Zweck gekauften schlechten
Anzug nach Whitechapel oder zu den Docks am Horizont
der Riesenstadt hinaus und trieb sich bis zur Erschlaffung
in den Opiumhöhlen herum und genoß das Laster mit

geschlossenen Augen, wie ein Kind Süßigkeiten herunter=
lutscht.

Oder er gab ein Fest in seinem Hause, das mit Kunst=
schätzen vollgepfropft war wie ein Museum, bei dem es
neu entdeckte Speisen gab, Premieren von Bowlen=
mischungen, und bei denen ein Diener ein Vermögen ver=
wüstete, wenn er ein Sauciere fallen ließ.

Oder Wilde reiste, wenn er London und die Lords leid
war, auf acht Tage nach Paris, wo er ständig eine große,
nur selten benützte Wohnung auf dem Boulevard des
Capucines unterhielt, und wo alte Freunde und neue
Freuden seiner warteten.

So lebte damals dieser Mensch, der nach seinem eigenen
Ausspruch sein Genie an sein Leben, an seine Werke nur
sein Talent ausgegeben hat, und alle Welt war entzückt
von ihm oder beneidete ihn.

Wer drei Jahre später als diese Zeit, da sein Glück im
Zenit stand, nur gewagt hätte, den Namen „Wilde"
in einem Salon Londons auszusprechen, wäre gesteinigt
worden. Der Mann dieses Namens, dem einst der König
von England kordial verschmitzt die Hand gedrückt hatte, saß
zusammengekauert in einer Art Kaninchenstall, im Zucht=
hause zu Reading, und mußte mit der kahlen Hand, an der
einst die bunten Ringe funkelten, alte Säcke flicken und Taue
zerpflücken. Er war vom Schwurgericht zu London als
Verderber der Jugend, als sittenloser, unmoralischer Mensch
zu zwei Jahren Zuchthaus verurteilt worden. Seine Hal=
tung vor den Geschworenen war glänzend und ein letztes

Leuchten der Ritterlichkeit, die im Dandytum steckt. Er
widerrief kein Wort von dem, was er geschrieben hatte,
und zuckte nur leise nervös mit den Schultern, als der Ur=
teilsspruch ihm in die Ohren kang, während draußen der
sittliche Pöbel Londons vor dem Gerichtsgebäude bei der
Nachricht kannibalische Freudentänze aufführte. Und er
ging aufrecht, ohne daß seine Füße schauderten, in die
Nacht der Gefangenschaft, die ihn vernichtete.
Viele schlechte Psychologen haben sich damals gewundert
und wundern sich noch heute darüber, daß Wilde nicht die
Frist bis zu seiner Verhaftung, die das Gericht — viel=
leicht absichtlich — in die Länge zog, benutzte, um ins
Ausland zu fliehen. Was ihn daran hinderte, war einmal
die grausige Neugier, die Leiden zu schmecken, nachdem er
alle Freuden durchgekostet hatte, die teuflische Lust, in den
Schatten zu gehen und die andere düstere Hälfte des Da=
seins zu betreten. Und zum andern war es das brünstige
Verlangen des, der sich schuldig fühlt, nach Gerechtigkeit,
ob sie ihn auch auslöschen mag, der Schrei des einzelnen,
der seine Macht und damit sein Recht überschritten hat,
nach Sühne, dieser seltsame soziale Trieb im Verbrecher,
der einen Raskolnikow zur Anzeige seiner Mordtat, einen
Wilde zur Anerkennung und Abbüßung seiner ihm gleich=
sam von sich selbst verhängten Strafe treibt. Weil er nicht
wie Krupp bei uns den Mut hatte, selber einen Strich
durchs Leben zu ziehen, hatte er dafür etwas nicht minder
Gutes, nämlich die fixe Idee, nach der Zuchthauszeit
ein neues Leben zu beginnen und mit neuen Kunstwerken

die Schmach, die auf der schwarzen Tafel seiner Vergangen=
heit stand, fortzutilgen und sich so wiederum die Welt zu
erobern.

Wie unmenschlich er unter dem mittelalterlichen Vollzug
seiner Strafe gelitten, das wird jedem aus seiner Ballade
vom Zuchthause zu Reading fürchterlich in die Ohren gellen.
Nur eine keine Geschichte sei hier noch erwähnt, die man
nicht erzählen und anhören kann, ohne von Wut ergriffen
zu werden: Es war in der ersten Hälfte seiner Leidens=
zeit. Wilde wurde nebst mehreren anderen aus dem Zucht=
hanse zu Wandsworth nach Reading transportiert. Man
mußte den Zug wechseln, und der Trupp der Sträflinge
stand eine Weile wartend auf dem Bahnsteig einer keinen
Station. Ein paar Kaufleute gingen auf und ab und
sprachen wohl über die beste Möglichkeit, der Konkurrenz
den Hals zu brechen. Plötzlich bemerkt einer Wilde unter
den Kurzgeschorenen. „Das ist ja Oskar Wilde!" ruft er,
geht auf ihn zu und spuckt ihm, der ihn, ohne zu zucken,
aus seinen großen, glaskugelartigen Angen ansieht, mitten
ins Gesicht hinein. Dieser Mensch, den die Gesellschaft
frei laufen ließ, hätte siebenmal den Galgen verdient.
Der Dichter ist nach seiner Entlassung aus dem Kerker
nicht, wieder in die Höhe gekommen. Er hatte nicht mehr
die Kraft, die vita nuova, von der er geträumt hatte, zu
beginnen. Das Sträflingsmal war ihm zu tief in die
Seele gebrannt, als daß er den Mut zu neuen Werken
gefunden hätte. Verkommen, vom Zuchthausbrei auf=
getrieben und häßlich geworden, lebte er noch ein paar

**18***

Jahre in Paris, oft so arm, daß er frühere Freunde um
einen Absinth anborgen mußte, bis er im Nebelmonat des
Jahres 1900 in einem keinen Hotel im Quartier Latin
verendete. Ein halb Dutzend Genossen aus alter Zeit ge-
leiteten ihn, den einstigen Liebling von ganz London, zum
Armenkirchhof; ein einziger Kranz hing an seinem Sarge.
Er war von dem Wirte, bei dem er gewohnt hatte. „Meinem Pensionär!" stand auf der Schleife gedruckt.

So endete dieser Mensch, dessen Leben viel mehr Bedeutung hat als seine Werke, dessen erste Tat nach seiner
Entlassung aus dem Zuchthaus — dies beweist seine Güte —
ein offener Brief war mit einem eindringlichen Protest gegen
die Entlassung eines Gefängniswärters, der einem hung-
rigen Kinde ein paar Keks gegeben hatte, dessen witzige
Stücke — dies beweist seinen überlegenen Verstand — von
ihm alle spielend, meist wegen Wetten hingeschrieben wurden,
und dessen Lieblingszitat — dies beweist seine Vorurteils-
losigkeit — die Worte des greisen Königs Lear im Shakespeare waren: „Kein Mensch ist sündig; keiner, sag' ich,
keiner. Und ich verbürg' es."

# Dostojewski

In der grauen Frühe eines Wintermorgens im Jahre 1849, in diesem Jahre voll von Ängsten, Qualen und Unter= drückungen für ganz Europa, wurde Fedor Dostojewski, eines reichen Arztes Sohn, gewohnt, fünfmal in der Woche sein Hemd zu wechseln, samt seinen Kameraden aus dem bleiernen Schlaf geweckt, den er auf der Pritsche in den feuchten Gefängniszellen von Schlüsselburg schlief. Aus wilden, garstigen Träumen, die wie zersetzte Wolken über ihn her= flogen, wurde er von Gendarmen wachgeschüttelt. Er wollte sich von dem Unrat der Nacht und der Unsauber= keit des Kerkers reinigen, aber der Mann in Uniform, eine Talgkerze in der Hand, wehrte ihm ab: „Es hat keinen Sinn mehr, Väterchen!"

Im selben Augenblick wußte Dostojewski, daß es zum Tode ging. Dem Gefühl der Erleichterung, das seine wie ein Grab eingefallene Brust für einen Augenblick empor= hob, folgte sogleich eine entsetzliche Angst, die ihm den Schweiß auf die Stirn trieb. „Mein Gott! Mein Gott!" sagte er nur, sich selbst ein Echo. Die Gefangenen wurden wie Schlachtvieh hinausgetrieben. Sie sahen sich beim Licht der Blendlaternen, die wie rote, entzündete Augen aus dem Morgennebel glänzten, aus dem Gefängnis zur Richt= stätte wanken, zehn bis fünfzehn schlotternde, halb schon leblose Menschen, eine Schaufel voll für den Satan. Sie waren samt und sonders in die sogenannte Petraschewskische Verschwörung verwickelt gewesen, einen jener zahlreichen

Versuche nach 1848, die in Frankreich errungenen Volks-
freiheiten auch in östliche Länder zu verpflanzen, Experi-
mente, die Zar Nikolaus I., der absoluteste Monarch Rußlands, nur auf den Tod leiden konnte. Die Gefangenen
trotteten stumm, ohne einen Seufzer von sich zu geben,
auf das Peloton Soldaten zu, die in einer Ecke des Ge-
fängnishofes bereitstanden, ihre Brüder kaltblütig umzu-
schießen. Man sah die Gewehre an ihren Beschlägen und
Bajonetten in der Ferne hin und wieder aufblitzen. Trotz
der Totenstille hatte man das Gefühl, als ob die Luft
einen dumpfen Ton von sich gäbe. Die Gefangenen und
die Soldaten näherten sich einander. Obgleich das Militär
ganz stillstand, schien es den Verurteilten doch, daß sie
ebenso langsam auf sie zukämen. In einer Entfernung
von zwanzig Schritten vor den Bewaffneten waren drei
Pfähle in die Erde gegraben, gegen die sich die Gefangenen
anlehnen konnten. Auch war den Soldaten damit das
Zielen erleichtert.

Man führte die drei ersten zu den Pfählen hin, zog ihnen
die Todeskleider, lange, weiße Hemden, an und schob
ihnen als Zeichen des Mitleids weiße Mützen über die
Augen. Der Pope trat an jeden mit einem Kreuz heran.
In einer geringen Entfernung zur Seite zu — vor erst sechzig
Jahren ist dies alles dem größten russischen Genie vor
eigenen Augen begegnet! — schaufelten ein paar Arbeiter
emsig wie Aaskäfer den Opfern das Massengrab.

Dostojewski war als achter an der Reihe, er sollte also
mit der dritten Abteilung zu den Pfählen hingehen. Er

wußte, daß er nicht mehr als fünf Minuten zu leben
hatte. Er hat ſpäter oft erzählt, daß ihm dieſe fünf Minuten als eine endloſe Zeit und ein unermeßlicher Reichtum
erſchienen wären. Er habe ſich dieſe Zeit ſogar eingeteilt
und zwei Minuten davon beſtimmt, ſich von ſeinen Kameraden zu verabſchieden, zwei weitere Minuten dafür,
um ein letztes Mal im ſtillen nachzudenken — wer, wer
hat den Mut, wenn er dieſes lieſt, einem Menſchen den
Tod zu geben? Die übrige Friſt, eine ewige Minute,
wollte er dazu benutzen, um noch einmal zum letztenmal um
ſich zu ſchauen. Die erſten zwei Minuten für den Abſchied
von den Kameraden ſeien ſchnell verſtrichen, aber die beiden
folgenden, die er für das ſtille Nachdenken angeſetzt hatte,
haben ihm endlos lang gedeucht. Es ſei ihm unmöglich geweſen, ſich auszudenken, daß er jetzt noch lebte, in drei
Minuten aber irgend etwas anderes irgendwo anders ſein
ſollte. In der Nähe habe ein Turm geſtanden, deſſen ver-
goldetes Dach im erſten Morgenſonnenſchein geleuchtet
habe. Dieſes glitzernde Licht ſchien ihm ſchon zu jener neuen
Natur zu gehören, und er glaubte, er würde in drei Minuten irgendwie mit ihm verſchmelzen.

In dieſe faſt ſchon irren und haltloſen fliegenden Gedanken
des Verdammten da unten wurde plötzlich eine weiße
Fahne an dem Turm emporgezogen. Auf einen Befehl
ihres Offiziers ließen die Soldaten die ſchon erhobenen
Gewehre ſinken. Der dem Gefängnis vorſtehende Major
trat herzu und verkündete den ſchon zu drei Viertel toten
Gefangenen, daß die Güte des Zaren das Todesurteil auf-

gehoben und sie zu zehnjähriger Zwangsarbeit in Sibirien
begnadigt hätte.

Dieses echte Stückchen einer absoluten Zarenlaune, diese
grausame Galgenfrist, diese kurze halbe Stunde zwischen
Tod und Leben hat Dostojewski, der schon von Geburt
an Fallsucht litt, für immer in seinen Nerven behalten.
Die Spanne Zeit, in der er Abschied vom Menschendasein
genommen hatte und in das stygisch kalte Wasser des
Nichtmehrlebens untergetaucht war, hat sich ihm tiefer
eingebrannt, als alles Elend, das nachher kam, die fünf
Jahre lange Gefangenschaft in Sibirien und der Heeresdienst,
den er als Gemeiner in der russischen Armee antreten mußte,
bis ihn Alexander II., Rußlands edelster und unglücklichster
Monarch, bei seinem Regierungsantritt begnadigte. Sibi-
riens Glut und Eis, die Öde seines Gefängnisses dort, des
„Totenhauses", zwischen Palisaden und Sträflingen, niemals allein — das war das gräßlichste dabei für diesen
zarten Menschen! — die Roheiten beim Militär, alles war
leichter zu ertragen und zu vergessen als jene bangen Kirch-
hofsminuten vor dem Tode, da man ihm die Hoffnung,
das letzte Gut des Ärmsten, unter den Füßen fortgeschaufelt
hatte und er wie Dantes Verdammte „senza ogni speranza"
im Inferno, in der Luft, im Nichts schwebte.

Es ist leicht auszudenken, wie ein Mensch, der aus dieser
Region her zum Leben, zu Menschen heimkehrt, als Schriftsteller schaffen und wirken wird. Eine so gerüttelte Seele muß
unrein fließen und strömen, eine heruntergestürzte, so und so oft
zersprungene und zerborstene Glocke wird anders klingen

als eine, die hoch über allem Volke im Glockenstuhle hängt und nur am Feierabend und an Festtagen ihre Stimme erhebt. Was Dostojewski in die Zivilisation Rußlands nach Petersburg mitbrachte, als er gebleicht von Gefängnisluft, ergraut von Erniedrigungen aller Art, mit vierzig Jahren die Feder nahm, seinen ersten großen Roman zu schreiben, das war die tiefe Kenntnis des russischen Volkes, der russischen Seele. Wie kein Künstler, kein anderer Mensch mit Nerven und Geist in seinem Lande ist er durch ein gemeinsames Schicksal mit seiner Rasse, seinem Volke vermengt und verknetet worden. Tolstois Annäherungsversuche an das russische Bauern- und Volksleben wirken dagegen wie Spielerei, die Lanne eines großen Mannes, der auch hinter dem Pflug und im Kittel ein Graf bleibt, und Gorkis Jugendschicksale wie die Wander- und Handwerksburschenjahre eines begabten jungen Menschen, der früh solchen Kreisen entwächst und schnell sein Ziel erreicht. Dostojewski wurde durch ein Geschick, das ihn zu den Paria warf, mit der Hefe seines Volkes vertraut und vermischt. Sechs Jahre seines Manneslebens verbrachte er auf dem Grunde, in der Tiefe zwischen russischen Leuten, durch nichts vor ihnen ausgezeichnet und gesondert, ihnen gleich an Armut, Nahrung, Kleidung und Schicksal.

Nach Petersburg heimgekehrt, faud er die Literatur seines Volkes vor allem durch Turgenjews Einfluß noch mehr europäisiert, als sie es schon durch Puschkin geworden war. Turgenjews erste gefällige Novellen, die nach Pariser Geschmack zugestutzt waren, beherrschten den Büchermarkt.

Da machte sich Dostojewski mit im Zuchthaus erlerntem
geduldigem, zähem Fleiß daran, noch einmal von neuem
zu schreiben anzufangen, ganz ohne Vorbild und ohne
Rücksicht auf den Geschmack und die Wünsche des gebildeten Publikums, das auf den Boulevards von Petersburg fast das gleiche wie auf denen von Paris verlangt.
Es war die Seele seines Volkes, die russische Seele, die er
sich in tausend Bildern und Gestalten vom Herzen schrieb, das
eigentümliche gemeinsame Wesen dieses Menschenhaufens,
der das weite, weite, weite Land von der Weichsel bis zur
Wolga und darüber hinaus bis nach Sibirien bewohnt. Keiner
hat die russische Seele, dieses unergründliche Mysterium
eines Volkes, das uns verwandt und fremd ist, das Werden
und Weben seines Wesens so erschöpfend geschildert wie
Dostojewski. In tausend Saiten, auf tausend Seiten
schlägt er das Melos seines Volkes an. In langen, auch
darin seinem Lande ähnlich, weithinschweifenden Romanen
— sein größter Roman, die „Brüder Karamasow", um-
faßt mehr als sechzehnhundert Seiten, und dies war erst als
Prolog zu einem großen Roman gedacht — schildert er
die hervorragendsten Typen seines Vaterlandes. Durch ihre
Ausdehnung allein wären diese Romane Dostojewskis Unika
der Weltliteratur, wenn sie es nicht auch durch die Ausdehnung ihres Stoffes und der Figuren wären. Wir sehen
in ihnen das heilige Rußland vor uns von einem Dichter
umgepflügt, Menschen begegnen uns, die Tausende Rubel
verschwenden und um eine Kopeke schreien und geifern
können. Freunde, die ihre Geheimnisse, ihre Liebsten und

die geweihten Kreuze auf ihrer Brust miteinander tauschen und hinterdrein einer dem anderen auflauern, um einander zu ermorden. Frauen, die sich jedem für Geld hingeben, in Palästen und Pelzen sitzen, um auf einmal alles zu verlassen und arm auf die Straße zu rennen. Säufer, die den Wodka literweise trinken und plötzlich in der dunklen Weise der Offenbarung des Johannes reden und in ein Kloster gehen, Bauern, die sich gut vertragen, und von denen unvermutet der eine den anderen um eine silberne Taschenuhr wie einen Hammel mit einem Messer von rückwärts abschlachtet, wobei er sich bekreuzigt und im stillen betet: „Herr, verzeihe mir um Christi willen!" Männer, die sich jahrelang hassen und fremd aneinander vorübergehen, bis sie sich eines Abends in die Arme sinken: „Wir sind alle lächerlich gute Menschen."

Die Gegensätze, die die menschliche Brust umspannen kann, kommen bei diesen breit angelegten, einen halben Erdteil umfassenden Menschen herrlich zum Ausdruck.

Wir lassen es uns heute meist bei dem einen Typus, den Dostojewski in Raskolnikow geschaffen hat, dem russischen Intelligenzler, genügen, dem Mörderdilettanten, der seine Tat nicht tragen kann, vor einer Maus erschrickt, mit einem Kanarienvogel fühlt und eine alte Vettel ermordet, der sich in krankhaftem Ehrgeiz ein Napoleon dünkt und über diese einzige Untat, die er nicht zur Guttat in seinem Busen stempeln kann, ins Stolpern kommt. Dostojewskis andere „Helden" — er darf sie so nennen — Idioten, Sträflinge, Abbilder Christi, die alle lieben und für alle Menschen leiden möchten, Träumer, Phantasten, von Dämonen Besessene, sind bei uns kaum bekannt. Das wundersam weiche Wesen dieser Leute, die zwischen Extremen hin und her fallen, die sich ihren Gefühlen noch rückhaltlos hingeben, die jeden Augenblick wieder ohne Vorurteile und ohne Bedenken sein können wie Tartaren, „aus dem Tartarus", der Unterwelt Gekommene, kurzum die russische Seele hat Dostojewski in seinen Werken vor allen anderen wiedererschaffen. Darum ist er der größte Dichter Rußlands, und für jeden Fremden, der diesem Volke nahekommen will, geht der Weg auch heute noch durch ihn und seine Werke hindurch.

# Ibsen

„Die ungesungenen Lieder sind
stets die schönsten." (Worte des
Skalden in Ibsens „Kronpräten-
denten".)

Im Frühsommer 1888 saß wie gewöhnlich nachmittags
um diese Zeit ein älterer, ziemlich beleibter Herr im schwar-
zen, sorgfältig abgebürsteten Gehrock, mit langen weißen
Haaren und mit ebensolchem Bart an den Backenseiten seines
Professorengesichts vor einem Tisch im Café Opera in
München. Kaffee und Kognak standen neben ihm, und auf
den beiden Stühlen ihm zur Seite lagen hochaufeinander
Haufen von Zeitungen und bunten Wochenblättern. Er
hatte soeben mit dem letzten Schluck Kognak die letzte
Zeitung erledigt und guckte nun aus keinen verschmitzten
Äuglein starr vor sich hin, während hinter seiner hohen
wuchtigen Stirne die Gedanken über das Gelesene wie
Mäuschen im Speicher hin und her liefen. In diesem
Augenblick setzte sich ein etwa zehn Jahre jüngerer Herr,
ein gemütlicher, korrekter Fünfziger mit den Worten: „Sie
erlauben doch!" zu ihm an seinen Tisch.

„Bitte sehr, Herr Leutnant oder Herr Hauptmann —
ich werde das nie auseinanderhalten können —, ich wollte
ohnedies gehen."

„Ach! Sie sind's, pardon, Herr Doktor Ibsen!" sagte
der Jüngere, der kein anderer war (wie es in seinen Er-
zählungen hieß) als der Dichter Martin Greif, der, nachdem er sich als Offizier unter seinem wirklichen Namen

„Herman Frey" hatte penſionieren laſſen, nun in München wie Ibſen als vogelfreier Greif und Dichter lebte.

„Alſo, wie geht's Ihnen denn, Herr Doktor, was machen Sie, was ſchreiben Sie jetzt?" fragte Greif weiter.

„Ich weiß es nicht recht," meinte Ibſen, „und Sie?"

„Ja, ich habe ſoeben meine beiden Hohenſtaufendramen ‚Heinrich der Löwe‘ und ‚Die Pfalz im Rhein‘ voll=endet und bin nun an den Vorſtudien zu meinem ‚Kon=radin‘. Kommen Sie nur einmal vormittags auf die Bibliothek! Da können Sie mich hinter Büchern und alten Manuſkripten ſchwitzen ſehen. Erſt muß man die Hiſtorie intus haben, ehe man ans eigentliche Dichten herangehen kann. Wiſſen Sie, einen ‚Konradin‘ muß man ſchreiben, wenn man überhaupt die Hohenſtaufen ſich vornimmt. Das iſt der Gipfel, die blutige Krone des Ganzen. Und gibt es wohl in der ganzen Welt etwas Tragiſcheres als dieſe edle, reine Jünglingsgeſtalt, die ſeiner Ideale voll gen Italien ziehet, ſeine Väter zu rächen und zu erfüllen, und die welſche Hinterliſt in Neapel unter dem Beil des Henkers verenden ließ?"

„Ich weiß es nicht," warf Ibſen mit ſeiner hohen ſpitzen Stimme ein, „mir iſt er freilich ſo gleichgültig wie Ihnen vermutlich Olaf der Heilige, der ſein Reich an Kunt den Großen verlor und im Meer ertrunken ſein ſoll, was auch keine ſchöne Todesart iſt."

„Ja, Sie ſind eben kein Deutſcher, Herr Doktor, verzeihen Sie, aber wenn unſereins ſchon als Kind von Barbaroſſa und den anderen großen Hohenſtaufen erzählen hört,

vibriert es in ihm vor Begeisterung, und wenn er Konradins
bejammernswertes tückisches Schicksal nur liest, dann muß
er gar mit den Tränen kämpfen."

„Das mag sein, Herr Greif, aber aus Kindern werden
schließlich doch einmal Männer. Und die pflegen bei uns
in — Norwegen wenigstens ganz andere Interessen zu
haben als die Kreuzzüge, die Hohenstaufen und Olaf den
Heiligen. Und am Ende sind die Theater wohl auch bei
Ihnen nicht nur für die Kinder aufgebaut!"

„Ich weiß, Sie sind auch einer von den ganz Modernen
mit Ihrer ‚Nora‘ und Ihren ‚Gespenstern‘ und wie die
Sachen alle heißen mögen, mit denen Sie die Menschheit
verbessern wollen. Nicht um ein J-Tüpfelchen werden
Sie die Welt anders bekommen durch Ihre Dramen. Alles
bleibt schließlich beim alten."

„Wie zu Zeiten Konradins," entwaffnete ihn Ibsen lächelnd.
„Und sie bewegt sich doch, hat schon Galilei, glaube ich,
im Kerker gesagt. Sie können doch nicht im Ernst ein
Weiterschreiten der Menschheit leugnen."

„Fällt mir auch gar nicht ein! Ich konstatiere nur, daß
es nicht Sache des Theaters ist, Politik zu treiben und
Tagesfragen zu erledigen. Dafür sind die Zeitungen da,
die da in zwei hohen Bergen um Sie liegen. Dafür ist
die Bühne zu schade, sind die Schauspieler zu schade, und
ist das Publikum zu schade."

„So, das ist ja kurz und bündig, wie Sie mich zu den
Toten werfen. Und dabei habe ich mir, Sie wissen, ich
mag meine Stücke selber nicht sehen, das einzige daraus

eingebildet, daß sie kein totes Theater sind, sondern so
lebendig wie Sie und ich Gott sei Dank noch sind. Und
daß sie darum ihr Publikum, ihr großes Publikum finden
werden. Denn sie sind Geist von unserer Zeit, und ich bin,
wenn ich mich einmal in meiner früheren Berufssprache
so ausdrücken darf, nur der große Destillator gewesen, der
die Zeit um mich, wie ich sie sehe, filtriert und den Extrakt
daraus in seinen Stücken wiedergegeben hat. So etwas
Ähnliches sagt wohl auch, wie ich mich aus meiner Studenten=
zeit entsinne, ein gewisser Shakespeare im „Hamlet‘, glaube
ich, wo er die Kunst des Schauspiels als ‚Spiegel und
abgekürzte Chronik des Zeitalters‘ bezeichnet. Ich befinde
mich also auch für Sie in nicht allzu schlechter Nachbar=
schaft."

„Hm!" knurrte Greif, „vom Standpunkt des Publikums
aus können Sie alles entschuldigen: Seiltänzer, Bauch=
redner, Operetten, Schwänke, Possen, Ballettänzer, Taschen=
spielereien — — —"

„Und auch meine Stücke, nicht wahr?" unterbrach ihn
Ibsen freundlich. „Ja, aber um des Kuckucks willen, warum
schreiben wir denn eigentlich unsere Stücke, wenn nicht des
leidigen Publikums wegen? Damit wir sie im Spind liegen
haben oder bei Cotta oder Brockhaus oder Reclam oder Hegel
in Kopenhagen mit oder ohne Goldschnitt auf dem Lager ver=
stauben lassen? Sie sollen doch gelesen werden von möglichst
vielen und aufgeführt werden, wo nur ein Vorhang und
Soffitten hängen. Die meisten von uns — Ihre Finanzverhält=
nisse mögen glücklicher liegen — wollen doch davon leben, wie

jeder andere Arbeiter von seiner Arbeit. Von dem Gezeter
über die Dummheit oder Faulheit des Publikums wird
keiner auf die Dauer satt, geschweige denn fett."

„So, also Anpassung an den Massengeschmack, Konzession
dem Schaupöbel aus Liebe zum täglichen Brot oder Kuchen!
Pfui, Herr Doktor, in das Horn der Tantiemenmacher
stoßen Sie mit hinein! Die künstlerische Gewissenlosigkeit
der französischen Boulevardstückfabrikanten wollen Sie
zur Maxime für uns dramatische Dichter erheben! Nein,
da mache ich nicht mit, ganz und gar nicht! Lieber wollte
ich verhungern, ehe daß ich aus Rücksicht auf Tagesruhm
oder Theaterdirektoren oder das Goldene Kalb irgendwie
Zugeständnisse machen würde."

„Sie sollten nicht so verwegen vom Hunger sprechen, Herr
Greif! Ich weiß, so gut wie Zola in Paris, was das
Wort auf und hinter sich hat, weiß es auch, was es heißt,
keine Konzessionen machen, und habe es am eigenen
Leibe wohl und wehe durchgemacht und in den meisten
meiner Stücke gefeiert wie nichts auf der Welt. Aber kein
beigeben müssen wir doch, wenn wir unter und mit Menschen
leben wollen. Wir müssen unsere Uhr nach der Zeit ein-
stellen, in der wir stehen. Darum meine ich zunächst, wir
sollen auch unsere Stücke so zusammensetzen, daß uns das
Publikum von heute dabei aushält und nicht eher weg-
läuft, bis das letzte Wort gefallen ist und der Vorhang
das Stück wie eine Schere oder ein Fallbeil abschneidet.
Und darum meine ich zweitens, sollen wir auch unsere
Stoffe aus dem Menschenleben um uns herum und nicht

aus den Geschichtsbüchern herholen. Schelten Sie mir die
Zeitungen nicht, sie stehen stets wie offene Photographen=
kästen bereit, alles aufzunehmen, und bringen unsere Zeit
blitzschnell und haarscharf auf die Platte. Man kann
manches davon gebrauchen, wenn man ans Malen oder
Dichten selber geht. Was nützen uns die schönsten histo=
rischen und poetischen Stücke, wenn das Parkett dabei
kalt bleibt und die Galerie lau, und der erste Rang nur
immer bei den Aktschlüssen, wenn mechanisch geklatscht
wird, aus dem Schlaf erwacht. Die modernen Franzosen
sind gar nicht so dumm, wenn sie nur Menschen auf die
Bühne bringen, die im Theater selbst überall herumsitzen,
also daß die Szene nur ein verlängertes Stück Parkett ist.
Glauben Sie mir, ich habe dreißig Jahre lang um Lea
gedient und Stücke für sogenannte Gebildete geschrieben
und die Geschichte wie ein Eidervogelnest ausgenommen
bis in die Wikingerzeit und Kaiser Julian, bis ich endlich
merkte, daß es nur Rahel war, die ich liebte und gewinnen
wollte, das Volk, die breite Masse, das große Theater=
publikum, die ganze Gesellschaft unserer Zeit. Um die
will ich die dreißig letzten Jahre meines Lebens werben mit
aller Kraft und Kunst, die mir verliehen ist, werde mich
ihren Launen und Nerven mit meinen Stücken äußerlich
in der Technik, wie auch innerlich in der Weltanschauung
fügen. Ich werde mein Thema — und schließlich ist jedem
Künstler nur ein Thema gegeben — nach allen möglichen
Seiten variieren und den Leuten immer wieder anders zu
kommen versuchen. ,Anders und doch derselbe!' wie ein

Sprichwort im Norden heißt. Namentlich die Invaliden
des Lebens um mich herum will ich mir aufs Korn nehmen
und einen nach dem andern abschießen, und wenn mir
selber das Herz dabei weh tut."

„Sehen Sie nur zu," warf Martin Greif dazwischen,
„daß Ihnen einer nicht dabei verlorengeht, wenn Sie
dem Publikum nachlaufen oder meinetwegen, wie Sie
meinen, voranmarschieren: der bessere Teil von Ihnen, der
Dichter Ibsen!"

„Den hoffe ich gerade auf meinem neuen Wege immer
mehr zu finden. Wissen Sie, früher in meiner ‚ersten Periode‘,
wie Ihr Schiller gesagt hätte, kam ich mir stets wie auf
einem Maskenball vor, einmal als Wiking oder als Römer,
oder als Sören Kierkegard verkleidet. Und das war mir
sehr ungemütlich. Und wenn ich mich aus Verlegenheit
ganz phantastisch gebärden wollte, dann mußte ich immer
an einem Untier vorbei, das vor dem Parnaß lag, wie
einstmals die Sphinx vor den Toren von Theben. Dies
scheußliche Ungeheuer hieß — Shakespeare und stürzte jeden
Dichter, der das Rätsel vom Menschen nicht raten konnte,
in den Abgrund hinunter. Und wenn ich die vielen Dichter=
knochen sah, die da unten bleichten oder wie alte vergessene
vermoderte Bücher verfaulten, da wurde mir noch unge=
mütlicher zumute. Und darum beschloß ich, meinen Ehrgeiz
dariu zu suchen, möglichst ohne Maske auf dem Theater
zu erscheinen und nicht ängstlich darauf zu passen, ob ich
auch Dichter genug bliebe und die Schönheit und Poesie
nicht dabei in Lumpen und Fetzen und Motten ginge, wie

alte aus der Mode gekommene Kostüme. Wenn unsere Zeit, wenn unsere Bühne keinen Dichter verlangt und er= zeugt, gut, so gebe ich ihn, wie eine Schlafmütze oder einen Haarbeutel oder einen Vatermörder oder sonst etwas Altes, was wir nicht mehr tragen, hinter den Kulissen ab und komme als Richter, als Arzt, als Pastor, als Lehrer auf die Bühne heraus. Und die Gesinnung, die mich dazu treibt, helfen, raten, kären zu wollen, und meiner Zeit den Spiegel vorzuhalten: ‚Wohl euch oder weh euch! So seid ihr!‘, die wird jedes meiner Worte dann draußen auf der Szene adeln, so gut, als hätt' ich es mir von Apollo und der tragischen oder komischen Muse selbst soufflieren lassen."

So sprach der Mann, den wir in die Zukunft mitnehmen wollen, wie eine alte Standarte, mit der und unter der viele Siege gegen die Masse als „kompakte Majorität" erkämpft worden sind. Und wenn man uns Anno 1950 fragt: „Was tragt ihr da für eine alte zerschossene und verstaubte Scharteke auf dem Rücken?" so wollen wir ant= worten: „Es war der, den seine Zeit verlangte und der sie erfüllte, und darum trotz alledem: Ecce poeta!"

# Bismarck

Preußen und damit das neue Deutschland verdankt das, was es heute in der Welt bedeutet, Friedrich dem Großen und Bismarck. Diese beiden Genies, die wie durch ein Wunder ganz kurz hintereinander aus dem dürren märkischen Boden hervorwuchsen, haben das Deutschland unserer Tage, in dem wir leben, geschaffen. Sie haben sehr viel Verschiedenes in sich gehabt, diese beiden Preußen, und es ist ein Glück gewesen, daß sie nicht zu gleicher Zeit in und um Berlin lebten, denn sie hätten sich sicherlich nicht er- und vertragen können. Der Alte Fritz war ein Freidenker und hat im ganzen Siebenjährigen Kriege kein einziges Mal gebetet. Bismarck nahm, hundert Jahre später, die Bibel mit nach Sedan und Paris und wechselte mit seiner puritanischen Braut Briefe über das Wesen der Erbsünde und darüber, ob sein Vater, der ein leichtlebiger Rittmeister gewesen, in den Himmel gekommen sei. Bismarck verstand im Gegensatz zu dem Sieger von Leuthen blutwenig von der Kriegskunst, und es ist eine ganz verkehrte Gewohnheit unserer Maler und Bildhauer, ihn, der seiner Profession nach Jurist war und bei jeder Parade oder Feier die Uniformstücke verwechselte, stets im Soldatenrock darzustellen. Schließlich hatte Bismarck, ganz anders wie jener große Monarch, der die Kunst und Kultur seiner Zeit kannte und genoß und alle Musen zu sich nach Sanssouci lud, kein Verständnis für die Kunst. (Gegen diese Behauptung spricht natürlich nicht, daß er die Klassiker

zu zitieren wußte oder gelegentlich Beethoven pries.) Wenn
der Alte Fritz noch im späteren Alter Rousseau zu verstehen
suchte und ihn allnächtlich nach dem Tagewerk noch studierte, blätterte Bismarck, wenn er abends erschöpft heimkam und nach dem Essen mit Frau und Kindern und
Hunden um den Kamin saß, zu müde zu sprechen, in
Stindes harmlosen Geschichten von der Berlinerin Buch-
holz oder bestenfalls im Fritz Reuter herum, oder ließ sich,
wenn er sich zu sehr geärgert hatte, ein paar Lieder aus dem
„Trompeter von Säckingen" vorsingen. Richard Wagners
Bedeutung sah er nicht, Zola war ihm ein Greuel, und
daß zu seiner Zeit eine Persönlichkeit wie Nietzsche gelebt
hatte, erfuhr er ohne Erregung und ohne Interesse erst in
Friedrichsruh. Das Theater war ihm gleichgültig, wenn
nicht verhaßt, und die Malerei seiner Zeit war ihm, wenn
nicht „Lenbach" darunter stand, ebenfalls „Wurscht", um
seinen Ausdruck zu gebrauchen.

So nebensächlich vor dem Riesenlebenswerk des großen
Mannes dies auch erscheint, so traurig ist es doch, daß
er in keiner einzigen Kunst mitreden konnte, außer in der
Staatskunst, wo er alles verstand; daß kein Haus, kein
Stein aus seiner Zeit einen heute gewaltig oder lieblich
an ihn in Berlin gemahnt, wo er doch mehr als dreißig
Jahre lang wie ein ungekrönter König gewirkt hat. Er
hätte niemals dort hausen und herrschen brauchen, so
weniges erinnert noch in Berlin an Bismarck. Nicht einmal den Leichnam des Mannes, der für Preußen das
Leben von Millionen Menschen mehr wert war als Napo-

leon der Erste für Frankreich, hat man dorthin gebracht, und nachts fühlt man heute am Brandenburger Tor eher noch den Geist Friedrichs des Großen, als den Bismarcks herumspuken.

Es ist darum eigentlich sehr seltsam, daß Bismarck so wenig Verständnis und Liebe für die Kunst seiner Zeit, für die Kunst überhaupt gehabt hat, weil er im Grunde selbst aus dem Stoff, aus dem man Künstler bildet, zusammengemischt war und, nach einem Wort Hardens, aus „Goethes Geschlecht" stammte. Vielleicht war nur die fehlende halbe Flasche Champagner, die — er selbst hat es gesagt! — jedem Märker und Berliner im Blute mangelt, schuld daran, daß er sich, blind und taub gegen die Musen, ganz von seiner gewaltigen Aufgabe verschlingen ließ. Wer ihn draußen in Freiluft sah, dem fiel immer gleich das Künstlerische, Sensible an ihm auf, der merkte, daß dieser Realpolitiker eigentlich die Augen eines Träumers im Kopfe hatte. Die Natur um sich herum sah er mit den Gefühlen eines Malers oder Poeten an, der weiß, daß er diese Schönheit um sich nur auf kurze Zeit in Pacht hat und sie darum dreifach mehr als die anderen Sterblichen genießt. Die graue Herbst- und Winterschönheit seines Nebelheims an der Elbe wußte er prachtvoll wie ein Balladendichter zu schildern.

Das war ja die Tragödie seines Körpers und seines Lebens, daß er, statt unter Blättern und Bäumen zu atmen, zwischen gelbem Papier und Menschen sein Dasein versitzen mußte, unter Ministern die einzig fühlende Brust, daß er, statt

den Staren und Hirschen lauschen zu können, mit Windthorst und Richter und Bebel sich herumzanken mußte. Er hätte
ja längst abgedankt und dies Amt, das er sich für sich selbst
geschaffen hatte, verlassen, wenn er nur einen gesehen hätte,
der es besser verstanden als er. Er hätte niemals den schmach-
vollen Tag seiner Entlassung abgewartet, wenn er nicht
bestimmt voraus gewußt hätte, daß ein Caprivi nach ihm
Dummheiten machen werde. So hielt ihn die Pflichttreue,
diese heilige preußische Tugend, die er mit Kant, mit
Friedrich dem Großen gemeinsam hatte, in den Sielen und
an der Spitze bis zu jenem Tage, da er, ganz allein, eine
gelbe Rose in der Hand vom Schloß in Berlin Unter den
Linden ging, um den Möbelwagen vor das Kanzlerpalais
zu bestellen. Er gehorchte wie eine Schildwache, nicht ein
Tropfen vom Blut eines Wallenstein war in ihm, und
wenn er auch daheim in der ersten Wut Spiegel zertrümmerte,
wenn er auch gelegentlich in Zeitungsartikeln seinem Ärger,
seiner Verbitterung Luft machte, eine Auflehnung gegen
den Willen des Monarchen wäre ihm als Preuße ganz
unmöglich gewesen. Denn jener unbedingte Gehorsam
gegen den Vorgesetzten, das stumme Sichfügen in die Be-
stimmungen über einen, ist eben das Ideal, das aus Brandenburg Deutschland gemacht hat.

Neben dieser Pflichttreue, die Bismarck veranlaßte, sich
für Wilhelm I. täglich müde zu arbeiten, wie sie ihn ebenso dazu zwang, sich von Wilhelm II. wortlos abdanken
zu lassen, ist es vor allem der Mut, in dem er dem Alten
Fritzen um nichts nachstand. Er sprang selbst auf den

Attentäter Kullmann zu, der ihn angeschossen hatte, und hielt ihn am Gelenk über dem Ärmel fest — denn die Haut eines solchen Menschen berührt man nicht —, bis die Polizei kam, den Mörder zu verhaften. Er ritt ganz allein Anno 71 in seinem allbekannten Kürassierrock durch den Triumphbogen nach Paris hinein, wo täglich Tausende Tod und Pest für ihn herunterbeteten, und rauchte ruhig seine Zigarre dabei, während die wütenden Weiber und Damen der Halle seinen Schimmel anspuckten. Er hatte schließlich den höchsten moralischen Mut, daß er stolz darauf war, am meisten gehaßt zu werden in Europa, allen Deutschen damit ein Beispiel gebend, Unbeliebtheit und Hohn zu überwinden.

Durch diese Eigenschaften, die er im Krieg und Frieden, in der Diplomatie wie im Parlament tagtäglich angesichts Deutschlands vormachte und vorlebte, ist er der größte Erzieher unseres Volkes gewesen, den die Geschichte kennt. Ja, man kann sagen, daß er wie ein Prometheus ganz neue Deutsche geschaffen, und daß seit ihm unser Volk überhaupt ein ander Gesicht bekommen hat. Jeder, der Bismarck als Gesandten in den sechziger Jahren im Ausland kennenlernte, war erstaunt darüber, in ihm einen praktischen, klaren, entschlossenen Deutschen kennenzulernen. „Er ist gar nicht sentimental", schrieb Mérimée ganz enttäuscht in Biarritz über ihn in sein Tagebuch. Namentlich die Franzosen, die seit Hoffmann und Heine die Deutschen immer als Träumer und Sterngucker angesehen hatten, die auch tagsüber noch die Schlafmütze über die Ohren trugen,

waren ganz entsetzt, daß auf einmal einer kam, der rech=
nen kaunte wie sie, und nach der fünften Flasche Sekt
noch keine Träne vergossen hatte, ja noch genau wußte,
was er bei der ersten gewollt hatte. Das unterschied
Bismarck völlig von dem Freiherrn vom Stein, seinem
geistigen Vorfahren in Preußen, daß er seinen Willen
durchsetzen kaunte. Früher war es Deutschland lange er=
gangen wie dem schüchternen Gast, der vor Bescheidenheit
immer wartet, bis er auf einmal verdußt sieht, daß alle
Plätze besetzt sind. Bismarck setzte sich auf den ersten besten
leeren Stuhl und erklärte dann laut: „Wo ich sitze, ist
immer obenan." So hob er den deutschen Michel in den
Sattel und führte jene gewaltige Metamorphose der Deut=
schen herbei, der das Ausland seit Jahren mit Staunen
und mit Grollen zuschaut.

Daß dieser Mann, der, wie er selbst sagte, „dem tento=
nischen Teufel verschrieben war", ein Genie gewesen, das
sahen selbst die Windthorst und Richter ein, als sein ge=
waltiges Bild plötzlich wie ein Spuk verschwand und ihnen
angesichts des neuen Reichstages war, als hätten sie
diesen Riesen nur geträumt. Und wenn wir heute in Italien
von den Nachkommen Cäsars, Dantes und Michelange=
los in allen Städten einen Klopffechter wie Garibaldi als
Nationalhelden gefeiert sehen, so wollen wir Deutsche stolz
darauf sein, daß auf den Märkten unserer Städte, wie
einst der Roland aus Stein, zum Schutz heutzutage ein
Genie wie Bismarck emporragt.

# Etwas über Friedrich den Großen

Wie Achilles seinen Homer, der Halbgott den heroischen Sänger gefunden hat, so fand Friedrich der Große seinen Verkündiger, seinen Chronisten und Bildner in Adolf Menzel, einem zugleich nüchternen, trocknen, zugleich dämonischen Künstler. Und so war der große König auch, den er in seinen Bildern geschildert und wiedergeboren hat: Einerseits nüchtern, prosaisch, genau, ein Pflichtmensch und der erste Diener seines Staates — „wir Märker haben alle unsere Normaluhr im Kopfe", sagte Fontane — und kalt und verdrossen und mit den Jahren immer schwerer und immer seltener zu schönen Aufwallungen geneigt —, „uns Märkern fehlt allen eine halbe Flasche Champagner im Blut und Temperament", sagte Bismarck. Aber zugleich steckte eine unheimliche Dämonie, ein höllisches Feuer, eine überirdische Glut in dem alten wie in dem jungen Fritzen.
Es ist wohl allgemein anerkannt — und nur auf den Schulbänken wird es aus altmodischer Anständigkeit noch anders gelehrt —, daß Friedrich II. im Grunde keinen rechtmäßigen Anspruch auf die schlesischen Provinzen hatte. Gab es den überhaupt jemals, so hatte Brandenburg, wie selbst die Freunde des Königs zugeben mußten, doch längst durch feierliche Verträge darauf verzichtet. Nicht also Pakten und Pergamente, noch der Besitz des schlesischen Landes, sondern einzig die Ruhmsucht war es, die Friedrich II. in drei blutige Kriege hinaustrieb. Immer wieder sucht er anderen und sich zu beweisen, welch eine edle

Eigenschaft dieses sei, und wie alles Große in der Welt nur der Ruhmsucht seine Geburt verdanke. Aber der preußische Selbstregulator in ihm bewahrte ihn zugleich vor dem Schicksal Napoleons und lehrte ihn sich beschränken und sich Grenzen zu setzen. So machte er an der Oder halt: „Bis hierher und nicht weiter!", während alle seine Bewunderer ihn am liebsten ganz Österreich hätten verschlingen und bis zum Ende der Welt vordringen sehen.

Er wagte Preußen dabei, das ist wahr, aber nicht wie ein tollkühner Spieler, sondern wie ein Mann bei der besten Chance, groß zu werden oder gering zu bleiben. Er trug während des ganzen Siebenjährigen Krieges, da es sich um Sein oder Nichtsein seines Landes handelte, immerwährend Gift bei sich, weil er wußte, daß in diesen Jahren Preußen und er ganz eins waren und er, wenn Preußen fiel, mitsterben mußte. Darum hätte er — und dies ist seine wahre Größe — nicht eine Sekunde lang ein St. Helena erduldet, und dies Bild ist das ergreifendste aus seinem Leben, wie er nach der Schlacht bei Kunersdorf, eine Weile von den Seinigen abgeschnitten, versteckt unter einer Brücke saß, sein Windspiel neben sich, dem er, um nicht verraten zu werden, die Schnauze zudrückte, während er in der anderen Hand ein Fläschchen mit Gift hielt, jeden Augenblick bereit, es zu leeren, falls er vom Feind entdeckt würde.

Die Pflichttreue, mit der er im Kriege jedem, der kleinsten Parade wie der größten Schlacht, beiwohnte, ist allbekannt und seit jener Zeit zum preußischen Ideal geworden.

Ebenso die Bestimmtheit und Entschlossenheit in Wort
und Tat, die spartanisch-brandenburgischen Eigenschaften,
die „Feldwebeltugenden", wie Heine sagte, die der König
schon als Kind zeigen konnte, dessen erster, uns erhaltener
Brief — er galt seinem freigeistigen Erzieher, und Fritz
war damals fünfzehn Jahre alt — so lautete: „Ich ver-
spreche Ihnen, mein lieber Duhan, Ihnen jährlich, wenn
ich über mein eigenes Geld verfügen kann, 2400 Taler
zu geben und Sie immer noch ein wenig mehr zu lieben,
als jetzt, wenn es mir möglich ist. Friedrich, Kronprinz."
Kriegsmüde und verbittert war der Alte Fritz aus einem
Krieg mit der ganzen Welt, die sieben Jahre lang mit
allen Waffen des Hasses und der Hinterlist wider ihn gekämpft hatte, nach Berlin heimgekehrt. Man kannte ihn
kaum wieder, so verwüstet sah er aus. Mit dem Humor,
der noch in ihm hauste wie ein Käuzchen in einer Ruine,
hat er sich selbst in einem Brief an eine Freundin beschrieben: „Auf der rechten Seite des Kopfes sind meine Haare
grau; meine Zähne zerbrechen und fallen aus; mein Gesicht ist runzlig wie die Falbeln eines Weiberrockes, mein
Rücken krumm wie ein Fiedelbogen und mein Geist traurig
und niedergeschlagen wie ein Mönch des Trappisten-
ordens."
Er fuhr nach Potsdam hinaus, ließ sich ganz allein in
der Kirche ein Tedeum vorspielen, daß keiner die Tränen
sah, die er weinte, und ging dann stumm an seine Ge-
schäfte. Er war ein Freigeist in allen religiösen Dingen;
jahrelang hatte er Voltaire, den größten Atheisten jener

Zeit, um sich, was ungefähr so wäre, als wenn unser Kaiser tagtäglich mit Häckel verkehrte. Alle Religionen sind gleich „gut", erklärte er, „und wenn selbst Türken und Heiden mein Land peuplieren, will ich sie Moscheen bauen", und erließ dann den berühmt gewordenen Bescheid an seinen Kultusminister, das schönste Fürstenwort, das es gibt: „In meinen Landen kann jeder nach seiner Fasson selig werden."

Friedrich der Große ist gestorben an der traurigen Krankheit, an der alle großen Eroberer sterben, an der Menschenverachtung. Freilich die Schmeichler, diese Hofpest, mußte er sich gründlich vom Leibe zu halten. Schon sein Vater, würdig ein Genie zum Sohn zu haben, duldete solche Kerle nicht. Als ihn einst ein Bürgermeister nach der auch heute leider noch herrschenden Unsitte mit einer devoten lobesvollen Rede am Stadttor empfing, unterbrach ihn der König, indem er ihn dabei auf seinen dicken Bürgermeisterbauch im Sonntagsrock klopfte, mit den Worten: „Genug, Alter! Erkälten Sie sich Ihren Chimborasso nicht!" Der alte Fritz konnte über Schmeichler so wütend werden, daß er seinen Krückstock nach ihnen warf. Anderseits gab es auch keine Majestätsbeleidigungen für ihn; er wußte, daß er zu groß war, als daß ihn die Kanaille hätte beleidigen können. Eine Schmähschrift, die einst an den Mauern Berlins wider ihn angeschlagen war, ließ er bekanntlich „niedriger hängen", damit sie besser zu lesen sei.

Alle Künstler behandelte er wie seinesgleichen. „Um Gottes

willen," heißt es in einem Briefe an Voltaire, „schreiben
Sie mir nur als Mensch, und verachten Sie mit mir Titel,
Namen und allen äußeren Prunk." Aber im ganzen war
ihm das Menschengeschlecht, „diese verruchte Rasse, der
wir angehören", wie er sich ausdrückte, völlig zuwider ge=
worden. Seine Preußen hatten schließlich den Drill so
sehr in den Knochen, daß sie ihm wie Sklaven, nicht mehr
wie Menschen vorkamen. Die Handvoll Personen, die er
geliebt, starben fast alle vor ihm, und so lebte denn der
einsame Philosoph in Sanssouci ohne eine Menschenseele
zwischen Bedienten, Hunden, Affen und Papageien. Die
Zeit, die er einst der Kunst, vor allem der Musik, geweiht
hatte, verschlang nun gänzlich der Staatsdienst. Er starb
ganz einsam, ohne Priester, ohne einen Verwandten, in
den Armen eines Dieners, während draußen im Vor=
zimmer zwei Lakaien sich um die Wachskerzen, die sie aus
den Leuchtern gestohlen hatten, zankten. Er wollte neben
seinem Schlosse zwischen seinen Windspielen bei Nacht be=
stattet werden. Aber die sogenannte Pietät seiner Nach=
folger verhinderte dies.

So starb dieses Genie, der größte Hohenzollernfürst, dessen
Lebenswerk über Jena und Sedan hinaus gehalten hat.
Denn wir könnten heute nicht Wilhelm II. als Kaiser von
Deutschland feiern, wenn nicht Friedrich II. König von
Preußen dagewesen wäre.

# Napoleon

Schon Goethe hatte sich über die Weisheit: „Für einen Kammerdiener gibt es keinen Helden" tüchtig geärgert und laut erklärt, daß dieses immer nur die Schuld des Kammerdieners wäre, der über dem Allzumenschlichen seines Herrn, das er täglich sieht, größenblind geworden sei. Wer über einem Menschen in Unterhosen den Sieger von Austerlitz vergißt, der hat eine Lakaienseele und ist zu nichts Größerem geboren, als großen Herren die Stiefel auszuziehen und abzuputzen. In einer die Helden hassenden Zeit haben wir Napoleon, den Heine und Byron immer nur den Großen schlechthin nannten, mehr als uns recht war, mit Kammerdieneraugen betrachten sehen: So von Shaw, dem nichts zu groß ist, um es nicht klein zu kriegen, so von Sardou in seinem Kulissenreißer „Madame Sans-Gêne" und von manchen anderen. Nicht mehr mit der Kinderphantasie unserer deutschen Pastoren vor hundert Jahren haben die Schreiber unserer Zeit Napoleon geschaut, etwa als einen Werwolf, der von Menschenblut lebt oder ein wildes Tier, das aus der Felseneinsamkeit Korsikas ausgebrochen war, um Europa zu dezimieren und die Welt auf den Kopf zu stellen.

Nein, im Gegenteil, man hat in unseren Tagen den gewaltigen Zwergen, der am Anfang unserer ganzen bürgerlichen Zeit steht, für diese jetzige Bürgerwelt zurecht photographiert, ihn vermenschlicht und unter uns andere gebracht, ihm bestens sein Absonderliches, nicht sein Ausschließliches

abgeguckt. So bekamen wir einen Napoleon zu sehen, wie
er noch heute unter uns herumlaufen könnte, ohne sehr in
der Menagerie der Menschen aufzufallen: einen Mann,
der gern schnupfte, viel und alles durcheinander aß, Käse
nach der Suppe und Äpfel zum Schellfisch, der bei dem
Schauspieler Talma Stunden im Repräsentieren nahm,
und einen dicken Bauch hatte, der eifersüchtig und aber=
gläubisch wie ein Italiener war, parvenühaft seine Familie
auf alle Throne Europas zu kleben suchte, der französisch
sprach wie ein Bauer bei uns Hochdeutsch, der die Schlacht
bei Leipzig infolge von Magenschmerzen verlor, und der
sich auf der Insel Sankt Helena mit dem gleichen Un=
gestüm mit einem unbedeutenden Gefängniswärter wie
einstmals mit Blücher, mit Metternich oder dem Kaiser
von Rußland herumzankte.

Diese verkleinerte Photographie fängt das Rätsel Napoleon
noch weniger ein als das Zerrbild, das die deutschen
Freiheitskämpfer Anno 1813 sich von ihm machten, die
ihn als Vernichter ihres Vaterlandes, als Lügner und
falschen Propheten gehaßt haben, wie noch keiner in Deutsch=
land gehaßt worden ist. Was er zunächst als Testaments=
vollstrecker der französischen Revolution allein für Gutes
über Europa gebracht hat, das sah man damals im Rausch
des Patriotismus noch nicht. „Attila! Attila!" sollen ihm
die Studenten zu Jena nachgerufen haben, dieselben viel=
leicht, die zehn Jahre darauf unter Metternichs Knuten=
wirtschaft sich fast nach dem fremden Tyrannen zurück=
sehnten. Der einzige Mann von Bedeutung in Deutschland,

der den allgemeinen Haß gegen Napoleon nicht mithaffen
konnte, ist bekanntlich Goethe gewesen, der so begeistert
von dem persönlichen Reiz des Kaisers war, daß er — die
Geschichte hat kein größeres Kompliment für Napoleon! —
lange überlegte, ob er nicht sein Vaterland aufgeben und
nach Paris ziehen sollte. Aber es war nur das Dämonische,
die Urkraft in Napoleon, die Goethe zur Bewunderung
hinriß. Das Stück Zukunft in diesem Bürgerkaiser wurde
der Aristokrat und weimarische Staatsminister mit allen
anderen noch nicht gewahr, das Demokratische, man möchte
fast sagen, Amerikanische in Napoleon, das nicht Adel noch
Stand, sondern nur das persönliche Verdienst hochschätzte.
Dies kam zum Vorschein, wenn er etwa an den Habs=
burger, den Kaiser von Österreich, der ihn, um sich den
bürgerlichen Schwiegersohn zu erleichtern, an den Familien=
adel der Bonaparte erinnerte, einfach schrieb, „Mein Adel
rührt von Montenotte, meiner ersten siegreichen Schlacht
über die Österreicher, und von nichts anderem her." Oder,
wenn er einen beliebigen Prinzen von Preußen in bitterer
Ironie zu einer Hasenjagd auf dem Schlachtfeld von Jena
einlud und ihn dann obendrein noch warten ließ, während
er von seinem Stuhl aufsprang, als Goethe zur Audienz
hereinkam.

Aber für dieses Demokratische in seinem Wesen hatte die
Zeit, die ihn erlebte, ebensowenig Augen wie für das
Romantische in Napoleon. Man war zu sehr überrascht
von dieser Erscheinung, um sie schon verstehen zu können.
Denn Napoleon war wirklich ein Romantiker auf dem

Throne, wie es vor ihm nur Alexander der Große gewesen
ist. Das, was deutsche Geschichtschreiber stets als Pose
und Phrase bei ihm gescholten haben, das war seine
Triebfeder, sein Daseinsgrund: So, wenn er, der keine
Dynastie hinter sich hatte, in Briefen oder Reden sich
Hannibal zum Ahnherrn machte, als er über die Alpen
zog, oder Cäsar, wenn er in Italien und Mohammed,
wenn er in Ägypten war, oder den nach Persien flüchtenden
verbannten Themistokles, als er nach Belle=Alliance den
Schutz des englischen Königs anrief.

Es war ebensowenig geschauspielert wie unwahr, wenn
in Potsdam sein erster Besuch dem Sarge Friedrichs des
Großen galt, und wenn er den Degen des alten Fritzen
für die schönste Beute aus allen seinen Kriegen erklärte,
oder wenn er den Papst zu seiner Kaiserkrönung herbeizog,
oder wenn er seinen Sohn in der Wiege zum König von
Rom erklärte. Große Augenblicke bedürfen großer Worte,
und man sollte Napoleon so wenig einen Phrasenmacher
nennen wie Bismarck, der, um Rußland einzuschüchtern,
schrie „Wir Deutschen fürchten Gott und sonst nichts auf
der Welt". Politik ließ sich damals und läßt sich auch heute
oft nicht anders übersetzen als: Die Kunst, schön zu lügen.
Und hatte Napoleon nicht das Recht, ein Romantiker zu
sein, wenn er seinem Leben, das sich noch heute wie ein
Roman erzählt, auf den Rücken sah? Es gibt nichts Reiz=
volleres in seinem Leben für uns, die wir es heute aus der
Vogelschau betrachten, als die kurze Zeit, da er 22 Jahre
alt, im Sommer 1791 als Sekondeleutnant in Valence,

einem Städtchen in Südfrankreich, bei der Artillerie stand.
Er dichtete damals — welcher bessere Sekondeleutnant täte
dies nicht! — klagte über den Dienst, war unglücklich ver=
liebt, las fünfmal „Werthers Leiden" und schrieb Sätze
wie diesen in sein Tagebuch: „Die Liebe bringt mehr Un=
glück als Glück, und es wäre eine Wohltat der schützenden
Gottheit, uns damit zu verschonen und die Menschen davon
zu befreien." Er ahnte damals noch nicht im geringsten,
was das Schicksal aus ihm machen würde. „Erst nach
meiner dritten siegreichen Schlacht fühlte ich — auf der
Brücke von Arcole war es! — daß ich ein großer Mann
werden würde, und diese fixe Idee verließ mich seitdem
nicht mehr", hat er auf Sankt Helena gesagt.
Wenn man das Genie als eine Art Krankheit bezeichnen
will, deren Wesen Ruhmsucht ist, so war Napoleon später
völlig von dieser Krankheit besessen. Ruhelos trieb sie
ihn, wie den Orest die Furien, durch ganz Europa umher,
bis er auf der keinen Felseninsel im Atlantischen Ozean,
wo dreitausend arme, verkommene Menschen, ein paar
Schafe und Ziegen und Milliarden Mücken lebten, eine
qualvolle Erlösung fand. So war er ein Abbild dessen,
der vom Geist der Ordnung überritten wird, und der in
der Offenbarung Johannis also beschrieben wird: „Und
es ging heraus ein anderes Pferd, das war rot; und dem,
der darauf saß, ward gegeben, den Frieden zu nehmen
von der Erde und daß sie untereinander erwürgeten; und
ihm ward ein großes Schwert gegeben."
Neben dieser übermenschlichen dämonischen Triebkraft seines

Daſeins ſeien ſchließlich noch ein paar freundliche Züge in dem Weſen dieſes „Tigers in Menſchengeſtalt", wie Theodor Körner ihn nannte, erwähnt. Einmal die Art ſeiner Kriegführung in Ägypten, wo er ziviliſierter, als wir in China es waren, die alten Heiligtümer des Landes den Gelehrten, nicht den Soldaten überließ, oder in Italien, wo er den mit dem Tode bedrohte, der ein Kunſtwerk zer= ſtören würde und Florenz um Michelangelos und Arezzo um Petrarkas willen nicht beſchießen ließ. Vergeſſen ſei auch nicht, wie gütig er gegen ſeine Soldaten geweſen iſt, die wirklich nicht für einen Tyrannen und Menſchenfreſſer ſo oft in den Tod gegangen wären, wie er die Peſtkranken, um ſie von ihren unheilvollen Qualen zu befreien, ver= giften laſſen wollte, und wie er manche Nachmittage vor den Soldatenſpitälern zu Paris Muſik machen ließ, um die Geneſenden heiter zu ſtimmen.

Für die Franzoſen iſt dieſer Napoleon eigentlich nur ein ſchöner Luxus geweſen, wie ſein Neffe, Napoléon le petit zum Kaufmann geboren, zum Kaiſer beſtellt, ein unſchöner Luxus für ſie geworden iſt. Jedenfalls hat das franzöſiſche Volk von der ganzen Kaiſerei Bonapartes heute nichts mehr in Händen als große Erinnerungen und verſchollenen Ruhm und eine noch jetzt mit infolge ſeiner vielen Kriegs= züge dezimierte Menſchenſchar. Die ſozialen Eroberungen der großen Revolution, von denen die dritte Republik heute zehrt und lebt, hat Napoleon gehemmt und dem Volke, das ihn als Götzen anbetete, in ſeiner Entwicklung nur geſchadet. Was er, dieſe Laune des Seins, als unbewußter

Testamentsvollstrecker Voltaires, Rousseaus, Mirabeaus, Dantons den übrigen Völkern übermittelt hat, die großen bleibenden demokratischen Ideen aus dem Jahre 1789, hat alle Nationen weniger gekostet als die französische. Namentlich um Deutschland hat sich dieser Sendbote der Revolution verdienter gemacht als Bonifazius: Er hat die geistliche Weltmacht in Deutschland vernichtet, die Reichsstädte größtenteils aufgehoben, die Reichsritterschaft lächerlich gemacht und mit diesem allen wider Wissen und Willen der Einigung des Reiches und Bismarck vorgearbeitet. Er hat den Gedanken der Volksfreiheit und der Verfassung über die Elbe fast bis nach Mecklenburg getragen, und wenn wir in unsern Tagen auch in Preußen von Freiheit, Gleichheit und Brüderlichkeit zu sprechen beginnen, so verdanken wir dies dem Dämon, der ausgesandt ward, in alle Welt zu gehen und alle Völker zu lehren und auf den heiligen Geist der neuen Zeit zu taufen. Und darum können wir hundert Jahre nach dem Erscheinen dieses Kometen Napoleon mit Fug und Recht ihn im Elysium zum deutschen Ehrenbürger ernennen.

# Gedanken über Albrecht Dürer

Es gibt einen Begriff bei uns in Deutschland, mit dem wir tagtäglich umgehen wie mit dem Metermaß, dem Literkrug und dem Pfundgewicht, ein konstruierter Begriff, für den es im wirklichen Leben kein einziges Beispiel gibt, das ist der Normalmensch. Für ihn sind unsere Gesetze verfertigt, für ihn gelten unsere Sitten, geben wir unsere Gesellschaften, feiern wir unsere Feste, für ihn sind unsere Verfügungen erlassen, und sind Apotheken, Kirchen und Schulen erbaut. Für ihn macht der Schneider seine fertigen Anzüge, schreibt der Arzt seine Rezepte, gibt der Lehrer seine Schulaufgaben und der Richter seine Urteile, und für ihn schaufelt der Totengräber seine Gräber. In Wahrheit hat ihn niemand gesehen noch gehört; wie ein unsichtbarer Geist wandelt der Normalmensch unter uns Deutschen umher, aber für dieses knöcherne Gespenst tun wir alle unsere Pflichten, zahlen wir unsere Steuern, leiden wir unseren Ärger. Was einem etwa im Leben als solcher begegnet oder vorgestellt wird, das sind so widerwärtige Kreaturen, daß man im Interesse des idealen Normalmenschen sich dagegen verwahren muß, daß diese bloß anscheinend korrekten Geschöpfe seinen Namen führen. Wenn man bloß einmal im keinen Umkreis seiner Familie und seiner Verwandtschaft Umschau hält, ist man baß erstaunt, daß man so einen ganz richtigen Normalmenschen nirgends entdecken kann. Da ist eine sonst unbescholtene Tante, die nachts ohne Licht nicht schlafen mag, da ist ein Onkel, der trinkt, ein Neffe, der das Schießen

nicht vertragen kann, eine Cousine, die einen Zirkusreiter
geheiratet hat, ein Vetter, der gerne Tiere quält und ein
Schwager, der die Platzangst hat oder einer, der ins Hasard-
spiel versessen ist. Alles ganz harmlose, unbestrafte Individuen, aber samt und sonders keineswegs völlig normal
zu nennen. Ja, man findet einen solchen Mustermenschen
in ganz Deutschland, von Memel bis Lindau nicht, und
selbst Staatsanwälte, die sich im Spiegel besehen, werden
finden, daß sie irgend etwas Anormales an sich haben,
etwa, daß sie mit der linken Schulter zucken, wenn einer
freigesprochen wird, oder nachts das Strafgesetzbuch unter
dem Kopfkissen haben müssen.

Das Seltsame dabei ist, daß der Mensch meist diesen keinen
Grillen mit einer gewissen Wehmut obliegt, daß er geärgert
oder bekümmert diesen seinen fixen Ideen nachgeht, durch
die er lebt und verbrennt. „Denn Leiden ist allen Kreaturen
beigemischt", wie Meister Eckehart sagt, und darum sind
seit alters her Rausch und Tränen Nachbarn gewesen. An
dieses Anormale und Schmerzliche, das in jedem Menschen
wohnt und ihn ausmacht, muß man immer denken, wenn
man in die Bildergalerie von Meister Albrecht Dürer eintritt.
Bei ihm, der doch nach seinem eigenen Bekenntnis „alles
mit Fleiß nach der Natur gemacht hat und nicht das Kleinste
von ihr abgewichen ist", überkommt uns als nächstes Gefühl
vor seinen Werken das der Absonderlichkeit und der Anor-
malität. Alle seine Menschen und Figuren haben etwas
Merkwürdiges, Apartes, ihnen schmerzlich Eigentümliches.
Dieser nach seinem besten Wissen rein naturalistische Künst-

ler hat, mit seiner Staffelei vor seinen Mitmenschen sitzend,
keinen Normalmenschen, ja nicht einmal einen Typus ent=
decken können. Jeder hat sein eigen Gesicht wie seine Seele,
und seine besonderen Eckchen und Fältchen, Hans Tucher
so gut wie Kaiser Maximilian und der Apostel Petrus.
Und wenn man selbst das harte normale Stadtverordneten=
gesicht des Jakob Muffel lange betrachtet, wird es einem
plötzlich, als sähe man diesen scheinbar ruhigen Mann nachts
vom Bett aufspringen und wie Harpagon mit heißen, zittern=
den Händen an seinen Truhen und Schränken herumstreichen,
um sich zu überzeugen, daß alles verschlossen sei. Oder seht
euch das Bild des Hieronymus Holzschuher an, das heute
in Berlin lebt! Sieht er nicht aus wie ein würdiger Rats=
herr und Bürgermeister, von dessen Lippen Worte der Weis=
heit träuseln, und der mit Martin Behaim, dem Seefahrer,
von dem neu entdeckten Westindien und der Insel Java
parlieren konnte, wo „die leut Man und Fraven hinden
schwanz gleich die hündt haben?" Aber blickt diesem Herrn
Holzschuher nur ein wenig länger in die Augen und auf
den Mund, und ihr seht plötzlich das feierliche Bild ver=
wischt und habt einen jähzornigen Mann vor euch, der
mit seinem Weib wegen einer angebrannten Suppe wie ein
Feldwebel mit seinen Rekruten brüllt, oder der leberkrank
wird, wenn sein Söhnchen nicht Primus ist, oder der einen
Hund in den Leib tritt, der zu ungelegener Zeit an ihm
hochspringt.

Und so ist es mit jeglichem Bilde, das der Meister gemalt
hat. Es führt sein eigenes, seltsames, begrenztes Leben, und

ist nicht ein Mensch dem andern gleich auf Erden. Für diese Verschiedenheit der Menschen hat kein Maler auf der ganzen Welt wohl schärfere Augen gehabt als Albrecht Dürer, der um 1500 zwischen Himmel und Hölle in deutschen Landen zu Nürnberg auf Erden lebte. Führte ihn seine Kunst zu Gott empor, so zog ihn ein zänkisches Weib, das ihm sein Leben lang beigesellt war, zum Teufel hinab. Der Schmerz der Erkenntnis, die Folge von Adams Apfelbiß, spricht wie aus seinen schönen traurigen Augen und Lippen aus fast allen seinen Werken: Aus dem Blick des Christuskindes, das mit der Nelke oder den Haaren seiner Mutter spielt, ebenso wie aus den Händen des heiligen Hieronymus, oder der Haltung des Frauenkopfes bei dem Bild von der Melancholie, oder vielleicht am gewaltigsten aus jenem Kupferstich vom verlorenen Sohn. Mitten in einem deutschen Gehöft kniet er auf dem Boden, rings um sich die Schweine, die behaglich schmatzende, mit dem Rüssel im Boden wühlende, vergnügliche Kreatur. Da muß er die Hände zusammenfalten und zum Himmel emporblicken und wieder kommen erste Tränen aus seinen Augen und ein erstes Gebet aus seinem Munde. Wer den Menschenschmerz, der aus diesen zusammengepreßten Händen und diesem geöffneten Munde kommt, einmal tief betrachtet hat, der weiß, was Malen heißt, und was für eine zauberhafte Kunst das ist.

Ein solcher Künstler war Dürer, der größte Maler, den Deutschland hervorgebracht hat, der das Leben verdoppeln konnte, weil er alles sah wie es war, und jedem Menschen auf den Grund schauen konnte, wo wir nur Oberfläche und Umrisse erblicken, als ob er dabei gewesen wäre und zugesehen hätte, wie Gott die Welt erschuf. Er löste das Siegel eines jeden Menschen, wenn er ihn malte, und als ein Freund und Schüler ihn einmal leise getadelt hatte, daß das Bild, das er von seiner eigenen alten Mutter gezeichnet hatte, nicht häßlich genug wäre, da holte er diesen, als die Alte später gestorben war, an die Leiche, auf daß er sie betrachte und erkenne, „daß sie in ihrem Tod viel lieblicher sah, dann da sie noch das Leben hätt'". „Und mir war dabei," erzählt jener, „als ob Meister Albrecht sie schon im Leben oft so wie heute auf der Totenbahre geschauet hätte." Das ist das Wunderbarste und Genialste an Dürer, daß er außer seinen beiden Augen, die jedes Härchen auf den Lidern des anderen sahen und den Mundwinkeln einer Frau anmerkten, ob sie eine wilde oder eine fromme Jugend durchgemacht hatte, noch jenes dritte Auge hatte, vor dem alle Formen in eins zusammenfließen und alles Vergängliche verewigt wird.

Der Normalmensch, der nirgends existiert, würde schließlich noch von Dürer berichten, daß er bei Michael Wohlgemut zu Nürnberg Zauberlehrling war und das Malen erlernte, und daß er in Venedig und in Antwerpen gewesen wäre, und daß er an der Auszehrung gestorben sei, und daß der Schwerpunkt der Dürerschen Kunst in seiner ungewöhnlichen Persönlichkeit liege, der überwältigenden Kraft seines leidenschaftlichen seelischen Empfindens, der rein menschlichen und streng sittlichen Bildung seines Geistes, der Kind-

lichkeit seines Gemüts und dem Adel seiner Gesinnung,
der sich nicht nur überall in seinen Leistungen ausspräche,
sondern auch von seinen bedeutendsten Zeitgenossen wie
Pirkheimer, Kamerarius und Melanchthon wiederholt be=
zeugt werde, wie dies alles in Brockhaus' Konversations=
lexikon — auch einer Einrichtung für Normalmenschen!
— zu lesen ist. Aber er würde vergessen, zu erzählen, daß
auf seinem Grabstein auf dem Friedhof der St. Johannes=
kirche zu Nürnberg die Worte stehen: „Streue ihm Blu=
men, o Wanderer, Blumen", — keine Phrasen!

# Rembrandt

Rembrandt kam von dem Begräbnis seiner Frau in sein Haus zurück. In der Breestraat lag es, mitten im Amsterdamer Judenviertel. Die reichen Verwandten seiner Frau, die mit draußen auf dem Friedhof gewesen waren, hatten ihn alle verlassen. Sie liebten diese mit jüdischen Trödlern und Bettlern gefüllten Gassen nicht, und einer hatte sogar auf dem Wege zum Grabe ziemlich laut gesagt, seine Base Saskia sei an der schlechten jüdischen Luft so früh zugrunde gegangen. Und dann hatten sich noch einmal alle Augen der reichen Sippschaft auf den Maler Rembrandt gerichtet, der als ein armer Müllerssohn die Frechheit gehabt hatte, ihre reiche Verwandte zu heiraten und nun noch lebendig dastand mit seinem breiten plumpen, gemeinen plebejischen Gesicht, während man den Sarg seiner Frau am Strick in die Erde hinunterließ. An den stumm beredten Ausdruck dieser Augen, mit dem nur reiche Holländer einen armen Schlucker ansehen können, dachte der Maler, als er den Schlüssel in das Schloß seiner Haustüre steckte. Er zog seine schwarzen Handschuhe aus, und er wußte plötzlich nicht, hatte er jene Szene gemalt oder erlebt. Dann hing er den breiten braunen Hut an einen Nagel, der aus dem Dunkel des Flurs aufleuchtete, und ging in seine Werkstatt über den Gang nach hinten. Er setzte sich vor seine Staffelei und sah sich das Machwerk, das daran hing, scharf und lange an. Es war sein Selbstbildnis, das er in den Tagen ihrer Krankheit, da er zu nichts anderm

Geduld fand, begonnen hatte. Da stand noch der Spiegel
neben der Staffelei und fing seinen Kopf auf, als er sich
vornüber beugte. Er sah hinüber und herüber und verglich
die beiden Gesichter bis in die Schnurrbartspitzen. Also
solch ein Kerl war er! Eine dicke, nicht ganz gerade Nase,
nicht schöner als die des Sokrates, das Kinn sinnlich und
nicht energisch vorgebaut, die breite Stirne über den schar=
fen Augen von dem vielen angespannten Sehen mit Falten
grade und quer überzogen. Und just diesen scheusäligen
Kerl, dessen Bild sich im Spiegel ewig bewegte, während
das auf der Staffelei ewig stille stand, hatte diese schöne
Frau, die man eben zu Grabe getragen hatte, sich unter
vielen ausgewählt und liebgehabt. Wo mochte da das
Rätsel stecken? Und Rembrandt hatte, ohne daß er wußte,
was er tat, wieder zu malen angefangen und ließ seinen
Pinsel kalt und ruhig zwischen den beiden Abbildern wie
einen unbestechlichen Richter zwischen zwei Parteien hin und
her gehen, um einen möglichst gerechten Vergleich heraus=
zubekommen. Aber es wollte ihm heute nicht recht gelingen,
unparteiisch zu sein, das höchste Ziel, das einem Künstler,
der zwischen Gott und Natur steht, vorschwebt. Er mußte
immer an den Rembrandt denken, den die reichen Ver=
wandten seiner toten Frau auf dem Kirchhof wie einen
Räuber und Mörder angesehen hatten. Er stand auf und
trat aus dem Zwielicht seiner Werkstatt an das Fenster,
durch das aus dem Hof das Licht ganz abgedämpft wie
in eine Krankenstube hereinsah. Das Blatt Papier fiel
ihm ins Gedächtnis, das ihm irgendein Vetter oder Schwa=

ger auf dem Heimwege mit einem vorwurfsvollen und
zugleich etwas hämischen Augenaufschlag zugesteckt hatte.'
Er zog es aus der Tasche verknittert heraus. Vermutlich
ein Traktätchen, wie es die Kalvinisten, Remonstranten,
Mennoniten oder wie die Sekten in Holland alle hießen,
drucken und unters Volk verteilen ließen, in dem mit vielen
gelehrten und ungelehrten Sätzen aus einem schönen Bibel=
spruch etwas Unschönes gemacht worden war. Der Maler
holte sein Augenglas hervor, um besser lesen zu können —
denn er meinte kindlicherweise, die Wissenschaft stecke in
der Brille — und begann ganz langsam, wie er es auf
der Küsterschule in Leyden gelernt hatte, zu buchstabieren.
„Es ist nicht zu leugnen (Non est negandum), daß der
vermeintliche Maler Rembrandt van Rijn keineswegs die
Erwartung erfüllet hat, welche daß künstlerische Holland
auf Grund seiner in Leyden gemachten Schildereien, ins=
besondere jenes fürtrefflichen Bildes von der Reue des
Judas, auf ihn gesetzt hatte. Die braune Brühe, in die
er die Bildwerke seiner zweiten Manier getunkt hat, um
ein paar goldene Flecken heller und greller daherauszu=
fischen, ist sowohl unnatürlich als auch unschön. Es ist
nicht zu verwundern (non est mirandum), daß der Maler
in Amsterdam auf diesen Knüppel= und Irrweg geraten
ist. Hört man doch die Kenner von ihm berichten und
erzählen, daß er in einer finsteren Baute im finstersten Viertel
von Amsterdam hauset, die er mit türkischen Teppichen,
Kaftans, indischen Schals und arabischem Rüstzeug voll=
gepfropft und noch verdunkelt hat, daß man drinnen nicht

mehr weiß, ob draußen der Mond oder die Sonne am
Himmel hängt. In solch einer Grube mag dann freilich
ein Gesicht oder eine ausgestreckte Hand wie Silber oder
der Stern von Bethlehem leuchten. Ist das die ganze
Herrlichkeit, die bei einem üppigen Wohlleben und Sausen
mit den deftigen Herren der Kaisergracht herauskommt?
Aber Afterkunst blendet nur die Pöbelplebs oder rohe
Barbarenseelen. Wir aber, seine Leydener Landsleute, die
wir es wohlmeinen mit einem jeden Sohne unserer Stadt,
fragen diesen an, wie lange will er wohl noch die Maul=
wurfsmalerei betreiben? Wartet er darauf, bis unsere Ge=
duld oder sein Talent zu Ende ist? Er soll es uns nicht
zu weit treiben, denn erstere ist vielleicht noch schwächer
als letzteres. Warum malet er nichts Niederländisches,
Echtes, als da sind ein Stilleben oder eine Mühle wie
früher statt des morgenländischen Plunders, den er uns
neuerlich auftischt?"

„Und so weiter!" dachte Rembrandt und besah sich nur noch
die Unterschrift des würdigen Traktamentes, das nach Galle
wie ein eingelegter Hering nach Essig schmeckte. „Arent van
Büchel aus Leyden" stand darunter, und der Künstler
wußte nun gleich, warum der Esel ihm über den Weg lief.
Es war ein höherer Beamter und Ratsmitglied seiner Vater=
stadt, der sich darüber gefuchst hatte, daß der Maler aus
Leyden fort in die Hauptstadt verzogen war und die Mit=
gift seiner Frau in Amsterdam versteuerte. „Wenn ich am
Meer hauste oder in der Sonne säße, würden sie so klug
sein und daraus schließen, daß ich zu helle Farben hätte,

und wenn ich arm wäre, hieß es, daß ich reicher sein müßte!"
dachte der Maler und sah sich in seiner exotischen Werkstatt um. „Wo Licht ist, da ist Finsternis, und wo Finsternis, da ist Licht", mehr kann man in der Malerei, wie in
der ganzen Welt nicht lernen, sprach er und zog sich selber
an seinen Haaren wieder zu seinem Bild zurück. „Ich weiß
nicht, was ich bin und kann nur, was ich war, wie dort
meine Nase im Spiegel sehen." Das war aber ein Mensch,
der heute seine tote Frau begraben hatte und vorgestern die
Amme seines Sohnes auf dem Schoß gehabt und ihr die
Ehe versprochen hatte, und der in diesen Tagen die „Nacht-
wache", eines der ersten Bilder der Welt, vollendet hatte.
Ein Mensch, der wußte, daß, wenn er den Holzhammer
neben sich an die Stubentüre auf der Seitenwand warf,
dann ein junges Dienstmädchen erschien, Hendrikje gerufen,
sein Söhnchen Titus auf dem Arm und einen Teller Suppe
in der andern Hand, und daß sie selbdritt dann essen würden, als sei dieses Kind ihr eigenes, dasselbe, das Saskia,
die er geliebt, als letztes vor dem Sterben mit den Lippen
berührt hatte. Aber er wußte nicht, ob er, der Mensch, dem
die Tote dieses Knäblein anvertraut hatte, das er so liebte,
nicht doch einmal an die Mündelgelder dieses Kindes greifen
würde, wenn die Gläubiger, die unter dem Kommando des
Konkursverwalters mit dem furchtbaren Namen Torquinius
schon in sein Haus eingedrungen waren, ihn auf der Treib-
jagd in die Enge gepreßt hätten. Und bei dem war er so
wenig ein Wüstling, daß er vier Fünftel der Zeit, die er wach
war, der Arbeit weihte, und war ein so guter Vater, daß sein

Sohn Titus, als er ein Mann geworden war, ihn mehr
noch als sein eigenes Weib und seine Kinder lieb hatte.

So seltsam sah der Mensch aus, den er um sein Herz zu
tragen hatte, bis er in einer Oktobernacht im Jahre 1669
erlosch. Wo waren die Engel, die er so oft gemalt hatte,
als er in den letzten Wochen seines irdischen Daseins, die
Binde unter der Mütze über die Stirn geknüpft, um
die ewigen Kopfschmerzen zu lindern, die Augen trüb und
halb blind vom Fusel abends wie eine Nachteule in den
Schnapskneipen des Armenviertels von Amsterdam herum=
kroch? Warum tat der Himmel, der ihm soviel verdankte,
nicht einmal seinen Mund auf, um diesem zitternden,
fast erblindeten Greise, den die Gassenkinder verhöhnten,
ins Ohr zu flüstern: „Du bist der größte Maler, den die
Welt geboren hat." Der Totengräber, der am Sterbe=
morgen in Rembrandts Stube kam, um zu sehen, ob man
den Geistlichen bei dem Begräbnis bezahlen könnte, stellte
grinsend fest, daß außer dem Malergerät und dem wollenen
Kleiderflaus nichts vorhanden war, und daß man von einer
Predigt und dem Segen an seinem Grabe absehen müßte.
Wo ihr größter Landsmann, der „einzige fliegende Hollän=
der", begraben liegt, wußte nach drei Jahren keines Men=
schen Seele mehr in den Niederlanden.

Erst als man das Wort und den Begriff „Helldunkel" er=
funden hatte, wachte auch Rembrandt aus seiner Ver=
gessenheit wieder auf. Goethe war einer der kühnsten Ent=
decker des unbekannten Wundermannes. Die schönen Worte,
die bei Rembrandts Leben und Sterben gefehlt hatten, san=

den sich nun in würdigen Massen wie beim Begräbnis eines
Akademiedirektors ein. Man nannte ihn den Vertreter des
protestantischen Christentums in der Kunst und den tief
Religiösen, ohne daran zu denken, daß dieser schlichte große
Mann seine Stoffe lediglich aus der Bibel nahm, weil sie
das einzige Buch war, das er las und lesen konnte, bis
der Konkursverwalter es ihm mit versteigerte. Grade seine
Wiedergabe von Christus selbst war lange Zeit und ist auch
heute vielen noch nicht nach dem Sinne. Denn er hat
weniger den Gott als den Menschen in ihm gesehen, den,
der am meisten gelitten hat, den Freund der Bettler, Kinder
und Narren, dessen Schicksal dem seinigen verwandt war.
Nie hat er ihn „idealisiert", wie man in der Töchterschule
und in der Gipsklasse sagt, oft ihn qualvoll, verzerrt und
traurig dargestellt, aber immer mit jener Hoheit, die aus den
Augen Goethes oder von der Stirne Napoleons leuchtete.
Das stille, nie die Bescheidenheit der Natur überschreitende
dramatische Leben seiner Bilder hat erst unsere Zeit ganz gewürdigt. Denkt man dabei an die schreienden, verzuckerten,
affektierten übertriebenen Figuren vieler Christusmaler, so ist
einem, als wenn man von Shakespeare zu Wildenbruch kommt
oder von einem Helden zu einem schlechten Schauspieler.
Über Rembrandts Malweise ist zu sagen, daß er sehr früh,
schon in Leyden merkte, daß die Geburtsstunde eines jeden
bedeutenden Malers der Augenblick ist, wo er sich innerlich frei macht von der Akademie und ein neues Leben beginnt, indem er seine eigene Technik gefunden hat. Und
wenn auch diese den heutigen Malern nichts mehr zu geben

hätte, die das Licht und „seine Leiden und Taten", die Farben, wie Goethe, der Sohn des Lichtes, sie genannt hat, draußen im Freien aufsuchen, die große Persönlichkeit, die hinter den Werken Rembrandts steht, die kann allen Deutschen, wie jener eine Deutsche in einem ganzen Buche bewiesen hat, den Künstlern wie dem Publikum noch heute ein Erzieher sein. Sie lehrt uns vor allem in der Kunst keine Kompromisse zu machen und zu verlangen. Was kein an so großen Künstlern wie Schiller und Richard Wagner ist, das haben sie ihrer Schwäche in diesem Punkte zu verdanken. Rembrandts erhabenes tragisches Beispiel weist dem Künstler den Weg zur Unsterblichkeit. Vor ihn sollte man die jungen Akademiker führen, nicht um ihn zu kopieren, sondern um Persönlichkeiten und eigene Menschen wie er zu werden. Und man sollte sie noch heute anreden wie der alte Cornelius seine Schüler: „Nicht darauf kommt es an, meine Herren, möglichst viele tausend Taler im Jahre zu verdienen und ein Haus in der vornehmsten Straße zu erwerben, sondern einzig darauf, Kunst zu machen. Was nützt es dem Maler, wenn er sich hohe Orden und Titel und Revenuen wie Rothschild ermalt und erster Klasse mit sechs Pferden und mit Musik begraben wird, wenn er zehn Jahre später der Lächerlichkeit verfällt und seine Bilder immer höher bis auf den Speicher wandern und die Motten selbst sie nicht mehr mögen? Auf Rembrandt schaut, ihn ehrt wie einen Heiligen, den Welteroberer, der auf der Strohmatte gestorben ist und als Bettler erlosch, um als größter Künstler fortzuleben!"

# Arthur Schopenhauer

Wir haben in Deutschland niemals eine richtige, erfolg-
reiche Revolution gehabt. Das bißchen schöne heiße deutsche
Blut anno 1848 wurde durch die mechanisch bei uns wir-
kende Militärmaschine niedergedrückt und tobte sich in den
klingenden endlosen Reden des Frankfurter Parlaments langsam und friedlich in einem nicht wehetuenden Idealismus
zu Ende. Es war wohl weniger die Furcht vor Pulver, denn
in drei siegreichen Kriegen unter Bismarck, von denen wir noch
heute leben, bewiesen wir damals den alten furor teutonicus
— als vielmehr die eingeborene Scheu vor unseren Fürsten,
die uns beim Revolutionieren hinderte, derzufolge wir verfahren würden, wie Heine gepfiffen hat:

„Der Deutsche wird die Majestät
Behandeln stets mit Pietät.
In einer sechsspännigen Hofkarosse,
Schwarz panaschiert und beflort die Rosse,
Hoch auf dem Bock mit der Trauerpeitsche
Der weinende Kutscher — so wird der deutsche
Monarch einst nach dem Richtplatz kutschiert
Und untertänigst guilloniert."

Die fürchterliche Aufgabe, Revolution zu machen, blieb somit
in Deutschland immer nur einzelnen überlassen, die wiederum in das Gebiet des Geistigen verschlagen wurden, da
Politik bei uns Sache der oder des Fürsten war und zum
Teil noch heute ist. So kam es, daß unser Cromwell Martin

Luther hieß, der die Bibel ins Deutsche übersetzte, statt Karl V. den Kopf abzuschlagen, und daß unser unblutiger Camille Desmoulins Immanuel Kant war, der eher faft Gott felber entthront hätte, als daß er eine Zeile gegen feinen Monarchen gefchrieben hätte. Und fo wird auch vielleicht die Religion der Zukunft als eine geiftige Um= wälzung von Deutfchland aus ihren Ausgang nehmen.

In die Reihe diefer deutfchen Empörer und Aufwiegler, die die fchwere Aufgabe, die ihnen zugefallen ift, mit einem tragifchen Leben befiegeln, gehört auch der große Menfch, Denker und Künftler Arthur Schopenhauer, deffen ge= waltigen Schatten wir hier heraufbefchwören wollen. Seine Ausnahmeftellung unter den deutfchen Gelehrten ver= dankte er, da er lebte, zunächft einmal feinem Reichtum. Die Philofophen und Künftler waren bis dahin in Deutfchland von der Gnade ihres Herrfchers oder der Großen abhängig, oder wie noch heute bei uns, an die Gunft des Publikums verkauft. Noch Goethe faß in der Idee feft, daß der Künft= ler und Denker mit einem Augenauffchlag zu dem Fürften oder dem Mächtigen emporblicken müffe, der ihm die Mittel zum Leben fpendete. Der Fleiß und die Tatkraft eines reichen, früh verftorbenen Vaters, an dem der Sohn fein Leben lang mit hamletifcher Liebe hing, brachte Schopenhauer von Jugend auf in eine völlig freie Unabhängigkeit, fo daß er von keines andern Laune und Humor, noch von der Anerkennung feiner Mitwelt zu leben brauchte. Man kann fich das herrliche Gefühl vorftellen, mit dem er im „Hotel zum Schwanen" oder im „Englifchen Hof"

zu Frankfurt am Main, wo er täglich zu Mittag aß, an
der Table d'hote zwischen reisenden Engländern, Offizieren,
Bankiers und Millionären saß, ohne irgend jemand den
Hof machen oder sich überhaupt unterhalten zu müssen.
Die Freude, daß das Geld endlich einmal an den Rechten
in Deutschland gekommen war, soll bisweilen, wenn er
den Schaum vom Champagner blies, aus seinen kleinen
Augen gezwinkert haben. Ohne diesen Reichtum, der ihm
die Freiheit gab, hätte er vielleicht dies Leben damals in
Deutschland gar nicht überstehen können. Denn zumeist saß
er verbittert und in sich geduckt wie einer, der nur auf die
innere Stimme hört, und angewidert unter den Menschen
seiner Zeit. Man erzählte sich, und wenn es auch bloß erfunden
ist, so ist es doch gut erfunden, daß er im „Englischen Hof"
zu Frankfurt wochenlang täglich einen Taler vor sich auf
den Tisch gelegt und dabei vor sich hingeknurrt hätte:
„Den will ich den Armen schenken, wenn die Offiziere
gegenüber heute von etwas anderem als von Pferden und
von Weibern sprechen!" Aber nach jeder Mahlzeit hätte er
grinsend den Taler wieder zu sich gesteckt. Der Mangel
an Ernst bei den meisten Menschen um ihn mußte ihn,
der noch oder schon die Schauer der Unterwelt in sich verspürte und hinter allem und jedem die Flügel des Todes
rauschen hörte, unsagbar quälen.
Zuweilen geschah es dann, daß dieser an einem Freitag zur Welt
gekommene graue Geist beim Essen wohl wütend die „Times"
hervorholte und zu lesen begann, bis ein reicher Lord, der
neben ihm saß und für den der Hausknecht sich englische Sprach=

brocken einstudierte, ihn erfreut fragte: „Oh, you speak english?", und der Philosoph mit einem kurzen „Nein!" die Unterhaltung im Keim erstickte. Dazu kam, daß diesen von Natur schon ungeselligen Polyphem die völlige Teil= nahmlosigkeit, welche die Mitwelt seinem Denken und Schreiben entgegenbrachte, noch mehr in Menschenhaß und Einsamkeit hineintrieb.

Das philosophische System Hegels hing damals wie eine Sonne über dem ganzen geistigen und künstlerischen Leben Deutschlands und gab allem, was erdacht und erdichtet wurde, sein Licht mit. Gerade diesen Hegel nun haßte Schopenhauer, wie Tag und Nacht sich hassen, und hat ihn so kräftig beschmäht, wie seit Luther keiner in Deutsch= land geschimpft hat. Die Folge davon war, daß er nicht einmal von den gelehrten Kreisen und den Besten seiner Zeit beachtet wurde. In Heines Schriften, der doch sehr belesen und stets auf Neues erpicht war, ist der Name „Schopenhauer" nicht einmal genannt. Hebbel, sonst ein Vorposten der Generation um 1900, erwähnt ihn wenige Male, aber nur, um ohne Blick für seine Größe sich über ihn als einen philosophischen Sonderling lustig zu machen. Hegel selbst hat ihn völlig ignoriert.

Man kann sich denken, wie es in der Brust eines schon von Natur ernst und düster veranlagten Menschen, dessen großer Ehrgeiz durch völlige Nichtbeachtung oder Ver= höhnung erstickt wurde, ausgesehen haben muß! Die Hölle, wo sie am tiefsten ist, muß silberweiß sein gegen die Nacht, in der dieser Geist jahrzehntelang gebrannt hat. Immer

wieder ruft er sich die Namen aller großen Männer und
Märtyrer zu, wie ein Krieger in der Schlacht seine Heiligen,
um nicht vor Furcht oder Ekel wahnsinnig zu werden.
Aber die Kraft seines Geistes und sein Mut, der es mit
Tod und Teufel aufnahm, überstand dieses isolierte Leben
über den Menschen seiner Zeit, das seinen besten Jünger
Nietzsche später zerbrochen hat. Er wußte ganz genau, daß
er den Prozeß, den er um sein Werk mit der Mitwelt
führte, vor der Nachwelt gewinnen würde, und darum
schrie er so lange: „Ich habe recht!", bis ganz Deutsch=
land ihn anstarrte. Freilich kam er so zerzaust und verwundet
aus dem Streit heraus, daß sein Greisengesicht das ent=
setzlichste Antlitz ist, das wir Menschen kennen. Bismarck,
der doch Mut für sieben hatte, ertrug den Anblick dieses
Mannes schwer und saß als Gesandter beim Deutschen
Bunde zu Frankfurt ungern im „Englischen Hof", wenn
jener steinerne Gast erschien.

Dreißig Jahre lang lebte Schopenhauer in der Geburts=
stadt Goethes, mit dem er als Jüngling befreundet ge=
wesen, und den er nun als einzige deutsche Gottheit neben
Kant verehrte. Lebte da zusammen mit seinen Wider=
sprüchen, seinen fixen Ideen, seiner Flöte und genau von
ihm abgemessenen Weichselrohrpfeife, seinem Pudel und
seinem Weiberhaß, der wieder wie bei Hamlet zunächst da=
her rührte, daß seine Mutter in den neuen Umarmungen
eines Hausfreundes den geliebten Vater vergessen hatte.
Wie der finstere Alberich den Nibelungenhort hütete er seine
Lehre für die Zukunft. Sein Stolz war, viel zu denken

und wenig zu schreiben, und dies Wenige in einer so karen
und schönen Sprache, daß jeder Deutsche, wofern er nur
selbst denken will, es verstehen kann. Er rechnete damit,
daß, wie von Hellas nur der Name und das Werk seiner
Dichter und Denker übriggeblieben wäre, so auch, wenn
Deutschland dereinst vergehen könnte, sein Name und seine
Lehre wie die Platos die Jahrtausende überdauern sollte.
Darum predigte er unserem Volke stets die Ehrfurcht vor
seinen geistigen Führern ein und versuchte vergeblich den
Barbaren und Hyperboräern, unter denen wir hausen,
Verehrung und Liebe für die Künste einzupredigen.
Seine Lehre ist aufgeschrieben in dem Werk, dem er den
Titel gab: „Die Welt als Wille und Vorstellung." Seine
Ethik ist darum für uns Heutige von solcher Bedeutung,
weil sie in der indischen und der ihr nah verwandten unter=
gegangenen germanischen Religion, der Mystik, wurzelt,
.wie sie vor 600 Jahren der Dominikanermönch Meister
Eckehart vor dem Dom zu Köln gepredigt hat. Darum
kann Schopenhauer jedem Deutschen, der sich in ihn ver=
senkt und der ihm opfert, ein Seelsorger, ein Tröster und
Berater über dies Leben hin werden. Und wer in der grauen
Stunde des Todes die Hand nach ihm ausstreckt, der wird
mit allen Heilsmitteln, die die menschliche Vernunft zu ver=
geben hat, von ihm gestärkt werden und ein schönes leichtes
irdisches Ende haben.

# Friedrich Nietzsche

Glücklicher Meister, du starbst, bevor jedes Maul dich beschwatzte,
Gleich dem Läufer, der stolz seinen Staub überholt.

Friedrich Nietzsche, der Künstler, ist plötzlich in das Deutschland nach 1870 wie ein Wolf in eine Hürde einge-
brochen. Es läßt sich nicht mehr leugnen, daß er während
der letzten Jahrzehnte und noch heute unser ganzes geistiges
Leben bestimmt, mehr noch als dies, daß er eine ganz
neue Gefühlswelt wachgerufen und heiliggesprochen hat.
Darum vornehmlich ist er der Führer und Abgott des
heutigen jungen Deutschlands geworden, nicht weil er alte
Tafeln zerbrach — das taten mit ihm Ibsen und andere
noch viel krachender —, sondern weil er neue Tafeln auf-
richtete und neue Worte und Werte daraufschrieb. In
seinem Werk „Jenseits von Gut und Böse", das leben
wird wie die Evangelien, hat er den Punkt außerhalb
der alten moralischen Welt der Vorurteile gefunden, von
dem aus man diese ganze überkommene Welt der Mora=
lität aus den Angeln heben und umwerten kann. In=
dem er einen jeden an seinem Kragen packte und ihm an
seinem höchst eigenen Charakter Hamlets Weisheit: „An
sich ist nichts weder gut noch böse; das Denken macht
es erst dazu" kar machte, nötigte er ihn, zu fühlen, wie
widersinnig es ist, die Menschen in schwarze und weiße
Schafe zu scheiden. So hat er unsere Strafgesetzgebung
ihrer falschen pharisäer= und philisterhaften Moral zu ent=
kleiden, unser Gesellschaftsleben auf ein freieres Funda=

ment zu stellen versucht, und so hat er die Freiheit des
Einzelmenschen gepredigt, Deutschlands zweiter größerer
Reformator als Luther. Das ist sein Eigenes, daß alle
Erkenntnis ihm immer Erlebnis hieß, daß er aus einem
Denker ein Dichter wurde und aus einem Philosophen ein
Prophet. Er hat in seinem Zarathustra, diesem einzigen
Werke, keinen Satz geschrieben, der ihm nicht aus der
Tiefe seiner Empfindung wie eine Träne emporstieg. Seine
ganze Liebe galt den Menschen der Zukunft, den neuen,
den Übermenschen, die den Menschen, das unvollkommene
traurige Erden= und Herdentier überwunden haben, sein
ganzer Haß galt der Vergangenheit und ihren falschen
Werten, als da waren: Mitleid mit dem Schwachen und
Hinfälligen, oder Sehnsucht nach dem Jenseitigen. Wie
eine Stimme von einem andern Stern kingen dann seine
Worte: „Ich beschwöre euch, meine Brüder, bleibt der
Erde treu und glaubt denen nicht, welche euch von über=
irdischen Hoffnungen reden. Giftmischer sind es, ob sie
es wissen oder nicht." Keiner vor ihm hat jemals so stark
und unbedingt das Menschenleben gefeiert und gepriesen
wie er. Und das war ihm die Krone des irdischen Lebens:
Lachen und sich freuen und tanzen zu können. „Das Lachen
sprach ich heilig; ihr höheren Menschen, lernt mir —
lachen." Namentlich dieses hat man ihm lange Zeit bei
uns in Deutschland sehr verübelt, wo man die Ehe, die
Kindererziehung, den Beruf für entsetzlich ernste, trübselige
und mit äußerster Schwerfälligkeit zu verrichtende Be=
schäftigungen hält, und wo man vor lauter Pflichten gegen

andere die Pflichten gegen sich selbst vergessen hat. Dafür allein sind wir ihm zur ewigen Dankbarkeit verpflichtet, daß er uns gelehrt hat, alles Vergängliche einmal von oben herab, wie ein Vogel, wie ein Fliegender zu betrachten. Nicht frivol, wie Feindschaft und Unverstand gemeint haben. Der Mann, der sich und uns das Wort gegeben hat: „Was uns das Leben verspricht, das wollen wir — dem Leben halten", der niemals genießen wollte, ist vor diesem Schimpf, mit dem „man" die Freien gerne bedenkt, für immer gerettet.

Denn sein Leben ist das eines Märtyrers gewesen: Als Sohn eines Pfarrers und als Sproß einer ganzen Pastoren=generation bestimmte ihn sein Dämonion dazu, der stärkste Gegner des Christentums zu werden, den es seit Voltaire gegeben hat. Zur Geselligkeit geneigt, trieben ihn Krank=heit und grausame Schmerzen von allen Menschen fort in die eisige Öde der Gletscherwelt oder an das einsame blaue Meer. Von den Frauen, mit denen seine zarte, edel gezüchtete Seele sich gerne vermischte, scheuchte ihn später=hin vermutlich jene schlimmste Kontagion zurück, die den schönen Kontakt der Geschlechter zu Gift macht. Auf die Freundschaft angewiesen wie kaum ein germanischer Mann vor ihm, mußte er, der von Jahr zu Jahr sich wandelte, alle Kameraden und Freunde hinter sich lassen und war schließlich unverstanden und ganz allein in der Einsiedelei und Wüste seiner Gedanken und Gefühle, von Teufeln und Tieren umlebt wie der heilige Antonius in der Versuchung. „Aber, was tun Sie hier den lieben langen Tag?", fragte ihn die Frau eines einstigen Freundes, als sie ihn zwischen Kühen auf einem blumenübersäten Wiesenabhang im Engadin träumend fand. „Ich fange Gedanken", war seine lächelnde Antwort.

Das war also aus dem vielversprechenden, glänzenden jungen Gelehrten geworden, einer, der dichtet und in den Himmel stiert und dem Herrgott die Zeit stiehlt. Keiner hatte ein volles Verständnis für ihn, nirgends fand er einen Widerhall, und als endlich der heißersehnte Ruhm ihn aus seiner Einöde für die ganze Welt emporriß, war es zu spät geworden. Irgendwo in der Fremde, in einer großen Stadt, in der er auch nicht eine einzige Seele kannte, ergriff ihn der Wahnsinn. Er hatte nicht mehr die Kraft des Bewußtseins, von dem Gift, das er für den letzten Fall bei sich hatte, zu nehmen, und so fiel er denn in die gütigen Hände seiner barmherzigen Schwester, die ihn, das heißt seinen irren Kadaver, bis zum Ende seines Daseins weiterpäppelte. So mußte er, der den freien Tod gelehrt hatte und das Wort: „Stirb zur rechten Zeit!" noch zehn elende Jahre auf der Erde fristen. Bei einem Gewitter im Sommer 1900, zu Beginn des Jahrhunderts, von dem er prophezeite, daß in ihm Europa über seine Lehren in Krämpfe fallen werde, unter Donner und Blitz, ist er ge= storben und nieder zur Hölle gefahren. „Zur Erde will ich wie= der werden, daß ich in der Ruhe habe, die mich gebar", hatte er einst gesprochen. Und so hat man ihn auf dem Friedhof neben dem Pfarrhause, das ihn wie einen Drachen, der es verschlingen sollte, erzeugt hatte, zur Ruhe bestattet.

So sehr hat er das Leben lieb gehabt, daß in ihm am
Ende eine längst vergessene heidnische Lehre wieder zur
Gewißheit wurde, die Lehre von der ewigen Wiederkunft,
nämlich, „daß alle Dinge ewig wiederkehren und wir
selber mit, und daß wir schon ewige Male dagewesen
sind, und alle Dinge mit uns". Das war die letzte Erkenntnis, die ihm sein Dasein brachte, die ihn quälte, wenn
er sich bewußt wurde, daß auch der kleinste Mensch ewig
wiederkommen wird, und die ihn zugleich beseligte, wenn
er seines eigenen Heldenlebens gedachte. Mit diesen zwie-
spältigen Gefühlen, die er in Liedern und Dithyramben
sich zusang, ist er vom Leben geschieden, mit irren Schritten
schon durch den Vorhof des Todes tappend.

Kein Denkmal verkündet noch in deutschen Landen mit
steinernem Munde seinen Ruhm. Aber Könige werden
sterben und Reiche dahinsinken, doch sein Name wird noch
über ferne Jahrhunderte glänzen.

Als zweiter und dritter Band der „Schattenbilder“
erschienen im selben Verlage

# Neue Bilder
16. bis 20. Auflage
M. 4.50, geb. M. 6.—, in Ganzleder M. 15.—

# Letzte Bilder
10. bis 14. Auflage
M. 4.50, geb. M. 6.—, in Ganzleder M. 15.—

Es sind eigentlich gar keine Bilder mehr, sondern wie im Drama lebendige Menschen, die in den Büchern leben, so zum Greifen und Hören deutlich stehen die wiedererweckten großen Toten vor uns. Das ist das Schönste und Wunderbare an diesen Büchern, daß sie uns zu Mitschöpfern machen, und viele, die bis jetzt für uns Papier und Wissenschaft waren, so aufstehn und wandeln heißt, daß sie Mitlebende und Mitstrebende werden, an denen wir so wenig wie an unsern Zeitgenossen vorbeigehen können.

Breslauer Morgenzeitung.

# Deutsche Sonette

## von Joachim Freiherrn von der Goltz

Preis geheftet M. 2.50, gebunden M. 4.—

Zweite und dritte Auflage

Deckelzeichnung von Max Slevogt

In bedingungsloser Hingabe an den Krieg sind diese Sonette ge=
schaffen. Nicht dem Kriege gegen etwas hat dieser deutsche Adels=
mensch sich ausgeliefert. Das überläßt er den lärmenden Bildungs=
patrioten. Dem Krieg um seiner selbst willen, dem Kriegersein
gehört sein Herz, seine Seele, sein Leib. . . . So sei es denn mit
allem Nachdruck ausgesprochen: mit diesen „Deutschen Sonetten“
des Joachim Freiherrn von der Goltz ist ein Dichter vor uns
hingetreten; wahrscheinlich ein großer, vielleicht ein ganz großer
Dichter.          Hans Franck in der „Frankfurter Zeitung“.

# Das Künstlerwäldchen

Eine Sammlung Maler=, Bildhauer= u. Architektenanekdoten

## von Alfred Georg Hartmann

Zweite Auflage. Einbandzeichnung von Max Slevogt

Preis M. 5.—, gebunden M. 6.50

Anekdoten treffend und mit der nötigen Kürze und Würze vor=
zutragen, ist eine eigene, seltene Gabe. Hartmann besitzt sie, wie
er auch den sicheren Geschmack beweist, aus dem gerade in der
Künstlerliteratur besonders reichen Überfluß an Anekdoten eine
sorgsam erwogene, vielseitige Auswahl zu treffen. So hat er ein
ganz köstliches Buch mit Geschichten geschaffen, das man ebensogut
auch ein Buch vom Leben der Künstler nennen könnte, wo hinter
dem Ernst oft der Schalk, hinter dem Lachen blutige Tränen sich
bergen. Zu dem Bändchen hat Max Slevogt einen entzückenden
Einband gezeichnet.          Tägliche Rundschau.

Verlag Bruno Cassirer, Berlin

# Romane von Ottomar Enking

---

## Matthias Tedebus der Wandersmann
Deckelzeichnung von Lucian Bernhard
Preis M. 4.50, gebunden M. 6.—

## Ein Helfer seines Gottes
Dritte Auflage. M. 4.50, gebunden M. 6.—

## Momm Lebensknecht
Deckelzeichnung von L. Kainer
Dritte Auflage. M. 4.50, gebunden M. 6.—

## Kantor Liebe
Vierte Auflage. M. 4.50, gebunden M. 6.—

## Die Darnekower
Deckelzeichnung von Karl Walser
Dritte Auflage. M. 6.50, gebunden M. 8.50

Ausführliches Prospektbuch sendet der Verlag
Bruno Cassirer, Berlin W 35

# Biedermeier,
## Deutschland von 1815 bis 1847

Eine illustrierte Kulturgeschichte

von

## Max von Boehn

Mit etwa 250 Abbildungen, farbigen Tafeln, hand=
kolorierten Modebildern

Ein Band in Lexikonformat von etwa 600 Seiten

Buchausstattung, Deckel, Titelblatt u. farbige Kapitelblätter
von Karl Walser

Preis M. 25.—, gebunden M. 30.—

Das Buch Max von Boehns ist ein Muster einer vornehmen
populären Darstellung einer Kulturepoche, ein Studier= und
Bilderbuch im besten Sinne, das es wirklich verdient, in weitesten
Kreisen bekannt zu werden. Nationalzeitung, Berlin.

Es ist ein seltener Genuß, dieses Buch zu lesen, die wundervollen
Bilder aus der Zeit zu betrachten. Es ist in Darstellung wie Aus=
stattung ein Werk von erlesener Kultur und Gediegenheit.
Breslauer Zeitung.

Verlag Bruno Cassirer, Berlin

# Max Liebermann

---

# Die Phantasie in der Malerei

### Vierte Auflage

Gebunden in Halbpergament M. 3.50

Es ist der berühmteste unter den lebenden deutschen Malern, der in diesem Buch das Wort nimmt, um über die Kunst der Malerei Endgültiges zu sagen. Liebermann hat das Problem der Phantasie in der Malerei seit vielen Jahren durchgedacht und immer wieder aufs neue bearbeitet. Und so ist schließlich ein Extrakt entstanden, das für alle Zeiten Wert behalten wird, als Arbeitsbekenntnis eines großen Künstlers. Dieses Buch hat eine programmatische Bedeutung für unsere ganze Zeit. Ein unendlicher Reichtum an geistreichen Einfällen, treffenden Bemerkungen und lehrsatzartigen Epigrammen ist zu Einzelabhandlungen zusammengefügt, die auch in der literarischen Form Meisterwerke sind. Dieses Buch wird in der deutschen, ja in der europäischen Kunstliteratur als ein Ereignis, als das Bekenntnis einer ganzen Künstlergeneration gewertet werden.

Verlag Bruno Cassirer, Berlin

# Maler-Bücher aus dem Verlag

Eugène Delacroix, Mein Tagebuch. Dritte Auflage.
Gebunden 5.50

Lovis Corinth, Legenden aus dem Künstlerleben.
Initialen, Vignetten und Umschlagzeichnung vom
Künstler. 2. Auflage. M. 4.—, geb. M. 6.—

Eugène Fromentin, Die alten Meister. Belgien—
Holland. Deutsch von E. v. Bodenhausen. Zweite
Auflage. M. 4.50, gebunden M. 6.50

Paul Gauguin, Noa-Noa. Deutsch von Luise Wolff.
Mit 8 Abbildg. Dritte Auflage. Gebunden M. 5.—

Vincent van Gogh, Briefe. Deutsch von M. Mauthner.
Mit 15 Abbildg. Sechste Auflage. Gebunden M. 5.—

Hagemeister, Karl Schuch. Eine Biographie mit 60
ganzseit. Abbildg. Geheft. M. 7.50, gebund. M. 9.—

Erich Hancke, Max Liebermann, sein Leben und seine
Werke. 540 S. mit 310 größtenteils unveröffentl.
Abbild. und einer Originalradierung des Künstlers.
- M. 35.—, gebunden M. 42.—

Künstlerbriefe aus dem 19. Jahrhundert. Eine Kunstgeschichte in Briefen. Mit 150 Abbildg. M. 17.—.
Gebund. mit farb. Zeichn. von Karl Walser M. 20.—

Jozef Israëls, Spanien. Eine Reiseerzählung.
Zweite Auflage. Mit Nachbildungen von Hand-
zeichnungen des Verfassers. M. 7.50, gebd. M. 10.—

Carl Larsson, Bei uns auf dem Lande. Mit 24 farbig.
ganzseit. Bild. u. reich. Blumenschmuck. Geb. M. 30.—

Max Liebermann, Degas. Mit fünf Tafeln u. zwei Abb.
im Text. Vierte Aufl. Deckelzeichn. v. Degas. M. 3.—

# von Bruno Caſſirer, Berlin

**Max Liebermann, Jozef Iſraëls.** Eine kritiſche Studie. Mit einer Originalradierung und 13 Abbildungen. Dritte Auflage. M. 2.50

**Bruno Liljefors, Tiere.** 32 Malereien mit Text von Dr. Franz Servaes. Preis M. 30.—

**Alfred Rethels Briefe.** In Auswahl herausgegeben von Joſef Ponten. Mit 11 Abbildungen und 1 Fakſimile. Gebunden in Japankarton M. 5.—

**Ph. Otto Runges Briefe.** In Auswahl herausgegeben von Erich Hancke. Preis M. 5.50

**Wilhelm Trübner, Perſonalien und Prinzipien.** (Selbſtbiographie — Kunſtverſtändnis von heute — Verwirrung der Kunſtbegriffe uſw.) M. 3.—, gebunden M. 4.—

**Jan Veth, Streifzüge eines holländiſchen Malers in Deutſchland.** Mit vielen Tafeln. Umſchlag von M. Liebermann. Gebunden M. 5.50. (Pro arte. Rheinreiſe. Eine deutſche Madonna. A. v. Menzel, Max Liebermann, Arnold Böcklin. Jozef Iſraëls. Odilon Redon. Die alten Holländer. Aelbert Cuyp.)

**Jan Veth, im Schatten alter Kunſt.** Geſammelte Aufſätze. Mit 20 Abbildungen. Deckelzeichnung von Max Liebermann. Gebunden M. 5.50

**James Mac Neil Whiſtler, Die artige Kunſt, ſich Feinde zu machen.** Deutſch von M. Mauthner. Gebunden M. 8.—

**Emile Zola, Malerei.** Mit einer Einleitung von Herman Helferich. Gebunden M. 3.50

# Christian Morgenstern

---

## „Galgenlieder"

35. bis 39. Auflage

Auf Handbütten gedruckt. Farbiger Umschlag
von Karl Walſer

M. 2.75, gebunden in Japanleder M. 3.75

## „Palmſtröm"

20. bis 24. Auflage

Auf Handbütten gedruckt. Farbiger Deckel
von Karl Walſer. M. 2.75, gebunden M. 3.75

## Palma Kunkel

14. bis 18. Auflage

Auf Handbütten gedruckt. Farbiger Umſchlag
von Karl Walſer. M. 2.75, gebunden M. 3.75

Mit „Palma Kunkel" ſchließt die Reihe der Galgenlieder-Bücher
ab, die Chriſtian Morgenſtern als den tiefſten deutſchen Humo-
riſten der Gegenwart berühmt gemacht haben. Wie groß die
Gemeinde derer iſt, die die „Galgenlieder" und die Gedichte des
„Palmſtröm" leſen, beſagen die Auflageziffern. Und dieſe Gemeinde wächſt unaufhörlich. Wen Chriſtian Morgenſtern erſt
in ſeinen Bann gezwungen hat, der wird ein Prophet ſeiner Kunſt,
und es iſt ſchon faſt ein Kennzeichen feinerer Geiſter geworden,
dieſe tiefgründigen Verſe mit ihrem ſchlagenden Humor zu zitieren.

# Verlag Bruno Caſſirer, Berlin

Lightning Source UK Ltd.
Milton Keynes UK
UKHW02f2146040518
322147UK00011B/683/P